이제 우리가 그 길을 걷겠습니다

이제 우리가 그 길을 걷겠습니다

지은이 | 와싱톤중앙장로교회 출판부
초판 발행 | 2017. 4. 17
2쇄 | 2017. 4. 18
등록번호 | 제1988-000080호
등록된 곳 | 서울특별시 용산구 서빙고로65길 38
발행처 | 사단법인 두란노서원
영업부 | 2078-3352   FAX | 080-749-3705
출판부 | 2078-3331

책값은 뒤표지에 있습니다.
ISBN 978-89-531-2832-3 03230

독자의 의견을 기다립니다.
tpress@duranno.com   www.duranno.com

두란노서원은 바울 사도가 3차 전도여행 때 에베소에서 성령 받은 제자들을 따로 세워 하나님의 말씀으로 양육하던 장소입니다. 사도행전 19장 8-20절의 정신에 따라 첫째 목회자를 돕는 사역과 평신도를 훈련시키는 사역, 둘째 세계선교(TIM)와 문서선교(단행본·잡지) 사역, 셋째 예수문화 및 경배와 찬양 사역, 그리고 가정·상담 사역 등을 감당하고 있습니다. 1980년 12월 22일에 창립된 두란노서원은 주님 오실 때까지 이 사역들을 계속할 것입니다.

이제 우리가
그 길을 걷겠습니다

**이 원 상
목 사 의
생애와 목회**

와싱톤중앙장로교회 출판부 지음

나를 능하게 하신
그리스도 예수 우리 주께 내가 감사함은
나를 충성되이 여겨 내게 직분을 맡기심이니
딤전 1:12

두란노

차례

추천사 · 8
프롤로그 · 20

part 1
은혜의 여정, 믿음으로 걸어가다
어린 시절~와싱톤중앙장로교회 부임 전 1937년~1977년

은혜의 첫걸음 · 26 | 기도하는 아버지에게 기도를 배우다 · 28 | 지혜와 성품이 성장하던 소년기 · 31 | 어떻게 하나님을 섬길 것인가 고민하던 청소년기 · 33 | 믿음의 선배들을 통해 영향 받다 · 34 | 목회를 준비하기 위한 대학생활 · 36 | 학업과 함께 시작한 첫 목회 · 39 | 아름다운 믿음의 신부를 평생의 동반자로 맞이하다 · 40 | 주어진 사명을 위해 도미, 유학길에 오르다 · 44 | 일하며 공부하며 · 47 | 그러나 하나님의 뜻은 목회였다 · 50

part 2
하나님만 의지하며
와싱톤중앙장로교회 목회 시절 1977년~2003년 9월

1장 전적으로 기도하는 목자

기도로 목회의 위기를 극복하다 · 60 | 기도를 통해 비엔나 성전을 건축하다 · 64 | 하나님께만 엎드리는 기도의 종 · 68 | '비전 2020', 성도를 훈련시켜 세상을 변화시키는 교회 · 70

2장 양육하고 훈련하는 목자

새신자 성경공부로 성도의 믿음이 성장해 가다 · 77 | 양육의 초석, 2:7 제자훈

련·79 | 복음의 능력을 체험하는 전도폭발훈련·80 | 어린이와 청소년 신앙교육에 힘을 쏟다·81 | 영어목회 사역을 통해 이민 다음세대를 끌어안다·84 | 선교하는 목회로 나아가다·86

3장 사람을 먼저 생각하는 돌봄 사역

전교인의 이름을 부르며 드린 중보기도·93 | '내 양을 먹이라'는 명령을 실천한 심방 사역·94 | 기도하며 교제하며 떡을 떼며·97 | 상담 사역·100 | 시니어 사역·101

4장 겸손하게 섬기는 '인격 목회'

정직과 청렴을 지키려 애쓰다·103 | 겸손을 바탕으로 사역하다·105 | 영성 개발을 위해 노력하고 실천하다·106 | 하나님의 은혜로 은퇴 후 원로목사로 추대되다·110 | 미국 주류사회에도 영향을 끼치다·117

part 3
주신 은혜대로

은퇴 이후의 사역 2003년 9월~2016년 12월

계속되는 복음의 여정·124 | SEED 선교회, 선교의 지평을 넓히다·127 | 선교사들을 향한 지극한 사랑과 멘토링·132 | 모든 관심은 오직 복음전파·133 | 오직 복음만을 위한 SEED 선교회, 믿음의 신조 선포·134 | 하나님의 선교사상을 말하다·135 | SEED '5개년 계획' 발표·143 | 은사자와 함께하는 전략적 선교·148

| 기도운동의 밀알이 되기 위한 프레션 · 157 | 프레션 장기전략 목표(2016-2035) · 161 | 끝없는 면학의 열정- 박사학위 취득 · 164 | 하나님의 선물, 두 개의 명예박사 학위 · 166 | 진실한 신자이길 원한 이원상 목사, 하늘로 돌아가다 · 168 | 이원상 목사의 헌신적인 동역자들 · 170 | 이원상 목사가 말하는 목회 비결 · 173

part 4
이원상 목사의 설교와 목회

1장 예수님을 본받는 목자

예수님을 따라가는 목자 · 182 | 돌봄으로 치유하는 목자 · 186 | 기도로 섬기는 목자 · 189

2장 예수님을 전하는 설교

하나님 말씀으로서의 설교 · 195 | 성경강해에 집중한 설교 · 197 | 성령께 의존하는 설교 · 201

3장 예수님을 따르는 교회

성경의 모델을 실현하는 교회 · 206 | 제자를 훈련하는 교회 · 209 | 다음세대를 세우는 교회 · 212

part 5
달려갈 길을 마치고
가족이 이원상 목사께 드리는 추모의 글

이제 우리가 그 길을 걷겠습니다 · 219 | 사랑하는 할아버지를 보내며 · 221 | 사랑하는 아버지를 보내며 · 223

part 6
내가 본 이원상 목사님

30년간 베풀어 주신 과분한 사랑_노창수 목사 · 239 | 성자로 보이던 총각 전도사님_박무용 목사 · 254 | 하나님의 사랑에 사로잡힌 목자_이시곤 목사 · 256 | 주님의 모습을 보여주신 이원상 선생님_이상규 교수 · 258 | 참된 여호와의 종_황삼열 목사 · 260 | 기도로 꿈을 심고 현실에 충실하신 선교의 지도자_정강현 목사 · 261 | 모든 주의 종들의 모범이신 분_홍원기 목사 · 262 | 기도의 동역자_배현찬 목사 · 264 | 충격적인 겸손의 모습_박신욱 선교사 · 265 | "성공하는 삶과 사역의 비결은 하나님께 불쌍히 여김을 받는 것입니다"_유익상 선교사 · 268 | "정확히 그리고 정직하게 말하세요!"_김요한 선교사 · 270 | 한인 2세대 교회의 선구자_오웬 리 목사 · 271 | 잊으려 해도 잊지 못할 사람_김원기 목사 · 272 | 영성과 인격의 삶으로 본을 보이신 목사님_신희령 전도사 · 274 | 낙망하지 않고 끊임없이 기도할 수 있기를_김현일 선교사 · 276 | 아침을 여는 가장 멋진 선물_이현애 사모 · 277 | 믿음의 기초를 든든히 세워 주신 목사님_윤삼성 장로 · 278 | 선교하는 교회를 힘을 다해 도와주신 분_임용우 목사 · 280 | 예수님의 성품을 강의하시고 본보이신 목자_최종상 선교사 · 281 | 전 생애를 기도로 불태우신 분_이호진 집사 · 282 | 어려움을 당할 때 늘 기도해 주신 분_임현찬 집사 · 283 | 선교를 위해 모든 것을 마련해 주신 목사님_권형인 전도사 · 285 | 예수님 닮은 목사님과 두 동역자들_김병춘 장로 · 286 | 30여 년의 세월, 목사님의 헌신을 돌아보며_김왕근 장로 · 287 | "열정이 없으면 아무것도 안 됩니다"_김향숙 전도사 · 288 | 목사님과 함께한 잊지 못할 에피소드들_김준희 권사 · 289 | 인내와 겸손의 종으로 삶의 본을 사랑으로 보여주셨어요_권태윤 권사 · 291 | 세 번이나 더 찾아와 주신 자상한 사랑의 목사님_김동준 집사 · 292 | 기도의 빚이 너무 큽니다_노세웅 집사 · 294 | 세심한 영적 멘토링_김수원 집사 · 294 | 가정에서도 예수님의 사랑으로_조영애 집사 · 295

약력 · 297

추천사

"교인이 1천 명 이상 모이는 교회의 목사가 자기 교회의 주인은 예수님이라 하기는 매우 어렵다." 한 스코틀랜드 신학자가 한 말이다. 나는 그 말을 듣고 교인이 1천 명 이상인 한국의 대형교회 목사들을 한번 생각해 보았다. 어깨에 힘 안 주는 분은 그렇게 많지 않았다. 나는 기독교 방송에서도 여러 번 그 말을 인용해서 대형교회 목사들을 난처하게 만들었다. 그분들이 나를 싫어하는 것은 이해할 만하다.

그러나 그 말을 하면서 항상 예외가 있다고 했고 그 예외 가운데 대표적인 분이 한경직 목사님과 이원상 목사님이라 했다. 한경직 목사님은 여러 번 뵈었고 사랑도 받았지만 이원상 목사님은 겨우 한두 번밖에 만나뵙지 못했고, 무슨 모임에서 인사말 하시는 것만 한 번 들었을 뿐 그의 설교도 들어보지 못했다.

거의 20년 전 워싱턴을 방문할 기회가 있어서 주일에 어느 교회에서 설교하게 되었고 예배가 끝난 뒤에 이 목사님을 만나러 중앙장로교회에 찾아갔다. 마침 거기서도 오전 예배가 끝나고 많은 교인들이 넓은 휴게실에 삼삼오오 모여서 커피를 마시며 교제하고 있었다. 그런데 목사님 찾기가 쉽지 않았다. 대부분의 경우 교인들이 아무리 많아도 당회장 목사는 풍기는 분위기가 일반 교인들과 다르고 교인들이 목사님을 대하는 태도도 달라서 당장 표가 나기 마련인데 거기에는 그런 분이 없었다. 한참 돌아다니며 찾다가 겨우 어느 구석에서 교인 몇 사람과 대화 중이신 이 목사님을 만날 수 있었다. 여느 교인과 별반 차이 나 보이지 않아서 어떤 교인이 "저분이 이 목사님입니다"라고 알려주지 않았더라면 알아보지 못했을 것이다.

우리 속담에 "하나를 보면 열을 안다"는 말이 있다. 나는 그 간단한 사건 하나만으로 이원상 목사님이 어떤 분인가를 알 수 있었다. 물론 나의 이런 첫인상은 여러 사람들로부터 확인을 받았고 이 책을 통하여 더욱 확실해졌다.

한국교회가 지금 위기에 처해 있다. 기도, 전도, 헌금, 선교 등 거의 모든 부분에서 세계적으로 가장 열심인데도 불구하고 한국 사회에서는 세상의 조롱거리를 넘어 걱정거리까지 되고 있다.

2015년 말 불교사회연구소가 19세 이상 한국 시민 1,200명을 대상으로 한국의 대표적인 종교 성직자들에 대한 신뢰도를 조사해 본 결과 가톨릭 신부는 51.3%, 불교 승려는 38.7%가 신뢰하는 반면 개신교 목사는 17.0%밖에 신뢰하지 않는 것으로 드러났다. 계시의 종교인 기독교는 '설명'이 아니라 '증거'로 전파되어야 하는데 '증인'들이 불신을 받으면 쓸모없게 되어 복음전파는 불가능해진다. 지금 한국 기독교가 전혀 성장하지 못하는 것은 도덕적 타락 때문이며, 그 가장 중요한 책임은 목회자들이 져야 한다.

  일반인들 못지않게 성직자들도 도덕적으로 깨끗해지려면 돈, 권력, 인기 같은 세속적 가치에 대한 욕망을 절제해야 한다. 물론 가장 큰 유혹은 돈일 것이다. 이미 예수님도 하나님과 재물을 겸하여 섬길 수 없다 하심으로 돈이 우상이 될 수 있음을 보여주셨고 바울 사도도 "탐심은 우상숭배"(골 3:5)라 했다. 이 우상을 제거하지 않으면 어느 누구도 도덕적으로 살기 힘들다. 그리스도인은 하나님이 상 주시는 이심을 믿기 때문에 누구보다도 더 돈을 상대화할 수 있어야 하고, 특히 성직에 부르심을 받은 목사들은 그런 일에 모범을 보일 수 있어야 한다. 그런데 안타깝게도 한국교회에는 그런 모범을 보이는 분들이 많지 않다.

이원상 목사님은 성공한 목회자이면서도 철저히 겸손하셨다. 마땅히 겸손해야 하기 때문에 짐짓 겸손한 것이 아니라 자연스럽게 겸손할 만큼 성화되신 분이었다. 그에 못지않게 존경스러운 것은 그가 물질에 초연하셨다는 사실이다. 그렇게 큰 교회 담임목사의 사모님이 직장을 가지고 야간에도 일하셨고 그러므로 교회로부터 큰 사례가 필요 없다고 하신 것은 아무나 취할 수 있는 모습이 아니다. 이 목사님과 동갑인 내가 만약 그만큼 큰 교회의 교역자이면서 큰 영향력을 행사할 수 있는 위치에 있었다면 과연 그만큼 겸손하고 돈에 초연할 수 있었을까? 자문해 보면 머리가 숙여진다. 그는 진실로 그리스도를 본받은 분이었다.

부디 젊은 목회자들과 성도들이 이 책을 읽고 도전을 받아 제2, 제3의 이원상 목사가 나타나기를 간절히 바란다. 그것이 그를 가장 올바르게 추모하는 것이고 한국교회의 건강한 성장을 위하여 가장 크게 공헌하는 것이 아니겠는가? 그리고 자신에게 유익함은 두 말할 것도 없다.

손봉호
고신대학교 석좌교수

이원상 목사님은 하나님의 사람이었습니다. 그는 또한 예수님의 신실한 제자이셨습니다. "나는 마음이 온유하고 겸손하니"라고 말씀하신 대로 그는 예수님을 닮은 온유하고 겸손한 목자이셨습니다. 그의 흔적이 남겨진 모든 곳에 겸손의 향기가 있었습니다.

그는 이제 소명을 마치고 주님 곁으로 가셨습니다. 이제는 우리가 그의 소명의 바통을 이어받게 되었습니다. 우리가 남은 길을 완주하기 위해서는 선배의 길을 주목해야 합니다. 그런 의미에서 이원상 목사님을 기리는 이 책은 큰 의미가 있습니다. 후배는 선배의 등을 밟고 앞으로 가야 할 사람들이기 때문입니다.

지금 한국교회는 전진과 추락의 갈림길에 선 느낌입니다. 지금 우리에게는 더 많은 지식보다 더 신실한 귀감이 필요합니다. 우리에게 이원상 목사님 같은 롤 모델이 있다는 것이 얼마나 감사하고 다행인지 모릅니다. 후학들이 이 책을 읽고 한국교회를 일으켜 주시기를 기도합니다. 한국교회의 내일을 걱정하는 모든 이들에게 이 책을 추천합니다.

이원상 목사님과 한 하늘 아래 동역의 기쁨을 누린 것을 감사합니다. 코스타와 여러 선교 사역, 연합 사역들의 동역의 추억을 간직합니다. 하나님의 사람은 가도 하나님의 사역은 계속되어야 하겠기에 이 책은 이 목사님을 통해 하나님이 하신 일의 증언일 뿐 아니라 미래의 한국교회와 이민교회에 바치는 향기로운 제물이 될 것입니다.

지금은 하늘에서 중보 사역을 계속하실 목사님을 그리며 이 책이 한국교회와 이민교회 부흥의 교과서가 되기를 기도합니다.

이동원
지구촌교회 원로목사, 국제 코스타 이사장

사람은 태어날 때와 떠날 때가 정반대여야 한다는 말이 있습니다. 세상에 날 때 본인은 울고 주변의 사람들은 웃습니다. 그런데 세상을 떠날 때는 본인은 웃고 주변의 사람들은 울어야 한다는 것입니다. 이원상 목사님은 그런 분이셨습니다. 수많은 사람들에게 깊은 울림을 남기고 주님 품으로 떠나신 이 목사님은 작은 예수셨습니다. 워싱턴 한 지역교회의 목회자로서만이 아니라 세계를 품는 선교사로 사시면서 만나는 한 사람 한 사람의 마음속에 복음전도와 해외선교의 열정을 심어 놓으셨습니다. 깊은 호수 같은 온유함과 대나무 같은 올곧음으로 주어진 사명을 완수하셨습니다. 참된 목회와 선교의 모범이신 이 목사님을 기리며 이제 그분의 사명을 우리의 사명으로 받아 동일한 마음으로 순종하려는 결단을 담은 귀한 책이 출간된 것을 기쁘게 생각하며 추천합니다. 이원상 목사님을 귀하게 사용하신 주님께서 이 책을 읽는 모든 성도들 또한 사용하시기를 기도드립니다.

이재훈
온누리교회 담임목사

　제가 평소 존경하고 사랑했던 이원상 목사님께서 소천하신 후 갈수록 빈자리가 크게 느껴집니다. 저는 이원상 목사님이 어떤 분이신지 워싱턴에서 근무했던 한국의 공직자들을 통해 더욱 잘 알게 되었습니다. 기도와 섬김에 큰 감동을 받았다는 분, 예수님을 만나 새로운 인생을 사셨다는 분들도 있었습니다.
　와싱톤중앙장로교회가 오늘날 모범적인 이민교회가 된 것은 하나님의 은혜입니다. 이는 26여 년 간 눈물과 기도, 영혼 구원의 열정을 갖고 사역하신 이 목사님이 계셨기에 가능했다고 믿습니다. 무엇보다도 은퇴 후 편안함을 뒤로하고, 국제선교기도센터(PCGM) 건립을 통한 기도와 선교에 매진하는 열정을 보여주신 모습이 내내 잊히지 않습니다.

　이렇게 마지막까지 아름다웠던 목사님의 사역을 한 권의 책으로 만날 수 있어서 기쁩니다. 수고하신 모든 분들께 감사를 드리며, 이 책을 통해 제2, 제3의 이원상 목사님과 같은 분이 많이 나오길 기대합니다.

김장환
극동방송 회장, 수원중앙침례교회 원로목사

　사관생도 시절, 불교도였던 저는 출가하여 스님이 되려고 생각한 적도 있었습니다. 그러다 33세인 1984년 처음 미국 캘리포니아 주 몬터레이 시에 있는 교회에 출석하여 세례를 받았고, 그 후 와싱톤중앙장로교회에서 제대로 된 신앙교육을 받았습니다. 그만큼 미국은 저의 신앙생활과 특별한 인연이 있는 곳입니다. 공군무관으로 3년 가까이 근무하는 동안 와싱톤중앙장로교회에서 전도폭발훈련과 2:7 제자훈련 외 다른 많은 신앙교육과 훈련을 받을 수 있었습니다. 무엇보다 중요한 것은 이원상 목사님께서 삶을 통해 보여주신 기도와 겸손과 섬김이 어떤 것인지 배울 수 있었다는 점입니다. 특히, 왜 사람들이 이원상 목사님을 성자라고 하는지도 알게 되었습니다.

제가 공군무관 소임을 마치고 귀국한 후에도 가끔 이 목사님과 전화통화를 하게 되면 어김없이 저와 저희 가족의 일상사에 관심을 갖고 기도해 주셨습니다. 시드(SEED) 선교회 일로 한국에 오실 때면 바쁘신 일정 중에도 연락 주시고 시간을 할애해 주셔서 만나뵐 수 있었습니다. 제가 지금 섬기고 있는 대전과학기술대학교 총장으로 청빙을 받게 된 것도 이 목사님의 관심과 섬김과 기도 덕분이었습니다.

이 책을 통해 목회자로서, 또 인생의 스승으로서 삶을 통해 본(本)을 보여주셨던 이 목사님이 그립고 생각날 때마다 성도들의 절망과 아픔을 함께하고 간절히 기도해 주시던 목사님을 회상하며 펼쳐볼 수 있는 책이 되어 주리라 생각합니다. 이원상 목사님을 알지 못하는 분들에게도 삶에 대해, 신앙에 대해, 섬김과 관계에 대해 궁금함과 목마름이 있을 때 좋은 길잡이가 되어 주리라 확신하면서 꼭 읽어 보시길 권면합니다.

김은기
현 대전과학기술대학교 총장, 제30대 공군참모총장 역임

불꽃
이원상 목사님을 기리며

강석찬

평생을
은혜로 채워진 몸뚱이에
믿음의 심지 굳게 심은
초 한 자루로 살기 바랐을까, 그는

만나는 성도마다
건네던 기도 한 개비
평안한 그의 미소에 그어 당기면
어김없이 타오르는 섬김의 불꽃

지극히 평범하다며
초 한 자루 되지 못할 거라
잠잠히 고백하던, 그

어느새 그의 기도로 켜놓은
천천ㅜㅜ의 초들이
빛이 되고,

이제는 세상에 녹아져
하늘의 소망으로
타오른, 그를

우리는 오늘도
그리고 내일도
그리스도 예수를 보았다며
그를 통해 보았다며

눈물 가운데
미소를 띠워 놓은 채
그리워한다, 불꽃

그를…

프롤로그
선한 목자 이원상 목사님을 그리며

이 책은 이원상 목사님의 삶과 목회를 세상에 소개하기 위해 씌어지기 시작했습니다. 책을 기획하고 집필한 사람은 이원상 목사님이 아니라 목사님을 존경하는 분들입니다. 집필진들이 이 책을 통해 기대하는 것은 다른 것이 아닙니다. 일생 동안 주님이 맡기신 사명을 감당하기 위해 고결하게 불태운 목사님의 삶을 돌아보면서 하나님께는 영광을 올려드리고, 독자들은 신앙여정에 따르고 싶은 이정표를 발견하게 되는 것입니다.

목사님의 이름을 기억하는 많은 사람은 목사님의 삶을 통해 예수 그리스도의 그림자를 보았다고 고백하곤 합니다. 모든 그리스도인이 따라야 할 유일한 길은 예수님이지만 목사님의 삶을 따라가다 보면 예수님도 보일 것입니다. 목사님이 평생 따르려고 애쓴 유일한 길이 바로 예수님의 길이기 때문입니다.

목사님은 늘 자신을 평범한 사람이라고 고백했습니다. 예수님의 삶을 본받기 원했고 성도들을 사랑하기 원했다고 말씀하시곤 했습니다. 힘겨운 이민생활에 지친 영혼들은 목사님의 섬김에서 소망을 발견했고, 상처와 아픔으로 고통당했던 사람들은 목사님의 기도로 새 힘을 얻었으며, 수많은 성도들이 목사님이 증거한 복음 덕분에 그리스도의 제자로 세워졌습니다.

　목사님의 교과서는 성경이었고 목사님의 스승은 예수 그리스도셨습니다. 강단에서는 하나님의 말씀을 증거하셨고 삶에서는 증거한 진리대로 살아내려 노력하셨습니다. 하늘과 땅 앞에 겸손을 호흡처럼 보이셨던 목사님은 양들을 위해 목숨을 바치신 예수님의 뒤를 따라 오직 사랑과 기도로 성도들을 섬기셨습니다.

　목사님을 기억하는 분들은 이 책을 통해 목사님의 흔적을 추억하면서 무엇을 위해 살아야 하는가를 생각하게 될 것입니다. 목사님과 만날 기회가 없었던 분들은 이 책을 통해 오늘날도 우리 곁에 예수님을 생각나게 하는 분이 있다는 것을 발견할 것입니다. 자신의 삶에 약간의 변화라도 일어나거나 단 한 번의 인생을 주님을 위해 더욱 매진하는 데 도움이 된다면 더 바랄 것이 없겠습니다. 목회자들에게는 예수님을 따라가는 목자의 삶을 보여주고, 일반 독자들에게는 예수님을 닮아가는 삶의 거울이 되기를 바랍니다.

　한 권의 책을 위해 이렇게 많은 사람들이 기도하고 준비한 경우는 드물 것입니다. 1부는 이원상 목사님과 함께 부목사로 섬겼던 주경로 목사가 목사님의 어린 시절부터 유학을 거쳐 와싱톤중앙장로교회에서 담임목회를 시작하기 전까지의 내용을 다루었습니다. 2부는 목사님 곁에서 당회원으로 동역했던 백순 장로가 목사님의 목회를 중심으로 살펴보았습니다. 3부는 시드(SEED) 선교회에서 연구에 집중하는 손상웅 목사가 목사님의 목회 후 사역을 중심으로 기록했습니다. 4부는 이원상 목사님과 노창수 목사님의 뒤를 이어 현재 교회를 담임하는 제가 목사님의 목회와 설교를 신학적이고 목회적인 측면에서 접근했습니다. 5부에서는 목사님 가족의 조사를 실었고, 6부에서는 목사님을 추억하는 다양한 분들의 목소리를 소개하였습니다.

이 책에는 작가들 외에도 많은 분들의 눈물겨운 헌신이 담겨 있습니다. 책이 나올 때까지 수많은 모임을 인도하고 격려했던 이종석 집사님과 필요할 때마다 목사님에 대한 자료를 준비해 주신 조차희 집사님, 편집을 위해 꼼꼼히 애썼던 윤병도 집사님, 출판코디와 윤문 작업으로 수고해 주신 나동현 집사님, 필요할 때마다 기꺼이 여러 모양으로 섬겨 주신 조경 집사님, 그 외에도 편집팀, 번역팀, 전사팀(transcription) 등 수많은 사람의 정성과 기도가 스며 있습니다. 목사님의 아름다운 일생을 잘 알고 흔쾌히 출판을 맡아준 두란노에 참 감사합니다. 무엇보다 책을 시작할 때부터 세심한 관심과 재정으로 격려해 주신 와싱톤중앙장로교회 당회에 깊은 감사를 드립니다.

아무리 감동적인 삶이요 영광스런 죽음이라 해도 목사님을 먼저 보낸 가족의 아픔은 헤아릴 수 없을 것입니다. 이 책이 이영자 사모님과 가족들께 위로와 힘이 될 수 있기를 바랍니다.

이원상 목사님은 한 시대 하나님이 부여하신 사명을 다 마치고 주님의 품에 안기셨습니다. 이 땅에 사는 사람은 오늘 한 날을 허락받았기에 아직은 해야 할 사명이 있습니다. 주님이 부탁하신 생명의 복음이 땅 끝까지 선포되어 예수 그리스도가 다시 오시든지 우리가 개인적으로 주님 앞에 서든지 언젠가는 목사님을 만날 날이 올 것입니다. 그 영광의 날까지 이 땅의 모든 그리스도인이 목사님이 걸어가신 사명의 길을 함께 걷기 원합니다. 여러분이 걷는 순례의 길에 이 책이 조그만 길잡이라도 된다면 참 좋겠습니다.

와싱톤중앙장로교회
담임목사 류응렬

part 1

은혜의 여정,
믿음으로 걸어가다

・

어린 시절~와싱톤중앙장로교회 부임 전
| 1937년~1977년 |

> 그러나 내 어머니의 태로부터 나를 택정하시고
> 그의 은혜로 나를 부르신 이가
>
> (갈 1:15)

은혜의 첫걸음

일제강점기를 거치며 살아 온 사람은 누구나 그때의 아픈 기억과 어려움을 잊지 못한다. 그 시기에 어떤 사람은 강제로, 어떤 사람은 자유의 억압과 탄압을 피해, 어떤 사람은 배고픔 때문에, 어떤 사람은 신앙의 자유를 찾기 위해 고향을 떠났다. 이렇게 소용돌이치던 역사의 한가운데 이원상 목사의 아버지 이성봉 장로가 있었다.

이성봉 장로는 20대에 미국인 선교사에게서 복음을 듣고 크리스천이 되었다. 그가 고향 경남 창녕을 떠나 만주로 이주하게 된 동기도 자녀에게 더 나은 삶의 길을 열어 주고 자유로운 신앙생활을 영위하도록 해주려는 신념에서였다. 그의 신념이 믿음의 바탕 위에 서 있었음을 만주에서의 삶을 통해 쉽게 짐작할 수 있다.

이성봉 장로가 섬겼던 만주의 산성진교회는 김석찬 목사가 시무하고 있었는데, 그는 신흥무관학교에서 이범석(후일 제2지대장과 광복군 참모장을 지냄) 교관으로부터 훈련을 받았고, 1938년에 신사참배를 거부하여 만주 땅에서 추방되기도 하였다. 신실한 성품과 믿음의 모범을 보였던 이성봉 장로도 그런 시대적 분위기 속에서 믿음을 지키며 살았다.

경산에서 약을 가지고 만주까지 와서 판매했던 안상기 장로는 만주에 올 때마다 이성봉 장로 집에 기거하면서 장사를 하고 교회를 함께 섬겼다. 이렇게 늘 손님을 대접하던 삶이기에 하나님은 이 가정에 큰 복을 주셨고, 후에 이원상 목사 가정이 경북 경산에 정착하는 계기가 되기도 하였다.

이성봉 장로를 기억하는 박계료 목사와 사모는 이성봉 장로에 대해 "키가 보통 사람보다 크고, 깔끔한 외모에 조용하고 인자했습니다. 온유하고 항상 겸손했어요. 기도를 많이 하셨고 경건한 분이었습니다"라고 이야기했다.

한국을 강점하던 일본은 중국마저 점령하려는 야망을 드러내며 마침내 1937년 중국과 전쟁을 벌였다. 때문에 일제의 탄압을 피해 만주로 이주했던 많은 한국 사람들은 또다시 전쟁의 고통을 겪어야만 했고 신앙인들 역시 신앙의 자유를 위협받게 되었다. 중일전쟁의 어려운 환경 가운데 어머니 윤봉선 성도는 잉태했고, 그 해 가을 이원상 목사가 태어났다.

기도하는 아버지에게 기도를 배우다

"아이 한 명을 키우기 위해서는 하나의 마을이 필요하다"(It takes a village to raise a child)라는 속담이 있다. 이원상 목사는 유년기인 8세 때까지 만주라는 공간적 환경에서 평범하게 자랐다. '하나의 마을'은 넓게는 만주였지만, 좁게는 교회이고 가정이었다.

당시 이원상 목사는 그 또래의 평범한 개구쟁이 아이들과 차이가 있었다. 이원상 목사가 회고하기로는 이 시기에 친구와 싸운 적도, 부모님의 말씀을 거역한 적도 없다고 한다. 그렇다고 특별한 재능이 있어서 무엇을 잘 한 것도 아니었다.

훗날 이원상 목사는 선교지로 만주를 방문할 기회가 생겨 유아기를 보냈던 그곳을 찾아가게 되었다. 산성진교회는 원래 있었던 위치에서 다른 장소로 옮겨져 새롭게 건축되었다. 이 목사는 교회를 둘러보는 내내 어린 시절의 기억을 떠올리며 감사했다. 믿음의 부모를 주신 것에 감사하고, 주일학교에서 뜻도 잘 모르면서 "하나님이 세상을 이처럼 사랑하사 독생자를 주셨으니 누구든지 저를 믿으면 멸망하지 않고 영생을 얻으리로다 요한복음 3장 16절"을 부르며 자라게 하신 것에도 감사했다.

이런 성장기의 추억은 이원상 목사가 목회활동에서 주일학교 사역의 중요성을 깨닫고 그것에 중점을 두는 데 영향을 주었다.

8세 무렵 일본이 제2차 세계대전에서 패하여 항복하며 중일전쟁 또한 그 끝을 보았다. 중일전쟁이 끝나자마자 중국에는 공산당 정부가 수립되었다. 공산당 정부는 종교를 탄압하는 정책을 세워 신앙의 자유를 박탈하였다. 신앙의 자유를 위해 만주로 이주했던 이성봉 장로는 이 상황에서 더는 만주에서 살 이유가 없어졌다. 엎친 데 덮친 격으로 중국공산당회의에서 "이성봉은 기독교 사상이 투철하여 위험하니 주목해야 한다"라고 하였다며 이성봉 장로의 중국인 친구가 사태의 위급함을 전해 주었다. 더 이상 만주에 머무를 수 없다고 판단한 이성봉 장로는 다시 한 번 신앙의 자유와 가족의 안전한 삶을 위해 압록강을 건너 평안북도 만포진(자강도)으로 삶의 터전을 옮겼다. 어떤 정치적 이념보다 신앙과 가족의 안위를 우선하신 분이라고 이원상 목사는 아버지를 회고했다.

만포진에서 2년 정도를 머물며 만포진장로교회(이무성 목사 담임)에서 온 가족이 신앙생활을 하였다. 만포진에서 11세 소년기를 보내는 동안 형이 결혼하였다. 그러나 북한이 소련에 의해 공산화되면서 북한에서의 생활도 순탄치 못했다. 점차 신앙을 지키며 살기 어려워진 많은 크리스천이 공산당의 종교 탄압을 피해 남한으로 향했다. 이성봉 장로도 또다시 가족을 이끌고 1947년 남한으로 향했다.

이성봉 장로와 가족은 천신만고 끝에 38선에 도착했지만, 안내원마저 달아나 버리고 소련군에 발각되는 바람에 경계보안서에 며칠 동안 구금당하는 신세가 되었다. 그러다가 본적이 남한인 사람들은 풀어 주는 조치 덕에 구사일생으로 다시 피난길을 이어갈 수 있었다. 하지만 소련군의 경계를 피해 38선을 넘으려면 밤에만 움직일 수 있었던 까닭에 온 가족은 그믐밤까지 기다려야만 했다.

이원상 목사가 회고하기로 약 2주 정도를 산에 숨어 있었다고 한다. 아버지는 거의 매일 아침 해주 뒷산 한적한 곳으로 이원상 목사를 데리고 가 남한을 향해 "하나님 아버지여! 우리 모두 무사히 38선을 넘게 하여 주소서"라고 울부짖으며 기도하였다고 한다. 그 모습을 바라보며 이원상 목사는 어려운 상황일수록 반드시 하나님께 기도해야 한다는 믿음이 생기게 되었고, 기도의 종으로서 살아가기로 결심하는 계기가 되었다고 한다. 그렇게 평범한 소년 이원상은 기도의 종으로서의 인격을 형성해 나갔다.

이원상 목사는 "아버지의 기독교 신앙이 아니었으면 평생 공산주의자로 살았을지도 모릅니다"라고 말하곤 했다. 이원상 목사가 스스로 선택할 수 없었던 순간에도 하나님은 아버지 이성봉 장로의 믿음의 선택과 기도를 통해 그를 선한 길로 인도하셨다. 그 시절 고생이 이만저만이 아니었지만, 하나님의 보호하심 덕분에 무사히 38선을 넘어 서울에 도착했다.

12세가 된 소년 이원상은 청량리에서 살았다. 일본인 창고로 사용하던 건물을 12가족 피난민들이 칸을 나누어 살았다. 동대문구 전농국민학교에 입학하여 학교를 다니면서 아버지를 따라 창신교회를 나가기 시작했다. 대부분 피난민들의 생활이 그러했듯 가정형편이 어려웠고 의식주를 해결하는 것이 급선무였던 시절이었다. 아버지는 공장에서 일을 마치고 돌아오면 청량리역으로 가서 철길에 버려진 조개탄을 주어다가 불을 피워 어머니가 저녁밥 짓는 것을 도왔다.

어느 날 만주로 장사하러 올 때마다 이성봉 장로 집에 머물던 안상기 장로가 이들 소식을 듣고 청량리 창고 집으로 찾아왔다. "이런 곳에서 어렵게 지내지 말고 경산 우리 집에 가면 기거할 곳도 있고 섬길 교회도 있으니 같이 내려갑시다"라고 아버지를 설득하였다. 아버지의 결심으로 온 가족은 경산으로 이사를 하였다. 이원상 목사가 초등학교 4학년이 되던 1949년 일이었다. 이원상 목사는 이 일을 통해 하나님께서는 사람과의 만남을 통해 그분의 뜻을 전달하시기도 한다는 사실을 깨닫게 되었다. 예수님도 "구하는 이마다 받을 것이요"(마 7:8)라고 기도의 중요성을 강조하시면서 기도하는 성도에게 이렇게 부탁하셨다.

> 그러므로 무엇이든지 남에게 대접을 받고자 하는 대로 너희도 남을 대접하라 이것이 율법이요 선지자니라(마 7:12)

만포진에서 결혼하여 시집 온 형수(김은신 권사)는 이때 시동생 이원상의 모습을 이렇게 기억하고 있다.

"말도 없고, 불평하는 일도 없고, 화를 내는 일도 없었어요. 어려운 시절을 꿋꿋하게 견뎌 냈지요. 어린 시절이나 지금이나 한결같은 모습이었고, 아버님의 축소판이십니다."

지혜와 성품이 성장하던 소년기

> 네 손이 일을 얻는 대로 힘을 다하여 할지어다…(전 9:10)

이원상 목사는 초등학교 4학년부터 대학 때까지 경산에서 살았다. 유년기와 청년기 일부를 이곳에서 보낸 것이다. 경산중학교, 대구상고, 계명대학교를 졸업하였고, 경산읍교회에서 신앙생활을 했다. 부모님에게서 물려받은 온순하고 성실한 성품 덕에 내성적이고 우울한 성향으로 빠질 수도 있는 청소년기를 별 탈 없이 지날 수 있었다. 그렇게 학교 교육을 통하여 필요한 지식을 습득하는 한편, '열심을 품고 주를 섬기며' 하나님의 자녀로서 성장해 나갔다.

소년 이원상은 조용하게 노력하는 스타일이었다. 자연과학 과목보다 인문계열 과목을 더 좋아했고, 그 중에서도 역사를 유난히 좋아했다. 또 하나님 앞에서나 사람들에게 늘 정직하려고 했다. 하나님의 은혜로 사람들에게 칭찬받는 인품으로 성장하면서 배움에 최선을 다했고, 깨달은 대로 행동하려 했다.

하나님께서 우리에게 가르치신 '지혜'는 아는 것(Knowing)과 행하는 것(Acting)을 함축한 말이다. "여호와를 경외하는 것이 지혜의 근본이요 거룩하신 자를 아는 것이 명철이니라"(잠 9:10)고 하셨고, "지혜는 그 행한 일로 옳다 함을 얻느니라"(마 11:19)고 말씀하셨다.

초등학교 6학년 때, 선생님이 장래희망을 적어 내라고 했는데, 소년 이원상은 망설임 하나 없이 '목사'라고 썼다. 어린 나이에 구원의 확신이 선 것도 아니었고, 목사들이 어렵게 생활한다는 얘기를 듣고 직접 봤으면서도 그렇게 적었다고 한다. 아버지 이성봉 장로는 이미 아들이 5세 되던 때부터 목사가 되기를 기도하고 있었는데 그 기도가 이루어지기 시작했던 것이다.

어떻게 하나님을 섬길 것인가 고민하던 청소년기

고등학교 시절은 육체적 성장뿐 아니라 정신적으로도 성숙해져 생각이 깊어지는 시기였다. 인문계 고등학교에 입학할 성적이 안 된 것은 아니었지만, 이원상은 가정형편을 생각하여 상업고등학교에 입학하기로 결심했다. 실업계 고등학교에 입학한 학생들은 대부분 졸업 후 대학에 진학하지 않고 바로 취업했다. 고등학생이 된 그 역시 졸업 후 은행에 취직하여 돈을 벌어 대학에 가든지 야간대학에라도 가서 학업을 계속할 계획이었다.

고등학교 시절은 영적 생활에 있어 성장과 도전하는 시기이기도 하였다. 이원상 목사는 돈을 벌어 하나님을 섬기려는 생각도 했고, 슈바이처 박사를 동경하며 의사가 되려는 꿈을 품은 적도 있었다. 의료 선교사가 되어 하나님을 섬기고 싶은 마음에서였다.

고등학교 시절 이원상 목사의 마음을 가득 채운 것은 '어떻게 하나님을 섬길 것인가'였다. 그렇다고 유명한 부흥사가 되겠다거나 큰 교회의 담임목사가 되려고 생각한 적은 없었다. 단지 '하나님이 기뻐하시는 삶이 무엇일까? 어떤 모습으로 하나님을 섬길까? 하나님이 나를 이 세상에 보내신 이유가 무엇

고등학교 재학 시절

일까?'와 같은 근본적이고 순수하면서도 진실된 존재론적 질문을 마음에 품은 채 성장해 나갔다. 무엇이 되어야겠다는 식의 자기중심적인 마음보다는 하나님의 뜻이 무엇인지 찾고자 힘쓰던 시절이었다.

믿음의 선배들을 통해 영향 받다

그 시절에는 교과서 외에 신앙서적이나 교양서적을 많이 접할 수 없었다. 이원상 목사는 고등학교 1학년 때부터 성경을 집중적으로 읽기 시작했다. 특히 "예수께서 이르시되 내가 곧 길이요 진리요 생명이니 나로 말미암지 않고는 아버지께로 올 자가 없느니라"(요 14:6)라는 요한복음 말씀에 은혜를 받았다. 교리적인 면을 깨달았다기보다는 예수님의 말씀이 믿어졌고, 복음을 대신할 진리가 이 세상에는 없다고 확신하게 되었다. 은혜를 체험하자 이제는 순수한 신앙생활을 하는 모습들이 더욱 마음을 사로잡았다. 특히 기도생활을 열심히 하는 영적 지도자들에게서 많은 영향을 받았다.

그는 무학산 기도원과 용문산 기도원에서 기도하며 영적 성장과 기도생활을 이어갔다. 특히 이 시기에 경산읍교회(현재의 경산교회)를 담임하였던 최동진 목사의 영향을 크게 받았다. 최 목사는 학생들을 데리고 성암산으로 자주 철야기도를 갔는데, 복음을 위해, 나라를 위해, 교회를 위해, 어린 학생들의 장래를 위해 기도하는 최 목사의 모습은 소년 이원상의 머릿속에 오래도록 남았다. 당시에 무슨 기도를 어떻게 드려야 할지 몰랐던 어린 소년에게 하나님은 기도의 종들을 통해 기도를 배우도록 하셨다.

최동진 목사는 헌신적이고 신실한 소년 이원상이 목회자가 되겠다고 결심한 것을 알고는 늘 기도해 주었고, 언젠가는 "나중에 신학교를 졸업하면 내 후임으로 오라"는 말까지 했다고 한다. 훗날 이원상 목사는 "최동진 목사님이 설교를 준비하는 모습을 우연히 보았어요. 밥상 위에 성경을 펴놓고 읽다가 기도하고 또 그러다가 무엇인가를 쓰시고 또다시 성경을 보는 행동을 반복하시는 겁니다. 저는 설교 준비할 때 자주 그 모습이 떠오릅니다. 그분이 가진 설교의 힘과 영적 생활의 원리를 보는 것 같았습니다"라고 회고하였다.

어느덧 고등학교 3학년이 된 소년 이원상은 진로를 놓고 고민에 빠졌다. 목사가 되어 복음을 전하기로 결심한 상태였다. 그러니 은행에 취직해서는 안 될 것 같았다. 대학교에 가야겠다는 결심을 굳히며 기도했다. 서울에 있는 대학에 가고 싶었지만 가정형편이 이를 허락하지 않았다. 마침 대구 계명대학교에 특차모집이 있었다. 그는 이 시험에 응시하여 수석으로 합격하였다. 입학금은 물론 4년 장학금까지 받게 되었다. 서울로 가서 공부할 것인가, 계명대에서 공부할 것인가 하는 망설임이 있었지만 하나님께 기도하고 주위 사람들의 조언을 들으며 계명대학교에 남기로 하였다.

어느 학과를 전공으로 선택할 것인가 하는 문제도 있었다. 영어 공부를 좋아하는 모습을 본 주위 사람들은 영문학과에 입학하여 좋아하는 공부를 계속하라고 권유했지만, 청년 이원상은 목사가 되는 데 어느 학과가 더 도움이 될까 하는 마음이 앞섰다. 이는 분명히 하나님께서 심어 주신 마음이었을 것이다. 결국 영문학과 진학을 접고 신학적 사고의 깊이를 위해서 철학과에 입학하였다.

계명대학교 입학 동기이자 친구인 이시곤 목사는 이원상 목사와의 대학생활을 추억하며 그의 입학동기에 대해 이렇게 말했다. "어려운 가정형편 외에도 미국인 교수들에게서 직접 영어를 배울 수 있다는 점, 그리고 무엇보다 계명대학교가 기독교 대학으로 신앙적인 분위기가 좋았던 점이 가장 끌렸던 것 같습니다."

이런 장점을 인정하면서도 이원상 목사는 하나님이 예정하신 섭리와 은혜로 계명대학교를 선택하게 되었다고 줄곧 간증해 왔다.

> 사람이 마음으로 자기의 길을 계획할지라도 그의 걸음을 인도하시는 이는 여호와시니라(잠 16:9).

목회를 준비하기 위한 대학생활

미국 북장로교 선교사에 의해 1954년에 설립된 계명대학교는 기독교 이념을 근본으로 하는 대학이다. 특차전형으로 수석 합격한 후 2차로 면접시험을 보았다. 이원상 목사는 당시 초대학장이었던 감부열(A. Campbell) 선교사와 주고받은 면접내용을 이렇게 회고했다.

"왜 계명대학교에 입학하려고 합니까?"

"헌신하는 삶을 살기 위해서입니다."

"무엇에 헌신하려고 합니까?"

"하나님께 나의 삶을 드려 복음을 전하는 주의 종이 되려고 합니다."

대학 2학년 때 시작한 천막교회 주일학교(1958년)

이것이 대학에 입학할 당시 이원상 목사의 모습이다. 이 대화를 통해 그가 고등학교 시절 어떤 신앙인으로 성장했는지, 그리고 하나님께 헌신하고자 했던 의지가 얼마나 확고했는지 확인하게 된다.

그는 계명대학교 설립 이념인 "그리스도와 그의 나라를 위하여"라는 말에 깊은 감명을 받고 도전을 받았다. 철학은 개념적이고 추상적인 학문이지만 인간의 존재 이유를 깊이 생각하도록 하였다. 자칫 비기독교적 사상에 빠질 우려도 있었지만 열정적인 신앙생활과 기도로 이를 극복할 수 있었다.

대학교 2학년 때, 김형식 목사가 인도하는 부흥집회에 참석한 그는 큰 은혜를 받았다. 부흥회를 마치고 가면서 김 목사는 부흥회 사례비로 받았다며 청년 이원상에게 만 원을 건네고는 사역을 시작해 보라고 하였다. 청년 이원상은 이 돈으로 텐트를 구매하여 경산읍교회에서 새로 개척한 지역의 주일학교 사역을 시작했는데, 이것이 목회의 길로 접어드는 첫 계기가 되었다고 회고했다.

기독교 대학의 특성상 필수과목으로 예배에 참석하고 성경을 공부해야 했다. 그는 이 시간을 통해 성경을 제대로 배웠다. 미국인 선교사 오천혜(George C. Worth) 교수가 영어로 주기도문을 외우게 했는데 나중에 영어를 공부하고 발음을 바로잡는 데 큰 도움이 되었다.

역사를 좋아한 이원상 목사는 후에 경북대 총장이 된 노명식 교수로부터 아놀드 토인비의 《역사의 연구》(A study of History)를 배우며, 역사는 도전(challenge)과 이에 대한 응전(response)을 반복하며 발전해 왔다는 인식에 깊은 감명을 받았다. 이 책은 그가 역사를 이해하는 초석이 되었다. 이원상 목사는 목회자가 되려는 후배들에게 신학을 공부하기 전에 역사나 철학, 문학 같은 인문학을 먼저 배울 것을 권유하곤 했다. 이 목사가 대학교에서 철학을 전공하며 다른 인문학 과목들을 공부한 것이 나중에 깊이 있는 신학 관련 서적과 논문들을 이해하는 데 도움이 되었다고 믿기 때문이다.

그는 휴학을 하고 군대에 갔는데, 군대에서의 훈련과정은 육체적 고통을 이기고 정신적 인내심을 기르는 또 다른 인생 경험이었다. 그는 어려울 때마다 기도하며 훈련에 임했고, 그렇게 힘든 과정을 극복할 수 있었다.

그는 훈련을 마치고 춘천에 위치한 505병기단 512대대에 배치를 받았다. 이 부대에 배치된 것도 하나님의 은혜로 믿고 감사하였다. 부대에서 멀지 않은 곳에 남춘천감리교회가 있어 그 교회에서 신앙생활을 하며 주일학교 교사로 봉사할 수 있었기 때문이었다. 하나님의 은혜로 군대생활을 하는 중에서도 말씀을 가르치는 훈련이 계속 이어졌던 것이다.

제대를 하고 다시 계명대학교에 복학한 이원상 목사는 대학신문 기자로 활동하면서 철학과 대의원 학생회 종교부장을 맡아 대외적인 활동에도 참여했다. 온순하고 겸손한 성품이었지만 감춰졌던 리더십의 진면목이 서서히 드러나기 시작했다. 복음전파에 대한 열정이 강했던 그는 친구 고환규(목사)와 아프리카 선교사가 되자고 약속하기도 했다. 한편으로는 신학자가 되어 후배들을 가르치는 교수가 되려는 소원도 간직하고 있었다.

이원상 목사는 대학 시절의 여러 경험을 거치며 계명대학교 제5회 졸업생이 된다(1962년). 그것도 수석으로 졸업하며 부상으로 큰 성경책을 받게 되었다. 이 성경책은 미국 유학을 떠나며 분실하였는데 그때를 생각하면 지금도 아쉽다고 했다.

학업과 함께 시작한 첫 목회

대학을 졸업한 이원상 목사는 평신도로 하나님을 섬길 것인가, 아니면 목사가 되어 하나님을 섬길 것인가 하는 중요한 기로에 서게 되었다. 물론 목사가 되겠다는 꿈을 접은 것은 아니지만 본격적으로 목회자가 되기 위한 훈련을 받아야 했다.

그는 공부를 계속하기 위해 대학원에 입학하기로 하였다. 먼저 서울 총회신학대학원에 지원하여 합격통지를 받았다. 하지만 다른 한편으로는 경북대학교 대학원에서 철학을 더 공부할 수 있는 기회가 주어졌다. 하나님이 철학 공부를 더한 뒤 신학을 공부해도 늦지 않을 것이라는 마음을 주셨기에 경북대학원 철학과에 입학하게 되었다.

그는 대학원 공부를 하는 한편으로 지금은 폐교가 된 메노나이트(Mennonite) 중고등학교에서 역사와 영어를 가르쳤다. 그런 그에게 더 놀라운 사역의 기회가 기다리고 있었다. 신학교를 입학하지도 않은 상태에서 전도사 시험을 치르게 되고 전도사로 임명된 것이다. 더구나 경산에서 가까운 평산의 평산교회에서 담임 교역자로 섬기게 되었다(1963~1966년).

그는 평산교회의 50여 명 성도들을 성실히 섬기며 목회의 첫걸음을 내디뎠다. 하나님의 은혜로 이 사역 기간에 작은 규모지만 교회를 건축하였다. 이 교회 건축 경험은 나중에 와싱톤중앙장로교회에서 비엔나와 센터빌 성전을 건축하는 데도 큰 밑거름이 되었다.

이원상 목사는 '교회는 건물이 아니라 믿는 성도들의 공동체'임을 믿고 가르쳤다. 그러면서도 믿는 성도들이 모여 하나님께 예배를 드리고 교제하는 장소의 필요성을 깊이 깨닫고 사역에 임하였다. 이런 깨달음과 믿음은 평산교회 사역 때부터 시작되었다.

아름다운 믿음의 신부를 평생의 동반자로 맞이하다

평산교회에서 사역하는 중에 경산읍교회에서 같이 신앙생활을 했던 김영자(결혼 후 미국으로 이주하여 남편 성을 따라 이영자가 됨) 자매와 중매 얘기가 오갔다. 중매가 있기 전에도 주위에서 두 사람이 잘 어울린다는 말들을 간간이 하던 터였다. 이성봉 장로와 김영자 자매의 아버지는 아주 친한 친구 사이였는데, 이성봉 장로가 김영자 자매를 며느릿감으로 맘에 들어 하였다.

　김영자 학생은 고등학교 시절 몸이 불편한 사찰집사 대신 한동안 주일마다 교회 마당 청소를 열심히 했는데, 이성봉 장로는 이런 모습과 기도 생활하는 것을 지켜보고 며느리로 삼았으면 했던 것이다. 나이가 세 살 어린 것도 내심 마음에 들었다. 김영자 자매의 어머니 강옥화 집사도 성실하고 신실한 모습의 전도사 이원상을 좋아했고 사위로 삼고 싶어 하였다.

　이원상 전도사는 내심 좋으면서도 겉으로 표현하지 못하고 있었다. 그는 중매가 들어오기 전부터 김영자 자매를 알고 있었다. 같이 신앙생활 하면서 좋아하는 감정을 느끼지 못했느냐는 질문에 대해 "매사에 적극적이고 신앙생활에 열심인 것도 마음에 들었고, 5남매 화목한 가정에서 성장한 김영자 자매를 아내로 맞으면 좋겠다"라는 생각을 하고 있었다고 털어놓았다. 특별히 "어머님 되시는 강옥화 집사님이 저를 너무 사랑해 주셨는데, 제 어머니가 돌아가셨던 때라 장모님 사랑을 계속 받고 싶은 마음도 있었습니다"라고 덧붙였다. 여자로서 외모가 예쁘다는 생각은 안 했느냐는 질문에는 여느 때처럼 미소로 대답을 대신했다.

　같은 질문을 받은 이영자 사모는 "눈에 띄게 성실하고 진실된 모습과 행동을 보며 다른 청년들과 사뭇 다르게 느껴지기는 했어도 이성적인 감정을 품지는 않았습니다"라고 말했다. 이미 아는 사이지만 맞선을 보는 첫 만남에서 전도사 이원상은 한 마디 말도 없었다고 그 당시를 회상하며 웃었다.

이영자 사모는 황해도 수안에서 태어나 자랐고 서울로 피난 와 신당동에 살면서 신당동중앙교회에서 신앙생활을 하였다. 그러다 전쟁 중에 경산으로 피난하여 경산읍교회를 다니며 신앙생활을 하게 되었던 것이다. 어머니 강옥화 집사의 철저한 신앙교육으로 남달리 새벽제단을 쌓으며 기도에 열심인 믿음을 가진 그녀는 신명서중고등학교를 졸업하고 효성여자대학교(현 대구가톨릭대학교)에서 약학을 전공하여, 졸업 후 약사가 되었다.

강옥화 집사는 자녀를 엄하게 키웠다. 집에 늦게 들어온다든가 남학생들과 어울리는 일에는 더더욱 엄격하였다. 주일에 입학시험을 치르는 학교는 자녀에게 시험을 보지 못하게 할 정도로 엄격한 신앙관을 바탕으로 자녀를 양육하였다. 이영자 사모가 중학교 3학년 때 경주로 졸업여행을 다녀온 것이 유일한 추억이라고 말할 정도였다.

이원상 전도사와 중매가 이루어지기 전까지 그녀는 목회자 사모가 되겠다는 생각은 하지 않았다. 외삼촌 이웃에 고아원이 있었고, 납북자 아버지를 둔 친구가 그 고아원에 살기도 하여 고아원 아이들을 돌보며 하나님을 섬겨야겠다는 마음을 품고 있던 때였다. 특히, 가까이에서 고아원 아이들이 불쌍하게 자라는 모습을 지켜보며 너무 마음이 아파 아이들을 위해 결혼도 하지 않고 섬기기로 결심했다.

그러나 막상 중매가 들어오자 김영자 자매는 난처해하며 주의 뜻을 알기 위해 밤을 새며 철야기도를 했고, 강옥화 집사도 함께 기도했다. 우연히도 김영자 자매는 같은 날 밤 어머니와 동일한 꿈을 꾸었다고 한다. 꿈속에서 상복을 입고 있는 자신의 모습을 보며 중얼거렸다. "이원상 선생과 결혼했더라면 이렇게 되지는 않았을 텐데…." 꿈 이야기를 들은 강옥화 집사는 딸이 자신과 같은 날 같은 꿈을 꾼 것에 놀랐다. 그러고는 이것이야말로 하나님께서 이원상 전도사와의 결혼을 허락하신 거라며 두 사람의 인연을 확신하게 되었다.

요즈음과 같은 프러포즈 한 번 주고받지 않고 두 사람은 양가 가족과 교인들의 축복 속에 가정을 이루었다. 이원상 전도

결혼식을 올린 이원상, 이영자 부부(1966년)

사는 신부에게 결혼반지 하나 제대로 못 해주었다. 신부의 대학 졸업반지에 작고 값싼 빨간 루비 하나를 얹어 주는 것으로 대신했다고 한다. 세상의 잣대로는 가난하고 초라한 결혼이었지만 하나님의 은혜로 시작된 가정이었고, 크고 놀라운 하나님의 사역과 기도의 동역이 움트는 신혼생활이었다.

경산에서부터 교회생활을 같이한 동창이자 친구인 최순자 권사(최동진 목사의 딸)의 증언을 통해 이원상 목사의 성장과정과 결혼 전후의 분위기를 짐작할 수 있다. 이원상 목사는 경산에서 대구까지 기차로 통학하며 다녔는데, 기차에서 누구와 대화하는 것을 보기 힘들었고 영어사전을 혼자 보며 암기하는 것 같았다고 한다. 그 당시 함께 신앙생활을 한 사람들조차 이원상 목사에 대해서는 책을 보거나 기도하는 모습으로 기억하고 있었다.

대학 시절 교회에서 수요예배 설교를 한 적이 있는데, 평상시 조용하고 말 없는 성품에 비해 설교는 조리 있고 힘이 있었으며, 성경 본문에 충실하였다. 성도들 사이에서 "앞으로 큰 목사님 되겠다"라는 칭찬의 말이 나왔다.

주변 사람들은 이영자 사모도 남다른 성품의 소유자로 기억한다. 그녀는 대학을 졸업하고 경산에서 약국을 개업하여 운영하였다. 그 당시는 약사가 의사 처방전 없이도 직접 약을 제조하여 판매하던 시절이었다. 이영자 사모의 처방으로 환자들이 많이 낫자 소문이 나서 돈을 제법 모을 수 있었다고 한다. 결혼 비용도 거의 이영자 사모가 지불했을 뿐 아니라, 피로연 음식으로 냉면을 대접했는데 결혼식 전날까지도 어머니와 음식을 일일이 준비했다고 하니 그 꼼꼼하고 성실한 성품을 짐작할 수 있다.

주어진 사명을 위해 도미, 유학길에 오르다

결혼 전까지는 이원상 목사가 혼자 소명을 받고 복음을 전하는 목회의 길을 준비하고 있었다면, 이영자 사모와 가정을 이룸으로써 가정을 통한 사역 준비가 시작된 셈이었다. 게다가 이원상 목사를 특별히 사랑했던 장모 강옥화 권사의 동참 없이는 이원상 목사의 사역도, 이영자 사모의 헌신도 빛을 발하지 못했으리라.

모세가 하나님의 부름을 받았을 때, 구변이 없어 부족한 부분을 형 아론을 통하여 채워 주시며 모세를 지도자로 사용했듯이 이원상 목사가 혼자 감당할 수 없는 큰 부분을 이영자 사모의 경제적인 헌신과 기도의 후원, 그리고 장모 강옥화 권사의 가정살림 돌봄으로 채워 주셨다. 특히 강 권사는 오랜 세월 동안 집안일은 물론이고 손주들을 보살피며 기도로 사역에 동참했다. 그들의 헌신이 없었다면 지금의 이원상 목사는 존재하지 못했을 것이다.

영어에 심취하여 기차통학을 하며 단어를 외우고 주기도문을 영어로 암기하던 청년 시절의 이원상에게 미국 프린스턴대학교에서 유학 중이던 김윤국 목사의 소식은 그냥 스쳐 갈 이야기가 아니었다. 그 시절에는 가족을 동반한 유학이 허용되지 않던 때였다. 김윤국 목사의 사모가 홀로 경산읍교회에 출석하고 있었던 터라 자연스럽게 김윤국 목사의 유학 이야기를 듣게 되었고, 그의 유학이 부럽기도 하고 도전이 되기도 하였다. 결국 이원상 전도사는 기회가 되면 미국에 가서 공부하고 싶다는 막연한 꿈을 꾸게 되었으며, 생각날 때마다 이를 위해 기도했다.

1965년 경북대학교 대학원에서 철학 석사학위를 받고, 이듬해에는 이영자 사모와 결혼하여 가정을 이룬 상태였다. 학구열이 강했던 이원상 전도사는 앞으로의 진로를 위해 기도하던 중 대구제일교회를 담임한 이상근 목사의 영향을 받게 되었다. 이상근 목사는 미국 텍사스 주 댈러스에 있는 댈러스신학교에서 박사학위를 받고, '목회와 성경주석'으로 한국교회에 큰 영향을 끼치고 있었다. 성경을 원어를 바탕으로 깊이 있게 분석하고 그 의미를 중심으로 말씀을 해석하는 '주해설교'에 이원상 전도사는 크게 감명을 받았다.

이상근 목사의 조언과 기도 가운데 이원상 전도사는 댈러스신학교에 지원하였고 댈러스신학교로부터 4년 장학금까지 받는 조건으로 입학허가를 받게 되었다. 드디어 미국에서 공부할 수 있는 길이 열렸다. 무척이나 감사하고 매우 기뻤지만 아내와 함께 유학을 떠날 수 없는 아쉬움을 감내해야만 했다. 이런 상황에서 이영자 사모의 동의와 전적인 후원이 없었다면 유학 결정은 불가능한 일이었을 것이다. 이원상 전도사는 고국에 아내를 남겨둔 채 당시 외화 소지 허용 한도액 300달러만을 가지고 1968년 6월 25일 미국행 비행기에 몸을 실었다.

1968년에 도미하며 댈러스신학교에 입학

일하며 공부하며

미국에 도착한 이 전도사는 9월에 시작하는 신학교 개강 전까지 2개월 동안 샌프란시스코에서 100여 마일 떨어진 스톡턴의 복숭아 통조림 공장(California Canners & Growers)에서 일할 수 있는 기회를 얻었다. 하루 10여 시간을 서서 일하다 보니 저녁이 되면 다리가 아파 움직이기 힘들었지만, 홀로 지내는 외로움을 잊을 수 있었고 학업에 필요한 책값이며 생활비를 마련할 수 있어 감사했다. 하지만 이원상 전도사는 그때 이후로 복숭아 통조림은 한동안 먹지 않았다고 한다.

스톡턴에서 하숙했던 곳은 프리윌 침례교회(Freewill Baptists Church)의 아서 키니(Arthur Keeney) 목사 집이었다. 아서 키니 목사는 한국전쟁 참전 용사로 경건한 신자였다. 정해진 월 50달러의 하숙비도 받지 않았으며 사모님은 이 전도사를 통조림 공장까지 매일 데려다 주기까지 하였다. 게다가 댈러스신학교로 떠날 때는 교인들의 헌금으로 장학금까지 마련해 줄 정도로 그에게 친절을 베풀었다.

하나님은 한국을 사랑하던 아서 키니 목사 부부를 통하여 이제 막 외롭고 힘든 미국생활을 시작하는 이원상 전도사를 위로하셨던 것이다. 이처럼 하나님의 사랑은 언제나 구체적이고 신실한 것임을 깨닫게 된 이원상 목사는 그 시절 아서 키니 목사 부부의 사랑을 기억하고 평생 양부모처럼 교제하며 그들을 위해 기도하게 되었다.

대부분의 신학교 목회학 석사과정(Master of Divinity)이 3년제인 데 반해, 댈러스신학교의 신학 석사과정(M. Div 통합)은 4년제였다. 이원상 전도사는 1학년 때는 학교 식당에서 일하며 공부했다. 그 후 3년 동안은 자동차 부속품을 만드는 공장(John E. Mitchell Company)에서 일했는데, 학기 중에는 주 20시간을, 방학 중에는 주 40시간을 기계공으로 일하기도 했다. 때로는 공장을 청소하는 일도 해야 했다.

일과 공부를 병행하느라 몸과 마음이 지쳤지만, 굳은 의지력으로 공부와 영적 생활을 성실히 감당하였다. 하나님이 앞으로 어떤 목회를 하게 하실지 막연히 기대하고 있었지만, 한편으로 큰 목회를 꿈꾸기보다는 공부를 계속하여 학위를 받은 후에 한국으로 돌아가 신학교에서 후학들을 가르치고 싶다는 구체적인 계획을 세우기도 하였다. 이원상 전도사는 내심 자신에게 가르치는 은사가 있다고 믿었기 때문이다. 고등학교 시절 슈바이처 박사처럼 의료 선교사가 되고자 했던 이원상 전도사는 신학교 교수의 꿈을 품고 성경을 배웠다.

정해진 교과과정을 성실히 이수하면서도 개인적으로는 "하나님이 누구신가? 예수님은 누구신가? 성령님은 누구신가?" 하는 근본적인 질문을 스스로에게 던지며 그 답을 찾으려 노력하였다. 특히 히브리어와 헬라어 공부를 통해 성경을 원서로 읽고 원래 의미를 이해하고 배워 나갔다. 그런 노력 덕분에 하나님 말씀을 스스로 읽으며 해석하고, 깊이 있는 책들도 어렵지 않게 읽을 수 있게 되었다.

당시 한국 유학생이 없었던 댈러스신학교에서 이원상 전도사의 학업에 대한 열정은 단연 돋보였다. 어려움 없이 히브리어를 배우는가 하면 스스로 히브리어 성경을 독해하는 이원상 전도사를 보고 학우들이 '한국 유태인'(Korean Jews)이라고 부르기도 했다. 일하며 성실하게 공부하는 이원상 전도사의 모습에 교수들은 깊은 관심을 갖고 지도했다. 이원상 전도사는 그런 교수들 가운데 석사학위 논문을 지도해 준 케네스 바커(Kenneth Barker) 교수(NIV 주석성경 책임 편집자)와 구약성경 학자로 유명한 브루스 월키(Bruce Waltke) 교수에게 많은 영향을 받으며 신학자로서의 꿈을 구체적으로 실현해 갔다.

이상근 박사에게서 성경주해에 대한 도전을 받았다면, 댈러스신학교에서는 강해설교로 유명한 해던 로빈슨(Haddon Robinson) 교수를 만나 직접 강해설교에 대해 배웠다. 이원상 전도사는 로빈슨 교수의 가르침으로 평생 변치 않은 그만의 설교 스타일을 정립하게 되었다. 주경야독 끝에 1972년 이원상 전도사는 "요엘서의 히브리어 문법적 연구"(A Syntactical Study of Hebrew of the Book of Joel)로 석사학위를 받고 졸업했다.

이영자 사모는 이원상 전도사보다 1년 반 늦게 미국에 왔는데, 그 당시에는 거의 전례가 없는 약사보조 취업 비자를 받아 입국할 수 있었다. 입국과 동시에 공부하는 이원상 전도사를 돕는 배필로서의 사명을 본격적으로 감당하게 되었다. 그러나 한국의 약사 자격증은 미국에서는 아무 소용이 없었다. 그러다 보니 댈러스병원 약사보조로 일할 수밖에 없었다. 이영자 사모는 시간당 1달러 76센트를 받으며 서툰 영어로 지극히 낯선 직장 분위기를 견뎌 나갔다. 하지만 6개월 넘게 고생을 하고도 병원이 겨우 시간당 6센트를 올려주자, 이영자 사모는 속이 상해 눈물을 펑펑 쏟았다. 그도 그럴 것이 이원상 전도사가 공장에서 변기 청소를 하는 모습까지 본 터라 더욱 삶이 서러웠던 것이다. '이 고생을 하려고 미국에 왔나' 하는 생각을 떨칠 수가 없었다고 한다.

그들은 시동도 잘 안 걸리는 자동차를 몰며 매달 100달러씩 한국에 있는 부모님에게 송금하고 있었다. 이영자 사모는 약사보조로는 희망이 없다고 판단하고 미국 대학에서 약학 공부를 다시 하기로 결심했다. 펜실베이니아 주 필라델피아에 있는 템플대학 약학과 2학년으로 편입한 이영자 사모는 이원상 전도사가 신학교를 졸업하기 1년 반 전에 필라델피아로 혼자 이사를 하였다.

그녀는 남편이 있는 댈러스를 떠나 아무런 연고도 없는 곳에서 혼자 공부하면서 견디기 힘든 어려움을 감당해야만 했다. 훗날 "그때는 얼마나 외롭던지 가슴이 다 아팠습니다"라고 회상했다. 하지만 하나님은 외롭고 힘든 학업 생활을 통해 하나님 복음을 위한 일꾼으로 훈련하고 계셨다. 이원상 목사와 이영자 사모는 "그런 힘든 과정 가운데서도 하나님께서 허락하신 훈련이라 생각하며 포기하지 않은 것은 하나님의 위로와 은혜 덕분이었습니다"라고 고백한다.

그러나 하나님의 뜻은 목회였다

케네스 바커 교수는 이원상 전도사의 석사논문을 지도하면서 자신의 모교인 드랍시(Dropsie)대학에서 계속 공부해 보라고 조언했다. 이 전도사는 그의 조언에 따라 그 대학에서 박사학위 과정을 공부하기로 결심했다. 그러나 이원상 전도사가 댈러스신학교를 졸업할 때는 때마침 드랍시대학이 재정난으로 폐교된 상태였다. 이러한 과정을 겪으며 1973년 펜실베이니아대학교 박사과정에 입학하게 되었다. 무엇보다 이영자 사모와 다시 만나 공부할 수 있어 행복했다.

박사과정에 입학하려면 독일어와 프랑스어 시험을 통과해야 했다. 독일어는 한국에서 제2 외국어로 공부했던 터라 생소하지 않았지만, 프랑스어는 독학으로 공부해 시험을 치러야 했다. 하나님이 그에게 언어를 익히는 은사를 주셨는지 첫 시험에 바로 합격하였다. 하나님이 계속 박사과정을 열심히 공부하라는 뜻을 전달하신 기적이라고 믿었다. 이원상 전도사는 이 대학원에서 고대근동연구(Ancient Near Eastern Study) 중 구약과 히브리어를 중점적으로 공부하며 연구하였다. 1974년에는 하나님께서 장남 요셉을 주셨다. 이영자 사모의 어머니 강옥화 권사도 1976년에 필라델피아로 오게 되었다.

당시 이원상 전도사는 박사학위 이수과정을 끝내고 학위시험과 논문준비로 학업에 전념하고 있었다. 필라델피아로 온 강옥화 권사는 사위가 나이는 들어가는데 공부만 하는 것이 마음이 아파 목회지를 달라고 100일 동안 하루에 15시간씩 헌신적으로 기도했다. 그런데 100일 기도가 끝난 직후 전혀 알지도 못하고 연고도 없는 와싱톤중앙장로교회에서 담임 교역자로 청빙을 받게 되었다. 그러나 이원상 전도사는 박사학위 마지막 과정을 포기하고 싶지 않았다. 게다가 목회보다는 교수로서 복음을 가르치며 하나님을 섬기려는 뜻이 컸으므로 기도하면서도 청빙을 거절하고 싶었다.

그런데 당시 세 살배기 아들 요셉이 원인도 모른 채 심한 복통에 시달리며 밤낮으로 15분마다 울기 시작했다. 병원에서도 원인을 찾지 못했다. 가족이 기도하던 중에 와싱톤중앙장로교회 청빙에 순종하면 요셉이 나을 것 같다는 영감을 받았다. 이원상 전도사는 이영자 사모, 강옥화 권사와 상의한 뒤 교수의 꿈을 접고 결국 목회의 길

펜실베이니아대학교 박사과정 공부 중 아들 조셉 군과 함께

을 선택하게 되었다.

　1977년 10월 23일 와싱톤중앙장로교회에 방문하여 주일설교를 한 번 해달라는 초청을 받고, 아픈 요셉에게 약을 먹인 상태로 워싱턴으로 가던 중 요셉의 복통이 사라지는 기적을 체험하게 되었다.

　이원상 목사는 후에 그때를 "우리는 기도를 통해 아들 요셉의 병이 필라델피아에서 공부하는 대신 워싱턴으로 가라는 하나님의 인도하심임을 깨닫게 되었습니다"라고 간증하였다.

　이원상 전도사는 와싱톤중앙장로교회에서 창세기 11:26~12:9의 말씀을 통해 '믿음과 순종의 사람 아브라함'이란 제목으로 첫 설교를 하였다. 그 후로도 이 본문으로 여러 차례 설교를 하였는데, 이원상 목사의 설교노트(2002년 12월 29일)에 의하면 "아브라함은 하나님의 말씀을 듣는 사람이며, 예배하는 사람이었고, 순종하기 위하여 자기의 뜻을 버렸다"라고 기록되어 있다. 이 본문을 설교할 때마다 1977년 청빙 당시를 기억하며 설교를 준비했음을 엿볼 수 있다.

　이원상 전도사는 교회가 청빙을 결정한 1977년 12월 4일 주일부터 와싱톤중앙장로교회 담임 목회자가 되었다.

part 2

하나님만 의지하며

와싱톤중앙장로교회 목회 시절
| 1977년~2003년 9월 |

내가 여호와께 아뢰되 주는 나의 주님이시오니
주 밖에는 나의 복이 없다 하였나이다
(시편 16:2)

1장

전적으로 기도하는 목자

이원상 전도사는 1977년 12월 4일 주일예배 설교를 시작으로 와싱톤중앙장로교회에서 목회사역을 시작하였다. 설교 본문은 시편 16:1~11, 제목은 2절 말씀 '주밖에는 나의 복이 없나이다'로 앞으로 주님만을 의지하며 목회하겠다는 각오를 느끼게 하는 본문과 제목이었다. 6절 "내게 줄로 재어 준 구역은 아름다운 곳에 있음이여 나

1978년 12월 담임목사 위임예배

의 기업이 실로 아름답도다"라는 말씀을 통해서 하나님이 허락하신 목회에 대한 감사와 앞으로 목회를 아름답게 여기고 충성하겠다는 기도가 담긴 말씀을 전했다. 또한 11절의 "주께서 생명의 길을 내게 보이시리니 주의 앞에는 충만한 기쁨이 있고 주의 오른쪽에는 영원한 즐거움이 있나이다"라는 결론 구절을 통해 앞으로 하나님만 의지하는 목회를 최고의 기쁨으로 여기고 감당하겠다는 목회의지를 성도들에게 고백했다.

1968년 7월 1일 케네디 이민법의 시행으로 1970년대에 한인들의 미국 이민이 크게 증가했다. 이에 따라 워싱턴 지역 한인 인구도 급격히 늘어 3천여 명에 달했다. 그 결과 기존에 있던 10여 개 교회에도 교인 수가 크게 늘어 각 교회가 부흥하게 되었고 개척하는 교회도 상당수 있었다.

1973년 11월 4일에 창립한 와싱톤중앙장로교회도 하나님의 역사하심으로 교인 수가 증가했고, 1973년 12월부터는 알링턴에 있는 미국 트리니티장로교회 건물을 빌려 예배를 드렸다. 평신도 지도자들을 세우면서 주일학교 사역과 중고등부 사역, 청년부 사역의 체계를 잡아 나갔다. 장년 150여 명, 주일학교 130여 명이 예배에 참석하며 잘 성장하던 교회가 1977년 여름에 담임목사의 일신상의 문제로 분쟁에 휩싸여, 교인의 3분의 2가 담임목사를 모시고 나가 새로 교회를 개척하는 사태가 벌어졌다. 갑자기 목회자를 잃은 와싱톤중앙장로교회에서는 급히 청빙위원회를 조직하여 이원상 전도사를 청빙했던 것이다. 그런 사정 때문에 이원상 전도사가 부임할 때의 교회 분위기는 매우 어수선하였다.

부임한 주일부터 이원상 전도사는 기도하며 설교를 준비하였고, 이영자 사모는 직접 타자를 쳐서 주보를 만들었다. 이영자 사모가 만든 첫 주보 통계는 남자 18명, 여자 17명, 학생 15명으로 총 예배자 50명이었다. 그 후 5년 반 동안이나 이영자 사모가 주보를 만들었고, 그 후에는 봉사자들의 섬김으로 이어졌다.

분열된 교회에 그것도 남은 성도가 많지 않은 상황에서 부임한 이원상 전도사는 말씀에 기초한 올바른 신앙 회복을 목표로 삼고 사역을 시작하였다. 워싱턴 지역의 미국 교회나 한국 교회들 중에 새벽기도를 드리는 교회가 없었던 당시에 이원상 전도사는 기도의 중요성을 인식하고 새벽기도부터 시작하였다. 처음에는 이 전도사 부부만이 기도를 드리는 경우가 많았다. 시간이 지남에 따라 동참하는 성도들이 늘었고 조용히 기도하는 분위기가 조성되기 시작하였다. 수요예배에 참석하는 교인 수가 서서히 늘기 시작함에 따라 수요예배에서는 성경을 각 권별로 강해하며 말씀을 깊이 있게 가르쳤다.

그러나 세들어 있던 필그림교회(Pilgrim Church) 건물이 범죄율이 높기로 유명한 워싱턴 DC 안에 있었던 터라 예배 중에 성도들의 자동차 타이어를 도둑맞거나 옷 또는 지갑 등을 잃어버리는 사고가 자주 일어났다. 이원상 전도사는 기도 중에 안전한 지역으로 예배처소를 옮겨야겠다고 결심하고는 워싱턴 DC에 비해 안전한 버지니아 지역의 미국 교회들을 찾아다녔다. 그러던 중 맥클린에 있는 루인스빌장로교회(Lewinsville Presbyterian Church)를 빌려 1978년 6월부터 그곳에서 예배를 드리게 되었다.

예배 장소를 맥클린으로 옮기면서 새벽기도가 더 활성화되었다.

1978년부터 1985년까지 빌려 사용했던
맥클린 루인스빌장로교회 건물

이원상 전도사는 심방 사역에 마음을 두고 성도들을 직접 심방할 뿐 아니라 전화심방도 시작하였다. 또한 대학선교회(CCC) 교재인《10단계 성서교재》와 웨스트민스터 소요리문답 강해 등으로 성도 양육과 훈련을 실시하였는데, 처음에는 한 구역에서 성경공부 형식으로 시작했지만 1979년에는 8개 구역으로 나누어 구역예배를 드릴 수 있게 되었다.

기도로 목회의 위기를 극복하다

이원상 전도사 부임 전에 미국연합장로교단(PCUSA)에 가입을 준비하고 있던 와싱톤중앙장로교회는 이원상 전도사의 복음주의적이고 보수적인 신앙에 따라 공동회의를 거쳐 PCUSA 가입 계획을 취소하고 전통적 보수교단인 한국 대한예수교장로회에 가입하기로 결정하였다. 그 후 1985년에는 후세들을 위해 미국의 보수 장로교단인 미국장로교(PCA, Presbyterian Church in America)에 가입했다.

전도사가 목사 안수를 받으려면 강도사 시험을 치른 후 1년 동안 강도사로 인턴과정을 지내며 지도목사의 지도를 받고 목사 시험을 치러야 하는데, 당시에는 지금처럼 노회가 체계적인 조직을 갖추고 있지도 않았고 더구나 노회 지도자들이 목사 안수를 먼저 받은 후에 한국에서 강도사 시험지를 가져와 강도사 고시를 치러도 된다고 권고하였다. 다른 선택의 여지도 없는 형편이고 또 노회 의견을 거부하기도 곤란하자 이원상 전도사는 새로 가입한 대한예수교장로회 펜실베이니아 노회를 통해 목사 안수를 먼저 받고 뒤에 강도사 고시를 치렀다. 이런 안수절차상 문제 때문에 어떤 성도는 가짜 목사라고 비판하기도 했다. 교회의 교단 가입과 목사 안수과정을 지나면서 예상치 못한 두 가지 어려움으로 교회가 분쟁을 겪게 되었다.

첫째, 예배에서 당시 은혜를 받은 일부 성도들이 손뼉치고, "할렐루야", "아멘" 등을 외치는 것에 대한 비판과 목사 안수를 주관한 펜실베이니아 노회의 정통성에 대한 논란이었다. 일부 교인들 사이에서는 "이원상 목사를 교주처럼 신봉한다", "이원상 목사는 성령파다"라는 비판들이 나돌았다.

둘째, 교회 지도자들 간의 갈등으로 이원상 목사를 축출하자는 반대파와 지지하는 찬성파 간의 분열이 생겼다. 교회 분열에 깊은 책임을 느꼈던 이원상 목사는 기도하며 성도들의 의견을 경청하였다. 이원상 목사를 아꼈던 선배 목사 한 분은 교회를 사임하는 것 외에 다른 방법이 없어 보인다고까지 하였다. 이원상 목사 가족은 이 문제로 기도를 했지만 하나님의 뜻이 어디에 있는지 확신이 서지 않았다. 그때 드린 기도가 그의 기도수첩에 다음과 같이 기록되어 있다.

하나님 아버지!
이 어려운 시련 가운데 남아 있는 양들을 계속 목양해야 할까요?

아니면 하나님이 마련해 주시는 새로운 목양의 길을
떠나야 할까요?
하나님 가르쳐 주옵소서.
온몸을 다해 하나님을 의지하나이다.
예수님의 이름으로 기도드립니다. 아멘.

교회는 점점 어려워지고 하나님의 뚜렷한 기도 응답이 없자, 1981년 이원상 목사는 교회를 사임하고 끝내지 못한 공부를 계속하고자 가족에게 동의를 구했다. 얼마 후 댈러스신학대학원에서 박사과정 입학허가를 받았을 뿐만 아니라 댈러스 지역 개척교회에서 담임목사로 청빙도 받았다. 이영자 사모 역시 댈러스병원에 약사로 취직이 결정되었다. 이원상 목사는 이런 여러 사정을 고려하여 교회에 사표를 제출했다.

사표를 제출한 그 주일에 이원상 목사를 지지하는 평신도 리더들과 성도들이 찾아와 밤늦게까지 가지 않고 사표를 반려하고 하나님을 위해 함께 교회를 섬겨야 한다고 끈질기게 설득하였다. 이원상 목사는 고심 끝에 성도들을 두고 혼자 떠날 수 없다고 판단하고 결국 계속 있기로 결정했다. 그 후에도 한동안 성도들이 갈리고 어려움이 있었으나, 40-50명의 성도들이 교회를 떠나고 갈등이 정리되면서 평온을 찾기 시작했다. 이원상 목사는 그 당시를 회상하며 "그때는 제가 너무 젊었고, 그래서 경험이 부족했지요. 행정적으로도 미숙할 수밖에 없었어요. 그런 탓에 교회가 어려움을 겪었던 것 같아요"라며 겸손히 고백하였다.

이원상 목사는 그 일을 겪은 뒤로 매주 수요일 금식기도를 시작하였다. 수요 금식기도는 그의 26년 와싱톤중앙장로교회 사역기간뿐 아니라, 은퇴 후 2000년 세계선교를 위해 창립한 시드(SEED) 선교회와 2013년 시작한 기도운동 모임 프레션(PRASSION) 활동, 심지어 암 투병 중에도 한 번도 거르지 않고 계속되었다.

그의 기도습관은 훗날 SEED 선교회 후원 행사를 주관하러 서울을 방문한 기간에도 변함이 없었다. 수요예배에 설교하기 위해 금란교회에 도착하여 장로님들의 영접을 받고 먼저 식당으로 가게 되었다. 음식을 주문하는 자리에서 이원상 목사가 나직한 목소리로 "수요일은 금식하는 날입니다"라고 하니 장로님들이 난감해 하며 하는 수 없이 다같이 저녁을 굶고 수요예배를 드렸다고 한다. 부흥집회를 인도했던 교회마다 "이 목사님은 부흥집회 기간에도 어김없이 금식하셨다"고 이야기하곤 했다.

시련을 겪은 후 교인수는 줄어들었지만 뜻을 같이하는 성도들과 함께 하나님께 더욱 간구하며 목회철학과 사역방향을 정립하게 됨에 따라 교회가 눈에 띄게 성장하기 시작했다. 이원상 목사는 교회의 외적 성장을 목표로 삼지 않고 성도를 진실하게 대하고 사랑하며 기도에 집중하였다. 또한 주일예배, 수요성경공부, 새벽기도를 위한 말씀준비와 심방사역에 최선을 다했다.

1982년 10월에는 버지니아 주 마나사스에 있는 미국 임마누엘침례교회(Emmanuel Baptist Church)의 전도폭발 훈련에 수강자로 참석하여 훈련받은 후 곧바로 평신도 전도훈련에 이를 적용했다. 또한 1984년 3월에는 네비게이토(The Navigators) 선교회에서 실시하는 '2:7 제자훈련(The 2:7 Series)' 과정을 수료하고 이를 도입하였다. 그 당시 교회 부흥에 대해 이원상 목사는 다음과 같이 회고했다.

"매일 드리는 새벽기도와 수요성경공부 시간의 성경강해를 통해 성도들이 영적으로 성장할 수 있었던 것이 교회 부흥의 배경이 되었다고 생각합니다. … 교회의 외적, 양적 성장보다는 오직 하나님께서 나에게 맡겨 주신 양들에 대한 사명과 책임만을 생각하였습니다."

기도를 통해 비엔나 성전을 건축하다

하나님의 뜻을 알기 위해 성도는 모든 문제 앞에서 고민하기 마련이다. 성경말씀에 많은 부분 하나님의 뜻이 나타나 있지만 깨닫지 못하는 경우도 있고 개인의 뜻이 완고하여 깨달은 진리 앞에서도 자신의 고집을 꺾지 않는 경우도 있다. 기도를 통해 하나님의 뜻을 알게 되는 경우가 많지만 개인의 욕심을 위해 구하거나 하나님의 뜻에 어긋나게 구할 때는 응답이 더디고 영적 갈등이 찾아와 믿음이 흔들릴 수도 있다. 이원상 목사도 일반 성도들과 마찬가지로 그런 것들을 경험했다. 그러나 다른 점이 있다면 보통의 신앙인에 비해 더 많이, 더 오래 기도하고, 더 깊이 말씀을 이해하며 하나님의 뜻을 말씀 안에서 찾으려 한 것이다.

개인의 뜻은 하나님의 주권적 뜻을 벗어나지 못함을 깊이 깨닫고 있던 이원상 목사는 자신의 계획을 몇 번이나 포기해야 했다. 목사가 장래 희망이었음에도 의사가 되어 하나님을 섬기려 했던 계획,

선교사가 되어 하나님을 섬겼으면 했던 계획, 오랫동안 기도하며 하나님의 뜻으로 믿었던 구약성경학자로서의 꿈들이 그것이었다. 교회가 분쟁을 겪을 때 텍사스의 댈러스신학교로 돌아가고자 했지만 이 뜻마저도 하나님은 마지막 순간에 포기하게 만드셨다. 이는 이원상 목사가 개인적인 뜻을 포기하고 하나님의 주권적인 계획과 섭리에 순종했다는 것을 뚜렷이 보여준다.

이원상 목사는 자신의 삶을 회고하면서 "이러한 포기를 통한 순종에서 얻은 저의 결론은 순종하면 하나님께서 결국 다 갚아 주신다는 것입니다"라고 고백했다. 이원상 목사가 하나님의 뜻에 순종하면서부터 하나님의 새로운 계획과 뜻이 그와 성도들을 통하여 하나씩 나타나기 시작했다.

성도들의 기도로 시작된 성전 건축

와싱톤중앙장로교회의 성전 건축 계획은 이미 1976년 2월부터 시작되었고, '벽돌사기운동' 등의 프로그램을 통해 건축헌금을 모아 오고 있었다. 이원상 목사가 부임하기 전에 이미 1만 5,000달러 정도 건축헌금을 모은 상태였다. 교회가 부흥하면서 성도수가 늘어나자 미국 교회 건물을 빌려 쓰는 일에 한계를 느낄 수밖에 없었다. 주일학교 학생들이 교회 안에서 자유롭게 활동하는 것도, 한국 음식 냄새를 풍기는 것도 신경이 쓰였다. 이원상 목사는 새로운 예배처소를 생각하지 않을 수 없었다. 교회 건물 건축의 필요성에 대한 공감대가 형성되어 가는 중에 예배 처소를 옮겨야만 하는 급박한 일이 생기고 말았다.

1982년 여름에 루인스빌장로교회 게리 핀더(Gary Pinder) 담임목사에게서 만나자는 연락이 왔다. 게리 목사는 "그리 크지도 않은 이 교회에 한 집에 두 가정(In one house, two families)이 함께 있는 것이 점점 힘들어지니 교회를 옮겨 주었으면 한다"고 말했다. 이원상 목사는 1년만 시간을 달라고 요청하였고 게리 목사의 승낙을 받았다.

이미 1980년 5월에 15만 달러에 구입한 비엔나 성전 대지 3.5에이커(약 1만 4,204㎡)에 성전을 건축하기로 의견을 모으고, 1982년 10월에는 김충흠 집사를 건축위원장으로 임명하였다. 많은 성도들의 귀한 헌금과 바자회를 통한 수익금들로 건축헌금이 모아졌다.

그리고 성전 건축은 하나님의 도움 없이는 불가능한 일이라는 믿음으로 전 교인이 돌아가며 매일 기도하는 금식기도표를 작성하여 금식기도운동을 선포하였다. 그 당시 주일예배 참석 교인이 200여 명이었으므로 1년 365일 금식기도표에 빈칸이 있을 수밖에 없었다. 그때마다 이원상 목사, 이영자 사모, 강옥화 권사, 함병한 장로, 정혜선 권사 등이 그 빈칸을 채우면서 금식기도를 쉬지 않고 해 나갔다. 당시 이원상 목사 기도수첩에는 다음과 같은 짧은 기도 내용이 적혀있었다.

하나님 아버지!
저희 미주 한인 하나님의 백성을 불쌍히 여겨 주옵소서.
하나님께 거룩하게 예배드릴 수 있는 처소를 마련해 주옵소서.
예수님의 이름으로 기도드립니다. 아멘.

이렇게 시작된 전교인 금식기도운동은 와싱톤중앙장로교회의 중요한 사역이 되었고, 시간이 흐르면서 기도제목은 달라졌지만 아직도 계속 이어지고 있다.

이런 기도운동을 하던 중에 이원상 목사에게 교회 앞쪽에 위치한 루인스빌 초등학교가 폐교된다는 소식이 전해졌다. '혹시 이 초등학교가 하나님이 허락하시는 새 예배처소는 아닐까'라는 생각에 이원상 목사는 새벽기도에 갈 때마다 그 학교 운동장에 서서 하나님의 뜻이라면 이 초등학교를 새로운 예배처소로 허락해 달라고 기도했다. 마침 학교를 순찰하던 경찰관이 기도하는 이원상 목사를 보며 무슨 일인지 물었다. 이원상 목사는 기도하는 중이라 대답한 뒤 사정 이야기를 했다. 사정을 들은 경찰관은 "잘되기를 바랍니다(Good luck!)"라는 말을 남기고 떠나갔다.

성도들의 적극적인 금식기도와 참여 속에 1984년 10월 4일에 착공예배를 시작으로 비엔나 성전 건축공사가 궤도에 올랐다. 일 년 동안 공사한 끝에 1985년 12월 7일 헌당예배를 드렸다. 비엔나 성전은 3.5에이커 대지에 본당 500석, 친교실 및 교육관을 포함한 2만 2,000제곱피트(2,044㎡) 건물로 212만 8,000달러의 공사비가 들었지만, 하나님의 은혜로 이를 다 충당할 수 있었다. 성도 한 사람 한 사람의 믿음과 헌신으로 모아진 헌금과 성도들의 연대보증으로 은행 융자를 받을 수 있었고, 이 융자금액은 교회 건축 후 교회가 빠르게 성장하면서 아무 문제없이 상환할 수 있었다.

이원상 목사는 성전 건축에 대해 "이것이 하나님 보시기에 합당하였으므로 우리 교회를 축복해 주신 것이라고 믿습니다. 목회자는 모름지기 교회 건축과 선교에 열심을 가져야 합니다. 교회 건축과 선교는 상당히 밀접한 관계가 있습니다. 기독교 역사는 교회 건축의 역사입니다"라고 말했다. 이원상 목사의 말에 의견을 달리하는 성도도 있겠지만 성도들이 모여 자유롭게 예배할 처소 없이는 전도도 선교도 불가능하다는 그의 굳은 믿음을 알 수 있다.

하나님께만 엎드리는 기도의 종

하나님의 은혜로 성전 건축이 마무리 단계에 접어든 1985년 10월 29일부터 3일간 이원상 목사 부부는 건축회사의 허락하에 콘크리트 바닥에 담요를 깔고 금식기도를 드렸다. 이원상 목사 기도수첩에는 당시의 기도 내용 50가지가 구체적으로 기록되어 있다. 기도제목 대부분은 응답을 받았다고 간증했는데, 그 기도제목들을 보면 그가 앞으로 이 성전에서 어떠한 목회를 하고 싶었는지 짐작할 수 있다. 그 중 일부는 다음과 같다.

- 예수님의 십자가를 지고 따라가는 충성스런 종이 되도록 성령의 권능으로 충만하게 하옵소서.
- 하나님의 말씀을 잘 증거할 수 있도록 진리의 성령으로 부어 주옵소서.
- 성도들을 잘 돌보는 선한 목자 되게 하옵소서.
- 수요성경공부 시간에 300명 이상이 모여 공부할 수 있게 하옵소서.

-매일 새벽기도에 100명 이상 출석하여 기도드리게 하옵소서.
- 매 주일 3부 예배까지 본당이 차고 넘치도록 많은 영혼을 구원할 수 있게 하옵소서.
- 교회를 물질적으로 축복하여 주셔서, 옆 주택과 시다 레인(Cedar Lane) 앞길 땅과 소로중학교(Thoreau Middle School)를 우리에게 허락하셔서 복음의 센터가 되게 하옵소서.
- 성도들이 새벽부터 밤까지 계속 성전에 나와 기도하게 하옵소서.
- 100명의 선교사를 후원할 수 있게 하옵소서.
- 이웃을 도울 수 있는 교회 되게 하옵소서.
- 교회가 믿음과 사랑으로 하나 되어 높고 낮음이 없게 하여 주옵소서.

이원상 목사는 '기도의 종'이었다. 매일 새벽 집에서 나설 때는 아직 잠들어 있는 아들 요셉과 딸 유니스 방에 들러 기도한 뒤, 바로 교회로 와서 새벽부터 그날 하루의 기도를 시작하였다. 그는 기도제

1985년부터 2010년까지 예배를 드린 와싱톤중앙장로교회 비엔나 성전

목을 노트에 자세히 기록하면서 기도하였다. 그리고 기도 응답이 있으면 응답되었다고 표시하였고, 응답되지 않은 기도제목은 기도하면서 왜 그런지 하나님의 뜻과 섭리를 깨닫기를 원했다. 기도를 통하여 하나님의 뜻을 알아갔고, 하나님 뜻이라고 여겨지는 것은 아무리 힘들어도 순종하고 감당했던 삶이었다. 그는 자신의 기도생활에 대해 이렇게 고백했다.

"이것은 하나님께 칭찬받을 만한 헌신이었습니다. 금식기도가 형식적으로 보이지만 성도들의 마음이 하나 되고, 또 하나님께 정성을 보여 드리는 일로 은혜 받는 지름길입니다. 이것은 저의 산 경험으로 입증되었습니다."

예수님도 행함이 따르지 않은 바리새인들의 금식기도를 비판하신 것이지, 금식기도 자체를 나무라신 것이 아니라는 것을 말씀을 통해 알 수 있다.

"목사님, 그 작은 규모의 교회에 계시면서 어떻게 그렇게 큰 교회 건물을 지을 용기를 내셨습니까?"라는 한 성도의 질문에 그는 이렇게 답했다. "인간의 용기가 무슨 힘이 있나요. 하나님이 주시는 확신이지요. 이것은 용기가 아니고 기도 중에 얻은 확신입니다."

'비전 2020', 성도를 훈련시켜 세상을 변화시키는 교회

1985년 비엔나 성전으로 이전할 당시 장년 출석 교인은 420명이었다. 이원상 목사는 하나님의 은혜로 허락받은 처소에서 순수한 복

비전 2020

음만을 전파하여 하나님께 영광 돌리고자 하는 의지와 열정으로 사역에 임했다. 우선 성도를 훈련시키고 양육하여 복음으로 무장한 성도들과 함께 선교를 해야 한다고 믿었다. 여러 교육과 훈련 프로그램을 통해서 와싱톤중앙장로교회는 훈련과 양육시기(1986~1990)를 지나 선교와 비전의 시기(1991~2003)를 거치면서 성도수가 3,800여 명으로 크게 성장하였다.

2003년 11월 2일에 출간한《성도를 훈련시켜 세상을 변화시키는 교회》(Training the Saints to Transform the World, 와싱톤중앙장로교회 30년사)에는 교회성장 원인을 다음과 같이 열거하고 있다.

1. 복음적인 말씀 선포와 영성 훈련
2. 선교사명에 대한 열정

3. 담임목사와 평신도 사이의 개인적인 영적 교제
4. 교인들의 양육과 헌신
5. 당회의 일치와 협력
6. 교회의 위치와 한인 이민의 확산

그 중 이원상 목사의 목회철학과 방침에 속하는 '복음적인 말씀 선포'와 '선교사명에 대한 열정'은 핵심 성장요인으로 여겨진다. 이원상 목사의 목회철학은 '비전 2020'에 잘 나타나 있다.

1990년대 초기에는 보수적인 복음주의 기독교 사상이 다원주의나 물질우선주의의 영향으로 도전받고 있었다. 와싱톤중앙장로교회도 예외가 아니었다. 이러한 영적 혼란기에 이원상 목사는 순수한 복음을 지키고 전파하고자 하는 의지와 열정으로 사역에 임했다. 여느 해처럼 이원상 목사와 이영자 사모는 1992년 12월 31일 포토맥파크 수양관에서 신년 금식기도를 드렸다. 기도를 드린 지 이틀째인 1993년 1월 1일 밤 8시 30분경에 하나님은 에베소서 4:11~13 말씀을 이원상 목사의 머릿속에 떠오르게 하셨다. 그는 그 말씀을 깊이 묵상하였다.

> 그가 어떤 사람은 사도로, 어떤 사람은 선지자로, 어떤 사람은 복음 전하는 자로, 어떤 사람은 목사와 교사로 삼으셨으니 이는 성도를 온전하게 하여 봉사의 일을 하게 하며 그리스도의 몸을 세우려 하심이라 우리가 다 하나님의 아들을 믿는 것과 아는 일에 하나가 되어 온전한 사람을 이루어 그리스도의 장성한 분량이 충만한 데까지 이르리니 (엡 4:11~13)

이원상 목사는 기도하며 '비전 2020'의 개념과 목표를 적어나갔다.

- 비전 2020의 주제는 에베소서 4:12에 근거하여 성도를 훈련시켜 세상을 변화시키는 것입니다.
- 교회는 평신도들과 교역자들을 위한 훈련의 중심지가 되어야 합니다.
- 평신도 성경공부 프로그램으로 수요일에 효과적인 사역을 개발합니다.
- 지역에 복음전파를 위하여 온 회중을 동원합니다.
- 주일학교 교사양성 중심지를 개발합니다.
- 성경상담재단(Biblical Counseling Foundation)을 개발합니다.
- 시니어 사역을 개발합니다.
- 여름 선교와 단기 선교를 실시합니다.
- 100명의 전문 선교사를 파송합니다.
- 기독교 초등학교를 설립합니다.
- 영어목회와 성전을 준비합니다.
- 1,500석 새 성전과 선교 중심지를 건축합니다.

주님! 비전 2020이 하나님의 축복으로 성취되기를 기도합니다. 예수님 이름으로 기도드립니다. 아멘. (1993년 1월 1일)

그 해 교회 창립 20주년(1993년 11월 7일) 예배를 통해 '비전 2020'가 발표되었다.

우리는 모두 영원하신 하나님의 계획 안에서 예수 그리스도를 구원의 주님으로 믿어 그의 피로 한 믿음의 가족이 되어 성령님을 모신 주님의 교회가 되었습니다. 그러므로 우리는 같이 모여 참된 예배를 드리며 하나님의 말씀을 배우며 서로 섬기며 위로하고 교제함으로써 예수님의 마음을 품은 그리스도의 제자가 되고, 성령님의 도우심으로 이웃과 세계를 복음으로 변화시키는 교육과 섬김과 선교의 공동체가 되기를 원합니다. 우리는 이 귀한 신앙의 유산을 우리 자녀들의 가슴에 심어 주며 21세기를 향한 하나님 나라의 확장을 위하여 세계 여러 믿음의 형제들과 손을 잡고 전진할 것입니다.

- 비전 2020 설명문

이 설명문을 기초로 구체적인 사역기획(Ministry Plan)도 완성하였다.

1. 마가 요한의 다락방 기도운동의 확산
2. 모이는 교회(회중교회)와 흩어지는 교회(가정교회, 구역사역)의 기동력 성장
3. 지도자를 철저히 훈련하는 두란노서원 운동
4. 섬기는 지도자(Servant Leadership) 인격의 모범
5. 하나님의 말씀 위에 든든히 선 교회
6. 받은 성령의 은사에 따라 서로 섬기는 교회
7. 바른 물질의 청지기(Steward) 운동
8. 교회의 궁극적인 목표는 전도와 선교임을 인식

이원상 목사가 하나님이 주신 감동으로 받은 '비전 2020: 성도를 훈련시켜 세상을 변화시키는 교회'를 성도들과 나누었다. 이 비전은 21세기 와싱톤중앙장로교회의 비전일 뿐만 아니라 지구상 모든 교회의 비전이 되어야 할 것이다. 와싱톤중앙장로교회는 이 비전을 이루기 위해 계속 노력하고 있다.

2장

양육하고 훈련하는 목자

　이원상 목사가 체험한 '하나님의 은혜'는 부모에게 물려받은 겸손한 인격 및 성품과 더불어 그의 복음전파에 대한 순수한 열정이 함께했기 때문이라고 할 수 있다. 이런 그의 인격과 복음에 대한 열정은 목회에 그대로 반영되어 교회 성장의 원동력이 되었다. 장로들은 그의 목회를 '인격 목회'라고 말하기도 한다.

　이원상 목사는 바울 사도를 목회의 모델로 삼고, 그의 영적인 삶과 복음에 대한 열정을 배우며 실천하는 목회를 추구하였다. 바울 사도는 성도들을 깊이 사랑하고 돌보는 목회자였으며, 복음을 전하는 전도자이며 선교사였고, 신학자였다. 이러한 바울 사도를 모델 삼아 성경적이고 복음적인 목회를 했던 것이다. 훗날 그는 "저의 목회 26년을 세 가지로 요약하면 사도 바울과 같이 성도를 진심으로 사랑하고 목양하는 목자로서의 목회자, 오직 생명의 복음을 전하는 선교사로서의 목회자, 성경을 깊이 연구하는 신학자로서의 목회자가 되는 것이었습니다"라고 회고했다.

새신자 성경공부로 성도의 믿음이 성장해 가다

이원상 목사는 교회에 처음 등록하는 성도를 먼저 말씀으로 양육하기 위해 '새신자 성경공부'를 시작했다. 교회에 등록하면 신앙의 연륜이나 직분에 관계없이 '새신자 성경공부' 과정에 등록하도록 하였는데 이는 말씀으로 믿음 안에서 하나 되는 복음주의적 사랑의 공동체를 이루기 위한 것이었다.

'새신자 성경공부'는 루인스빌장로교회에서 예배드릴 때부터 시작되었다. 이 과정을 통해 새신자는 죄인임을 깨닫게 되고 믿음의 기초를 세우며 구원의 확신을 다지는 중요한 시간이 되었다. 처음에는 5주 과정이었다가 비엔나 성전으로 와서는 한 달 안에 끝낼 수 있도록 4주 과정으로 바꿔 성경공부를 이어갔다. 이 과정을 통해 이원상 목사는 새 교인들에게 기독교 기본교리와 예수 그리스도의 복음이 무엇인지 가르치고, 그리스도를 구주로 영접하게 하고 또 영접

새신자 성경공부를 직접 인도하는 이원상 목사

한 사람들에게는 구원의 확신을 심어 주었다. 더 나아가 성도들이 교회에 잘 정착하여 풍성한 영적 삶을 누릴 수 있도록 하는 데 중점을 두었다.

이원상 목사는 다음과 같이 다양한 교재를 사용하였으나, 가르치는 내용은 언제나 일관성이 있었고, 기독교의 기본 교리와 복음 제시가 그 핵심이었다.

- 예수 그리스도의 유일성(하나님의 독생자)
- 죄 씻음을 받는 방법
- 성령 충만을 받는 방법
- 성령 안에서 삶을 살아가는 방법
- 예수 그리스도의 지상명령

이 성경공부를 통해 그는 6~12명으로 구성된 소그룹의 성도들과 개인적인 인간관계를 유지하면서 그들의 신앙관을 견고히 세우려 노력했다. 기독교 기본 교리에 대한 성경구절을 암송하고 신앙적 경험을 간증하며 예수님을 자신의 구원자로 영접하는 기도문을 썼다. 이 성경공부를 통해 그리스도를 영접하는 새신자들의 비율이 95%에 이르렀다.

새 교인들 대부분은 겸손한 인품의 이원상 목사를 대하며 배움에 열심이었다. 해석하기 힘든 교리적 질문을 하거나, 비판적인 교회관을 갖고 있는 교인들을 대할 때마다 이원상 목사는 즉시 답을 주기보다는 기도하면서 본인이 깨달아야 한다며 차분하고도 겸손한 태도를 보였다. 이러한 태도는 처음에는 우유부단한 모습으로 비쳐졌지만 나중에 은혜를 체험한 성도들은 그의 답변 태도가 자신의 주관적 믿음에 근거하지 않고 하나님이 그들에게 깨닫게 하실 개인적 신앙체험과 성령의 역사를 염두에 둔 것임을 알게 되었다고 간증하기도 했다.

개인 사정 때문에 결석하는 교인에게는 전화를 걸어 다음 시간에 좀 일찍 나오라고 권하여 개인별로 보충 강의를 해주기도 했다. 그리고 '새신자 성경공부'를 마친 교인들에게는 교회 성경공부 프로그램을 소개하고 적극 참여하도록 권장하였다. 다음 단계로 이어지는 교육프로그램은 '2:7 제자훈련'이었다.

양육의 초석, 2:7 제자훈련

2:7 제자훈련은 1982년 이승렬 전도사(탤벗신학교 교수)의 영어 강의로 처음 진행되었는데, 중고등부 학생과 교사를 대상으로 실시했다. 그 후 이원상 목사는 이 훈련과정을 장년들의 평신도 교육 프로그램으로 정착시키기 위해 먼저 필라델피아 제10장로교회에서 2:7 제자훈련 과정을 수료한 후 1985년 6월 2:7 제자훈련 1과정을 개강하였다. 이렇게 시작된 2:7 제자훈련은 와싱톤중앙장로교회의 핵심적인 평신도 교육 프로그램으로 자리 잡게 되었다.

2:7 제자훈련은 콜로라도 스프링스에 본부를 둔 네비게이토 선교부가 개발한 평신도 제자훈련 사역으로 성경말씀에 기반을 두고 평

신도를 예수 그리스도의 올바른 제자로 만든다는 목표로 실시되는 훈련 프로그램이다. 2:7의 명칭은 "그 안에 뿌리를 박으며 세움을 받아 교훈을 받은 대로 믿음에 굳게 서서 감사함을 넘치게 하라"는 골로새서 2:7 말씀에 근거를 두고 있다.

2:7 제자훈련 6개 과정을 수료하려면 2년이 소요되는데 강의는 주로 수요일 저녁, 토요일과 주일에 이루어졌다. 평신도에게 어찌 보면 어렵고 긴 과정이었는데도 2003년 7월까지 6과정 모두를 수료한 성도가 850여 명을 넘었다.

복음의 능력을 체험하는 전도폭발훈련

와싱톤중앙장로교회에서 2:7 제자훈련 못지않게 크게 활성화된 전도훈련 프로그램은 전도폭발훈련(Evangelism Explosion)이다. 1960년대 초 플로리다 주 포트 로더데일에 있는 코럴리지장로교회(Coral Ridge Presbyterian Church)의 제임스 케네디(James Kennedy) 목사가 개발한 평신도 전도훈련 사역이다. 이원상 목사는 성도의 제자화 훈련에 이 프로그램이 필요하다고 여기고 1982년 10월 마나사스에 있는 임마누엘침례교회 훈련에 본인이 직접 등록하고 훈련을 받았다. 그는 평신도 교육 프로그램을 교회에 도입하여 교회에 적용할 때마다 먼저 자신부터 교육을 받았는데 이번에도 마찬가지였다.

1984년 4월부터 16주 과정을 직접 강의하였고 훈련시켰다. 첫 수료자는 2명이었다. 그 후 전도폭발훈련을 이수한 교인은 이원상 목사가 은퇴할 때까지 279명에 달하였다. 전도폭발훈련은 새신자들과 전도 대상자에게 복음을 전하기도 했지만, 많은 훈련생들은 이 훈련을 통해 전도에 대한 열정이 생겼으며, 자신들의 전도로 영혼이 구원을 받게 되는 과정을 통해 자신들이 더 큰 은혜를 체험하게 되었다고 간증했다.

어린이와 청소년 신앙교육에 힘을 쏟다

평신도 훈련이 자리 잡아가면서 성도들이 급격히 증가하며 교회는 빠르게 성장하기 시작했다. 이러한 성장 배경에는 자녀교육에 관심이 많은 부모들의 영향도 있었다. 이원상 목사는 주일학교와 청소년 신앙교육의 중요성을 인식하고 이것에 우선순위를 두어 예배와 교육 프로그램들을 시행하였다. 전문적인 교육 지도자와 체계적인

장년뿐만 아니라 체계적인 신앙교육을 실시한 주일학교도 빠르게 성장했다.

프로그램 덕분에 주일학교도 크게 성장했다.

이원상 목사는 다음세대들의 신앙교육을 위한 목회 전략을 구상하고 시행하였다. 그는 훌륭한 교역자 밑에서 훌륭한 학생이 나온다는 믿음으로 전문적이고 우수한 교역자들과 접촉하여 그들을 청빙했는데, 1982년부터 2003년까지 21년 동안 41명의 교역자들과 동역했다.

이런 동역이 교역자들에게도 좋은 훈련의 기회가 되어 그들의 성장에 도움이 되었음은 말할 나위도 없다. 이들 중 많은 교역자들이 와싱톤중앙장로교회 사역과 경험을 바탕으로 교회를 개척하거나 다른 교회로 청빙되어 갔으며, 선교사로 파송되었다. 그 당시 청빙된 교역자 중 노창수 목사는 이원상 목사가 은퇴한 후 제3대 담임목사로 부임하여 사역하게 되었다.

이원상 목사는 주일학교 어린이와 청소년이 장년 회중에 방해받지 않고 독립적으로 사용할 수 있는 교육관과 예배실이 필요함을 인식하고, 비엔나 성전 옆 땅을 교육관 부지로 달라고 하나님께 기도하였다. 그의 기도수첩에는 이렇게 짧게 적혀 있다.

> 하나님 아버지! 주차장 옆에 있는 틴젠 씨 집을 구입할 수 있도록 도와주시옵소서. 교육관 건물을 짓기 위해서는 이 땅이 필요합니다. 예수님 이름으로 기도드립니다. 1987년 9월 17일

그리고 붉은 글씨로 "주님이 더 좋은 것으로 응답해 주셨다. 1988년 2월 26일"이라고 기록되어 있다. 이원상 목사의 기도와 하나님의

은혜로 2에이커 규모의 부지를 구입할 수 있었고, 1994년 1월에 교육관/선교관을 준공하였다. 그날 헌당예배를 통해 하나님께 감사와 영광을 돌리면서 교회는 새로운 성장 동력을 가지게 되었다.

이원상 목사는 사역의 구체적인 내용이나 프로그램을 지시하는 대신 비전을 제시하고 담당 교역자들이 그 비전에 맞는 목회를 책임 있게 추진하도록 격려하고 기도해 주었다.

어와나(AWANA) 사역을 시작했던 김미희 전도사는 이렇게 말했다. "이원상 목사님은 어린이·청소년 사역에 대해 구체적인 지시는 하지 않으셨지만 어와나 사역을 부탁하신 기억은 납니다. 목사님의 말씀과 기도를 통해 어린이 사역에 대한 세 가지 비전을 받았는데 '어린이 100% 구원, 재미있는 주일학교, 그리고 부모와 함께하는 어린이 사역'입니다."

1993년부터 23년간 주일학교 사역을 담당하며 교육체계를 세우고자 노력했던 신희령 전도사는 이원상 목사와의 동역을 이렇게 기억했다.

"급성장하는 주일학교가 당면하는 문제들을 가지고 목사님께 몇 차례 찾아가 도움을 청했습니다. 그때마다 목사님은 필요한 도움을 바로 주셨습니다. 가령 아기들을 데리고 부모들이 예배드릴 수 있는 자모실이 필요했는데 그 장소를 성찬기구와 악기를 보관하는 장소로 사용하기 원하시는 장로님을 설득해 젊은 부모들이 어린 자녀들과 함께 예배를 드릴 수 있게 해 주셨습니다.

주일학교 리더들과 교사들이 턱없이 부족하여 어려움을 겪고 있을 때 마침 목사님께서 '성도를 훈련시켜 세상을 변화시키는 교회'

라는 '비전 2020'를 발표하셨고, 그 말씀을 듣는 순간 저는 어린이 사역에 대한 분명한 비전과 열정을 갖게 되었습니다. '맞아. 어릴 때부터 아이들을 그리스도의 제자로 잘 훈련시킨다면 2020년에는 그들이 청장년이 되어 미국과 세계 곳곳에서 그리스도의 사랑으로 세상을 섬기는 멋진 자들이 될 거야'라는 확신을 갖고 어린이 사역을 하게 되었습니다.

장년 프로그램이 다양하게 진행되는 교회에서 사역하다 보니 저도 주일학교를 위한 여러 프로그램을 어린이들의 눈높이에 맞추어 개발하게 되었습니다. 이원상 목사님도 기뻐하시며 특별히 중보기도로 후원해 주셨습니다.

아울러 부족한 교사들을 채우기 위해 다음세대 사역에 대한 열정을 갖고 헌신하는 평신도 리더십을 일으켜 세워서 그들과 함께 팀 사역을 하는 데 힘을 쏟았습니다."

영어목회 사역을 통해 이민 다음세대를 끌어안다

이원상 목사가 심혈을 기울인 사역 중에 영어목회를 빼놓을 수 없다. 이민교회는 영어보다는 한국어에 능통한 이민 1세대들을 중심으로 성장해 왔다. 1.5세대나 2세대 중에 일부는 한국어로 대화하는 것에 큰 문제는 없지만 영어가 더 편하다고 느끼는 경우가 많고 3세대까지 확장하면 영어 문화권에 속한 세대가 주류를 이루고 있다. 그들 중 일부는 미국 교회나 다민족 교회에 출석하는 경우도 있었고, 다른 정체성으로 인해 그들만의 문화권이 형성되고 있는 실정이었다.

이원상 목사는 이 점에 착안하여 이민 다음세대 영어예배가 독립적으로 자립하는 제도가 교회에 정착되어야 한다고 믿었다. 중고등부 영어예배에서 성장한 다음세대들이 함께 모여 마음 놓고 예배할 수 있게 하려는 의도였다. 1983년에 영어권 중고등부와 대학부를 종합한 목회로 시작한 영어목회 사역이 성장함에 따라 1986년 3월 2일 1부 예배로 첫 영어예배를 시작하였다. 초창기 영어예배는 이원상 목사가 장년예배의 설교 내용을 그대로 영어로 번역하여 본인이 직접 말씀을 전하는 예배 형식이었다.

그 후에는 영어권 전담 교역자를 세워 자체 예배를 드리기 시작했다. 1992년 10월 출석 인원수는 70명이었다. 그 후 이원상 목사가 은퇴한 2003년 10월에는 453명이 참석하는 예배로 성장하였다.

이원상 목사의 영어목회 방침은 두 가지였는데, 하나는 권한위임 목회(Delegation Ministry)로 다음세대 영어권 사역자들 중에 훌륭한 교역자를 청빙하여 책임지고 목회할 수 있도록 하는 것이었다. 1세대가 영어예배에 지나치게 관여하면 오히려 성장에 방해가 될 수 있다고 믿었던 것이다. 다른 하나는 그들에게 알맞은 영성훈련을 위해 프로그램을 개발하여 실시하는 프로그램 중심목회(Program-Driven Ministry)로서 여러 프로그램을 개발하여 실시했다.

와싱톤중앙장로교회 당회는 영어권 예배의 독립과 성장을 돕기 위해 본 교회에 속한 부속교회로 두지 않고 이들이 필요로 하는 경우에만 자문 역할을 하며 영어권 교회의 당회가 스스로 교회를 운영하도록 하는 독립목회(Independent Ministry) 방침을 허락했다. 이를 위해

1990년에는 와싱톤중앙장로교회 당회 안에 영어목회자문위원회가 구성되었다.

선교하는 목회로 나아가다

청년 시절 의료 선교사가 되어 복음을 전파하고자 하는 막연한 꿈을 가지고 있었던 이원상 목사는 목회 사역을 하게 되자 '보내는 선교사'로서의 사명을 감당하게 되었다. "선교는 하나님의 명령으로 모든 교회가 담당해야 할 의무"라고 그는 믿었고, "교회의 성장을 위해서도 선교해야 한다"는 소신도 가지고 있었다. 이런 믿음으로 그는 선교하는 목회에 집중하게 되었다. 우선 다른 민족을 대상으로 한 단기 선교 사역과 장기 선교사 파송 사역에 역점을 두었고, 기회가 주어지는 대로 북한 선교와 미자립 교회를 돕는 사역에도 힘썼다.

1987년에 첫 해외 단기선교팀이 파라과이에서 사역했다.

단기 선교 사역을 통해 믿음이 성장한 성도들

단기 선교는 1987년 7월 1일 3명의 평신도가 다른 교회 평신도 2명과 함께 1개월간 남미 파라과이에서 선교하고 있던 고광철 선교사를 돕기 위하여 떠난 것으로 시작되었다. 시작은 미약했지만 와싱톤중앙장로교회 단기 선교 사역은 꾸준하게 진행되어 2003년 한 해에만 60여 명이 단기 선교에 동참하였고, 1987년부터 2003년까지 84개국에 549명의 인원이 단기 선교로 파송되었다.

단기 선교사로 동참하기 위해서는 누구나 일정기간 훈련과 기도모임에 참가해야 하며 교회의 재정적 지원 외에 자체적으로 선교경비를 마련하고, 기도 후원자들을 모아 함께 기도하는 준비과정을 꼭 거쳐야 했다. 이런 과정을 통해 단기 선교에 동참하는 성도들이 늘어났고, 선교에 대한 성도들의 관심도 크게 증가했다. 그리고 사역을 마치고 돌아온 단기 선교사들이 일관되게 간증하는 내용은 이런 철저한 준비과정을 통해 믿음이 성장하였다는 고백이었다. 그들은 단기 선교사로 무엇을 이루었다는 생각보다 자신들의 부족한 믿음을 사용하여 하나님의 지상명령을 감당하게 되었고, 그런 귀한 사역에 쓰임받았다는 것이 하나님의 은혜라고 입을 모았다.

단기 선교 사역은 그 자체 성장으로 끝나는 것이 아니었다. 단기 선교사로 파송되어 은혜받은 평신도들 중에 후에 장기 선교사로 헌신하는 경우가 종종 있었다. 2~4주간 단기 선교에 동참했던 평신도들이 나중에 1~2년간의 중단기 선교로 헌신하는 경우도 있고, 신학교에 입학하여 학업을 마치고 장기 선교사로 파송되기도 했다.

단기 선교가 활성화되고 정착되면서 고등부, 대학부, 청년부의 참여가 증가하였다. 또한 전문직에 종사하는 평신도들의 참여가 늘면서 파송 지역 현지인의 요구에 맞추는 선교로 발전해 나갔다. 전문직 단기 선교로 의료, 컴퓨터, 건축, 미용, 요리, 주일학교, 영어 사역 등의 분야에서 참여도가 높았다.

의료 단기 선교로 파라과이 및 페루 의료 선교(박동수 장로 파송, 1987~1989)와 우즈베키스탄 타슈켄트 의료 선교(최강·박주원 의료 선교사 파송, 1993)의 경우가 대표적인 사례로 꼽힌다. 건축 단기 선교로는 건축가인 차재연 자매가 남미 볼리비아와 온두라스에 파송되어 교회를 건축하였다(2000~2001). 이 건축으로 차재연 자매는 국제적으로 권위 있는 덴마크의 교회 건축 부분 최우수상(AR-D Emerging Architecture Award)을 2년이나 연속으로 받았다.

장기 선교사 파송 사역의 꿈을 이루어 주신 하나님

이원상 목사는 단기 선교 사역에 치중하면서도 장기 선교사 파송을 위해 꾸준히 기도하며 준비하였다. 그는 선교에 대한 비전을 더 구체화하며 전담 사역자의 필요성에 대해 생각하였고 구체적인 파송 계획을 세워 나갔다. 기도하는 가운데 하나님은 본 교회에서 평신도로 섬기다 댈러스신학교에 재학 중인 정강현 목사를 보여주셨고, 매년 한 명의 선교사를 파송한다는 비전을 갖게 해주셨다. 이원상 목사는 먼저 교회의 선교사역을 전담할 교역자 청빙을 준비하며, 10명의 장기 선교사를 파송할 수 있게 해달라고 하나님께 기도드렸다.

주님! 정강현 목사를 위해 기도합니다. 정강현 목사가 저희 교회에 와서 교회 선교프로그램을 담당할 수 있도록 그의 마음을 움직여 주옵소서. 주님의 이름으로 기도합니다. (기도수첩, 1989년 3월 30일)

주님! 우리 교회의 선교 사역을 위해 기도드립니다. 우리 교회 자체로 열 분의 장기 선교사를 파송할 수 있도록 도와주옵소서. 열 분의 장기 선교사를 파송할 수 있는 기회를 만들고자 합니다. 그 첫 선교사는 세계선교단체(Global Missionary Fellowship, GMF)를 통해 안성식 강도사를 파견하고자 합니다. 주님, 우리가 열 분의 선교사를 파송하도록 축복하여 주옵소서. (기도수첩, 1989년 4월 8일)

교회에서는 아직 장기 선교에 대한 관심이 그다지 높지 않은 시기였는데, 이원상 목사는 10명을 파송한다는 담대한 계획을 품었다. 정강현 목사가 1989년 12월에 선교담당 교역자로 부임하였고, 2000년까지 10명의 장기 선교사를 파송한다는 선교목표를 세워 발표하였다. 하나님은 이 기도들에 신실하게 응답해 주셨다.

중앙선교회(CMF) 설립

선교목표를 체계적으로 수립하고 그 목표를 달성하기 위해 장기적인 선교 계획을 세우고 여러 선교사를 파송하고 관리하는 선교단체의 필요성이 대두되었다. 1990년 11월에 북미주 한인교회로서는 처음으로 초교파 선교단체인 중앙선교회(Central Missionary Fellowship, CMF)가 설립되었다.
중앙선교회의 설립 취지는 다음과 같다.

> 하나님을 경배하고 성도들을 훈련시켜 잃어버린 영혼을 구원하는 일을 통해 하나님의 나라를 확장하고 하나님의 사람들을 양육하는 일에 최선을 다하는 것을 기본으로 삼는다. 또한 하나님의 복음을 전하기 위하여 특별히 훈련된 사람들을 언어, 문화 그리고 환경이 다른 곳으로 보내어 그 민족들을 주님의 제자로 삼는다.

이러한 취지 아래 중앙선교회는 다음과 같은 선교목표를 세웠다.

> 첫째, 지상 최대의 사명에 따라 모든 족속을 제자로 삼는 일에 힘쓴다.
> 둘째, 모든 계획과 프로그램은 성경을 바탕으로 한다.
> 셋째, 삶을 하나님께 드린 사람들을 계속 발굴하여 그들을 훈련한다.
> 넷째, 모든 사람들에게 영적 필요성을 강조한다.
> 다섯째, 모든 사람들에게 지역교회가 세계선교의 중심지임을 인식시킨다.

그동안 서구 선교단체를 중심으로 파송되었던 북미주의 한인 선교사에게 이제는 한인 선교단체를 통해 전 세계로 나가는 꿈을 갖게 해준 것이다.
와싱톤중앙장로교회는 1990년 11월 20일에 중앙선교회를 통해 파송선교사 제1호로 박신욱 선교사를 아르헨티나에 파송하게 되었다. 그리고 10명의 장기 선교사 파송 계획은 초과 달성되어 2002년까지 12가정을 파송하였다. 또한 2000년까지 평신도들이 훈련받고 중장기 선교로 9명의 선교사가 파송되었다.

이원상 목사는 선교사로 헌신하는 성도들을 1~2년 동안 교회사역에 동참시켜 선교지에 대한 정보수집과 후원자를 확보하는 데 도움이 되도록 하였다. 그리고 평신도들이 선교에 대한 도전과 관심을 가질 수 있도록 매년 선교부흥회 또는 선교대회를 개최하였다. 선교전문가를 초청하여 선교부흥회를 열었는데 선교의 열정을 불러일으키고 선교 헌신자를 모집하였으며 선교대회를 통해 파송된 선교사들의 선교보고를 들었다.

선교의 지경을 넓혀 가며 중앙선교회는 2000년 6월에 독립선교단체인 ROW(Reach Out to the World)와 통합하여 시드 인터내셔널(SEED International) 선교회로 조직을 확장하게 되었다.

SEED는 와싱톤중앙장로교회가 파송하는 선교사를 관리할 뿐만 아니라 3천여 미주 한인교회를 섬기고 특히 2~3세대 선교사를 양성하는 것이 비전이다. 2000년 9월 18일 SEED는 100여 개의 미국 선교기관들이 가입하고 있는 복음주의 선교기관 협의체인 EFMA(Evangelical Fellowship of Mission Agencies)에 정회원 기관으로 가입하였다. 이는 아시아인 선교기관으로는 처음이다. 이원상 목사는 은퇴 후에도 SEED 선교회 국제대표로 일하면서 '보내는 선교사'의 임무를 다하였다.

3장

사람을 먼저 생각하는 돌봄 사역

와싱톤중앙장로교회 성장 배경에는 심방과 중보기도를 중심으로 한 돌봄 사역이 큰 부분을 차지했다. 이원상 목사는 그의 영문저서 《목회 지도력》(*Pastoral Leadership*, 2015)에서 돌봄 사역(Care Ministry)을 이렇게 기술하였다.

> 목회에 있어서 돌봄 사역은 포괄적인 의미를 가지고 있다. 목양이란 온전한 인간으로 회복될 수 있도록 육체적 및 영적으로 돌봐 주는 것을 의미한다. 목회적 돌봄은 예수님이 지상 사역에서 보여 주신 대로 필요한 사람들을 직접 심방하는 것으로 시작된다. 돌봄이란 한 개인의 실질적, 사회적, 감성적, 문화적 요구와 영적 요구를 충족시켜 주는 것이며 그것을 위해 여러 가지 돌봄 사역을 도입하였다.

전교인의 이름을 부르며 드린 중보기도

이원상 목사의 돌봄 사역은 한마디로 '선한목자 목회'라 할 수 있는데, 특히 성도들을 위한 중보기도에 우선순위를 두었다. 그는 다음과 같이 설명했다.

"성경에 근거를 둔 복음적인 설교에 중점을 두었지만, 성도를 보살피는 데는 예수님이 지상사역에서 보여주신 본을 따라 선한 목자 목회를 하려고 나름대로 노력해 왔습니다. 선한 목자 목회란 예수님이 요한복음 10장에서 말씀하신 대로 양들의 이름을 부르며 양들을 잘 돌봐 주는 '케어 미니스트리'(Care Ministry, 돌봄 사역)라고 말할 수 있습니다.

돌봄 사역은 저의 목회에 매우 중요한 부분을 차지하고 있습니다. 교인 가정의 심방 등 여러 가지가 있겠지만 무엇보다도 먼저 성도들을 위하여 중보기도를 드립니다. 일주일 중 6일 동안 일정한 시간을 정해 놓고 교회에 나오는 모든 성도 가정을 여섯 그룹으로 나누어 작성한 명단을 보고 교인 한 사람 한 사람의 이름을 부르며 중보기도를 드립니다."

이원상 목사와 이영자 사모가 교인들의 이름과 그 자녀들의 이름을

이원상 목사는 목회 기간에 끊임없이 성도들의 이름을 부르며 중보기도했다.

잘 기억하는 이유가 중보기도에 있었음을 짐작할 수 있다. 한번은 오랫동안 나오지 못했던 교인이 이원상 목사에게 인사를 하였다. 이 때 이원상 목사는 자녀 이름을 부르며 대학에 진학하였느냐고 물었다. 그 교인은 담임목사가 자기 자녀 이름을 기억하는 것에 깜짝 놀랐다고 한다.

미국 복음주의적 신학교인 리버티대학교(Liberty University) 총장 제리 폴웰(Jerry Falwell) 목사가 교회에서 세미나를 인도한 적이 있었다. 이원상 목사가 폴웰 목사를 소개하면서 "저는 대략 2,000여 성도의 이름을 기억하는 데 반해 목사님은 4,000여 성도 이름을 기억한다는 이야기를 들은 적이 있는데 그 비결이 무엇입니까?"라고 질문하였다. 그때 교인들은 이원상 목사가 2,000여 교인들 이름을 기억하고 있음을 알고 감격하였다.

이원상 목사가 '한 사람 한 사람' 이름을 부르며 중보기도를 한 것은 한 영혼을 사랑하신 예수님처럼 성도들을 사랑하는 마음이 충만했기에 가능한 일이다. 그는 중보기도 사역을 통해 교인들과 영적 교제를 나누어 초대교회와 같은 사랑과 성령이 충만한 교회를 이루고자 했다.

'내 양을 먹이라'는 명령을 실천한 심방 사역

하나님은 상처받은 성도들을 돌보고 양육하라는 사명을 이원상 목사에게 주셨고, 그는 이를 순종하며 중보기도와 심방 사역을 신실하게 감당하였다.

　심방 사역 초기에는 이원상 목사와 이영자 사모 둘이 심방을 하였다. 교회가 성장하면서 당회원들이 심방에 동참하게 되었고, 평신도 심방 팀도 조직되어 이원상 목사와 동행심방을 하거나 따로 심방하기도 하였다. 그 후 교회가 빠르게 성장하면서 심방 전담 교역자가 필요해졌고 1992년 8월에 임창호 심방전도사가 부임함으로써 심방 사역이 체계적으로 자리를 잡았다.

　성도수가 늘면서 이원상 목사는 새 교우와 환자, 어려운 형편에 있는 성도를 중심으로 한 심방에 중점을 두었다. 임창호 전도사와 권사들을 중심으로 한 평신도 심방 팀은 주 6일 심방 사역을 하였는데, 그 교구를 담당한 교역자가 동행하기도 하였다.

　이원상 목사의 심방은 가정예배를 드리는 형식으로 이루어진다. 먼저 심방 가정의 형편과 기도제목을 물으며 자연스럽게 대화를 나눈다. 짧은 기도와 함께 시작되는 심방 예배는 필요한 말씀으로 이어지고 심방 가정의 기도제목을 가지고 간절하게 기도하는 순서로 마무리된다. 이원상 목사는 가정의 어려운 문제를 들을 때도 "하나님이 해결해 주셔야 문제가 해결되는 것이지 인간의 지식으로 답을 줄 수는 없는 일"이라며 철저히 말씀 위주로만 전하였다.

　이원상 목사 심방 사역에 항상 동행하는 두 사람은 이영자 사모와 임창호 전도사다. 이영자 사모는 월터리드 육군병원에서 밤 11시부터 오전 7시까지 약사로 일하면서도 심방에 항상 동행하였다. 이영자 사모는 성도들의 형편과 자녀들의 이름을 기억하는 일에 남다른 은사가 있었다. 주일예배에 결석한 성도를 기억하여 월요일이면 사무실에 들러 결석 교인을 확인하고 주보를 발송하였는데, 주보를 받은 성도들은 교회의 돌봄에 감사와 함께 놀라움을 느꼈다. 이러한 헌신과 기억력 덕분에 이영자 사모는 '컴퓨터 사모님'이라는 별명을 얻었고, 힘든 직장일과 사역을 함께 감당하는 강인함 때문에 '철의 여인'이라고 불리기도 했다.

임창호 전도사는 20년간 한국에서 심방전도사로 사역하다가 파라과이와 뉴욕을 거쳐 와싱톤중앙장로교회 심방전도사로 부임하여 은퇴할 때까지 18년 동안 심방전문 교역자로 섬겼다. 임창호 전도사는 이원상 목사와 함께한 심방 사역을 이렇게 회고했다.

"이원상 목사님은 교인 가정을 심방해 그들과 대화를 나눌 때 진실하고 한결같았습니다. 또 깊은 통찰력이 있어 교인들의 사정을 꿰뚫어보시고 거기에 맞춰 심방예배를 드렸습니다. 심방은 찬송과 하나님 말씀, 그리고 심방 가정을 위하여 중보기도를 드리는 순서로 진행됩니다. 특히 이원상 목사님은 그 가정을 위해 중보기도를 드릴 때 오랜 시간 동안 자세하고도 구체적인 내용으로 하나님께 간구하셨습니다. 제가 심방 대상을 정하고 서면으로 심방요청을 드리면 아무 말 없이 그에 따라 주셨습니다. 또 심방 때 심방가정에서 음식 준비를 하지 못하게 하고, 교회에서 구운 심방 케이크를 가지고 심방하도록 하는 지침이 있었습니다."

임창호 전도사의 사역에 항상 감사함을 느꼈던 이원상 목사는 "임창호 전도사님이 우리 교회에 오시게 된 것은 우리를 사랑하시는 하나님의 크신 은혜입니다. 그분은 오직 주님만 바라보고 주를 위해서 성도를 돌보는 일을 하며 평생을 사셨습니다"라고 감사의 말을 하였다.

성도들은 심방을 통해 이원상 목사와 가까이 접촉하면서 그의 겸손하고 순수한 성품을 알게 되었고 그를 의지하였다. 언젠가 한 가정을 심방하였는데, 마침 그 가정에서 아버지 팔순이라며 음식을 차려 놓고 예배를 드렸다. 예배를 마친 이원상 목사가 조용히 일어나 팔순을 맞은 아버지에게 큰절을 하여 그 가족과 심방 팀을 놀라게 한 일도 있었다.

기도하며 교제하며 떡을 떼며

이원상 목사의 돌봄 사역은 개인과 가정 심방에 머무르지 않고 소그룹 사역으로 그 영역을 확장해 나갔다. 그는 성도들을 구역과 나이, 처한 여건에 따라 소그룹으로 나누어 평신도 간에 교제와 돌봄이 생활화되기를 원했다. 소그룹 모임은 구역, 선교회와 여성 사역 등으로 나뉘어 교회의 중심조직이 되었다.

구역 사역

1978년 1월에 3개 구역으로 시작한 구역 사역은 교회가 성장함에 따라 계속 확장되어 1985년에는 메릴랜드 주와 버지니아 주에 17개 구역으로 성장하였고, 2003년에는 122개 구역으로 늘어나 각 구역장의 인도로 예배와 성경공부를 하였다. 한 달에 한 번 이루어지는 예배와 교제 중심의 구역 모임은 2008년에 성도들의 삶의 변화를 위해 매주 모이는 순모임으로 전환되었다.

구역 사역 가운데 특이한 것은 1992년 10월에 신설된 와싱톤중앙장로교회 서울구역이다. 이 구역은 연 4회 정도 서울에서 한동안 모임을 가졌고, 현재는 매년 봄에 SEED 후원 및 와싱톤중앙장로교회(KCPC, Korean Central Presbyterian Church) 한국 모임 때 만나고 있다. 워싱턴 DC 지역에 외교관, 특파원, 상사 주재원, 유학, 연수 등으로 거주하면서 와싱톤중앙장로교회에 출석하며 신앙생활을 하다가 귀국한 성도들이 이 모임을 통해 다시 만나 주님 안에서 교제를 나누고 있는 것이다. 이 구역은 와싱톤중앙장로교회와 영적 교제를 계속 유지할 뿐 아니라 선교 사역에도 기도와 물질로 동참하고 있다.

선교회 사역

구역 사역이 지역을 중심으로 성도의 가정들을 묶는 소그룹 사역이라면, 선교회는 비슷한 연령층의 성도들끼리 교제를 나누는 소그룹 모임이다. 선교회는 1982년에 전도회라는 이름으로 시작하여 청년회, 남전도회 및 여전도회로 명칭을 달리하며 조직되었다가 곧 청장년회가 조직되었다. 이 청장년회 모임이 말씀과 기도로 뜨거워져 갔는데, 하나님의 은혜로 여러 명의 목회자, 선교사 및 사모가 배출되었고 교회 사역에도 크게 기여하였다. 2003년에는 대학 선교회부터 여호수아 선교회, 안나 선교회를 포함한 49개 선교회가 조직되었다.

여성 사역

전체 교인 중에 여성 성도수가 차지하는 비율이 남성 성도수보다

월등히 높아짐에 따라 여성 성도들만의 영성 개발과 영적 교제의 필요성이 대두되었다. 이를 위해 1994년 여성 소그룹 사역이 시작되었다. 처음에는 신희령 전도사의 인도로 연 3학기 과정으로 매주 목요일 오전에 모여 성경공부를 하고 매년 두 차례에 걸쳐 수양회와 세미나를 개최하였다.

이와 별도로 1998년 7명의 여성들이 교회에서 매주 모임을 갖기 시작하였다. 이원상 목사를 곁에서 조용히 섬기며 교회 주방 일을 소명으로 여기던 이영자 사모가 기도하는 가운데 여성들을 말씀과 기도로 격려하며 세우는 일에 대한 응답을 받은 것이 여성 사역의 계기가 되었다. 그 후 1999년 가을학기부터 여성모임을 정식으로 시작한 이영자 사모는 지도 사모로서 2003년 은퇴할 때까지 교회 여성 성도들을 긍휼한 마음을 갖고 적극적으로 섬겼다.

이원상 목사도 여성들 개인과 가정의 변화를 기대하며 바쁜 교회 사역 중에도 시간을 쪼개어 매주 목요일 아침마다 여성 소그룹 인도자들을 훈련했다. 이원상 목사는 가정과 교회와 지역이 변화되는 일에 여성의 역할이 얼마나 중요한지를 깊이 인식하고, 이 사역이 평신도 사역으로 자리잡고 활성화되도록 적극적인 지원을 아끼지 않았다.

노년 및 장년층의 여성 성도들은 어린 아기를 둔 젊은 여성 성도들이 말씀으로 은혜 받을 수 있도록 아기들을 돌봐주고 점심식사 준비도 도왔다. 이 모임을 통해 여성 성도들이 말씀으로 변화되고 믿음이 성장하는 기회가 되었다. 소아마비로 움직이지 못했던 한 아이가 눈에 띄게 호전되어 걸어 다니게 된 일을 비롯해 여성 사역에 얽힌 눈물어린 간증이 쏟아져 나왔다.

여성 소그룹 사역은 꾸준히 성장 발전하여 2003년에는 100여 명, 2016년에는 300여 명의 여성들이 매주 모여 찬양과 경배, 소그룹 성경공부, 중보기도 그리고 특별활동을 하는 시간을 갖고 있다. 이런 모임을 통해 예수님을 주님으로 영접하고 더욱 하나님을 알아 가며 신앙과 삶이 풍성해지는 것을 경험하게 된다.

이원상 목사는 그의 저서 《목회 지도력》에서 "이러한 소그룹 사역을 통해 평신도를 제자로 삼고 훈련하고자 하였다. 소그룹 활동을 통해 평신도 제자훈련 프로그램을 시작하기로 결심하였고 이는 은퇴할 때까지 계속되었다"고 기술했다. 소그룹 지도자 훈련의 일환으로 구역을 이끄는 지도자들을 위해 연 2회 '구역목자 훈련'을 실시하고 있다.

상담 사역

돌봄 사역의 한 분야로 중요하게 시행되었던 것이 상담 사역이다. 그것은 이민교회 성도들이 안고 있는 사회적, 문화적 문제해결 욕구를 충족시키기 위해 마련되었다.

1994년 상담 관련 사역으로 시작한 성서적 상담재단(Biblical Counseling Foundation) 사역을 비롯하여, 상담학교, 스데반 사역, 비둘기 제자훈련학교(Disciples Training School), 결혼예비학교, 부부생활 세미나, 아버지교실 등 다양하고 폭넓은 상담 관련 프로그램이 진행되었다.

시니어 사역

시니어 성도가 급증하면서 이들에 대한 사역의 필요성이 증대하였다. 와싱톤중앙장로교회는 이에 맞춰 시니어들의 육체적, 정서적, 영적인 요구뿐 아니라 미국 사회에 적응하는

1994년에 시작된 중앙시니어센터는 도예를 포함해 다양한 프로그램을 제공하며 시니어들을 섬겼다.

것을 돕기 위해 1994년에 중앙노인학교를 조직하고 개설했다. 그 후 중앙노인학교는 1998년 1월 14일 버지니아 주 페어팩스 카운티 노인국과의 노인 프로그램 협찬을 통하여 중앙시니어센터(Central Senior Center)로 명칭을 변경하였다. 이를 계기로 와싱톤중앙장로교회의 시니어뿐만 아니라 북버지니아 지역의 모든 시니어들에게 문호를 개방하여 시니어 사역의 모범이 되고 있다. 1994년 134명이던 등록 학생수가 2002년에는 547명으로 증가하였다.

시니어 돌봄 사역과 관련해 2000년 4월에는 시니어들이 세상을 떠난 후 치르게 될 장례비 등의 경제적 부담을 덜어 주기 위해 중앙복지상조회가 발족되었다. 2002년에 1,000여 명의 회원이 가입하였고 많은 유가족들이 이 프로그램을 통해 경제적으로 큰 도움을 받았다.

4장

겸손하게 섬기는 '인격 목회'

> 오직 사랑 안에서 참된 것을 하여 범사에 그에게까지 자랄지라 그는 머리니 곧 그리스도라 (엡 4:15)

이원상 목사의 목회철학이 아무리 훌륭하고, 아무리 좋은 제자양육 프로그램을 갖추고 있었다고 해도 목회자의 인격이 뒷받침되지 않았다면 와싱톤중앙장로교회의 성장은 불가능했을 것이다. 모든 교회는 프로그램도 중요하지만 먼저 목회자의 인격에 기초하여 성장한다고 해도 과언이 아니다.

이원상 목사의 겸손하고 조용하며 말이 없는 성품은 아버지 이성봉 장로에게 물려받은 것이 사실이지만, 거기에 하나님의 은혜가 더하여 평생 일관된 겸손의 자세로 살았다. 박신욱 선교사는 그의 겸손한 성품에 대해 이렇게 말했다.

"이원상 목사님의 겸손한 성품은 와싱톤중앙장로교회 성도들뿐만 아니라, 목사님을 가까이에서 대한 목회자들도 본받고 싶어 하는 것이었습니다. 겸손은 가장할 수 없습니다. 말과 행동에 그대로 나타나기 때문입니다. 한두 번은 겸손하게 보일 수 있을지 몰라도 평생 겸손한 사람이 되기는 쉽지 않은 일입니다."

목사가 명예, 물질, 이성 문제에서 자유로울 수 있다면 그는 성공한 목회자라고 평가할 수 있다. 이원상 목사는 이런 문제들에 대해 평범함을 초월한 목회자였다. 이원상 목사 자신도 지도자 세미나 등에서 '목회자의 인격'(Pastor's Character)이 리더십에 중요한 요소임을 기회 있을 때마다 강조하였다.

정직과 청렴을 지키려 애쓰다

이원상 목사는 《목회 지도력》에서 "인격 형성의 근본 개념은 그리스도의 인격을 닮는 것이다"(the core concept of character building, I suggest, is to imitate the character of Christ)라고 정의했다. 이원상 목사가 닮고자 하는 모델은 예수님이었다. 그는 또 "정직이란 우리가 그리스도의 성품을 닮아 가는 데 기본이 되는 성품이다"(Integrity is the foundation of the Christ-like character upon which we have to build by imitating him)라고 기술했다.

이원상 목사는 정직한 삶과 목회를 통해 하나님께 영광 돌리려 했고 이를 성취했다. 이 사실은 재정을 맡은 당회원들의 증언으로 증명된다. 오랫동안 와싱톤중앙장로교회 재정을 담당했던 김병춘 장로는 이원상 목사의 청렴함에 대해 이렇게 증언한다.

"제가 오랫동안 교회 재정을 담당해 오면서 이 목사님의 금전적

정직함과 투명성을 몸소 체험했습니다. 몇 가지 예를 든다면, 첫째, 누가 십일조를 했는지 감사헌금을 했는지 알려고 하시지 않았습니다. 목사님께 직접 드리는 특별헌금을 보기 위하여 들어오시는 것 이외에는 주일 오후 헌금 계정하는 재정실에 출입하시지 않았습니다. 둘째, 부흥회나 회의 참석으로 출장을 가시거나 심방을 가실 때 책정된 목회 사역비를 드리면 늘 쓰고 남은 돈을 반드시 반납하셨습니다. 셋째, 매년 새 회계연도가 되어 예산을 책정할 때 목사님과 특이한 신경전을 벌입니다. 목회자들의 연봉을 물가상승에 맞추어 올려야 하는데 그때마다 '이영자 사모가 직장을 갖고 있으니 제 봉급은 올리지 마십시오'라고 사양하십니다. 목사님의 연봉을 올리지 않는 것은 좋지만, 문제는 담임목사의 사례비를 올리지 못하는데 어떻게 다른 교역자의 사례비를 올리겠습니까? 그 문제가 늘 고민이었습니다."

또 다른 재정 담당자였던 백순 장로 역시 이원상 목사의 재정 원칙주의에 대해 이렇게 설명한다.

"이원상 목사님은 교회 재정에 관한 한 원칙주의자이십니다. 제가 교회의 재정 담당 장로로 임명되면서 목사님과 면담하는 자리에서 '목사님, 저는 교회 재정을 관리하면서 무엇보다도 재정적인 원칙에 충실하겠습니다. 예를 들면, 영수증 관리나 처리는 반드시 투명하게 하겠습니다'라고 말씀드렸더니, '장로님, 재정원칙을 올바르게 꼭 지켜 주십시오'라고 동의해 주셨습니다. 한번은 목사님이 연방세무소로부터 세무감사를 받은 적이 있었습니다. 감사를 위해 요구하는 자료를 보냈더니 오히려 세금을 더 냈다며 돌려받았다고 말씀하셨습니다. 그만큼 금전에 대해 정직하셨습니다."

교회가 성장하자 여러 한인 단체나 모임에서 대외적인 활동에도 참여해 달라는 요청이 많았다. 하지만 이원상 목사는 신앙과 복음을 전하는 일 외에는 외부의 명예직을 맡지 않았다. 어쩌다 자신의 성품과 신앙에 맞지 않는 행사에 이름이 올라 주위에서 어떻게 된 것이냐고 물으면, 그저 "저는 모르는 일입니다. 저와 상의도 없이 이름을 올렸습니다"라고 대답하는 정도였다. 주위에서 항의라도 해야 하지 않느냐고 되물으면 "이미 신문에 난 것을 어떻게 합니까. 그런 일이 종종 있으니 가만히 두는 것이 차라리 낫습니다"라고 말하곤 하였다.

겸손을 바탕으로 사역하다

이원상 목사의 인격을 대표하는 성품은 겸손이다. 그는 모든 성도들을 일관되게 겸손하게 대했기 때문에, 주일학교 아이들조차 그가 겸손한 분임을 인정한다. 그는 저서에서 겸손을 하나님이 원하시는 성품으로 예수님이 직접 본을 보여주셨다고 강조했다.

"겸손을 바탕으로 한 리더십은 목회자 지도력의 새로운 모델이 되었다. 겸손은 12제자뿐만 아니라 모든 성도에게 적용되는 덕목이며, 특히 교회 지도자들에게는 더 요구된다. 예수님은 여러 가지 상황에서 겸손을 보여주셨다. 십자가에 못 박혀 죽으시기 전날 밤 제자들의 발을 씻겨 주신 후에, 예수님은 '내가 너희에게 행한 것같이 너희도 행하게 하려 하여 본을 보였노라'(요 13:15)고 부탁하셨다. 사람들을 섬기는 데 있어서 그리스도의 겸손은 목회 지도력의 중요한 요소다."

이원상 목사가 당회를 중심으로 교회를 이끌어 가는 데도 그의 겸손한 성품이 반영되었다. 원로 장로들은 겸손을 바탕으로 한 당회 운영에 대해 "첫째, 보수적 신앙 위에 만장일치로 결정한다. 둘째, 결론이 나지 않는 안건은 기도 후에 다시 논의하여 결정한다. 셋째, 말만 하지 않고 솔선수범을 보인다. 넷째, 말실수가 없도록 노력한다. 다섯째, 구체적인 계획을 세운다. 여섯째, 꿈과 비전을 제안하고 나눈다"로 요약할 수 있다고 설명했다.

하나님은 "젊은 자들아 이와 같이 장로들에게 순종하고 다 서로 겸손으로 허리를 동이라 하나님은 교만한 자를 대적하시되 겸손한 자들에게는 은혜를 주시느니라"(벧전 5:5)라는 말씀대로 이원상 목사의 겸손한 성품을 사용하셨고 그에게 은혜를 베푸셨다.

영성 개발을 위해 노력하고 실천하다

영성의 개념은 말씀을 중심으로 한 기도생활과 믿음의 교제를 기본으로 한다. 이원상 목사는 목회자나 교회 지도자가 갖추어야 할 인격 가운데 영성이 중요하며, 지도자는 영성 개발을 위해 꾸준히 노력해야 한다고 말했다. 영성을 개발하기 위해서는 하나님 말씀을 묵상하며 기도하는 경건의 시간이 필요하다고 강조하였다. 또한 기도생활은 하나님과의 영적 교제를 계속 이루어 나갈 수 있는 지름길이라고 믿고 이를 실천하기 위해 최선을 다했다. 기도생활은 이원상 목사뿐 아니라 이영자 사모와 항상 함께하는 사역의 중심 요소였다.

이원상 목사는 그날의 기도내용을 기도수첩에 기록하면서 기도할 만큼 기도생활에 철저했다. 17년 동안 기도드리며 기록한 기도수첩(1987년 9월 17일자, 2003년 1월 5일자)을 살펴보면 그의 기도생활이 어떠했는지 짐작할 수 있다. 특히 응답된 기도내용 옆에는 붉은 글씨로 응답받았다고 기록했다. 그의 기도수첩을 자세히 살펴보고 분석한 결과 다음과 같은 결론을 얻을 수 있었다.

- 이원상 목사의 기도 중에는 성도 개개인을 위한 중보기도가 제일 많아 전체 기도의 42%를 차지하고, 다음으로 건축과 관련한 기도가 31%, 교회 공동회의를 위한 기도가 11%, 예배, 훈련, 행사, 선교 등 사역을 위한 기도가 8%, 금식기도가 9%를 차지하는 것으로 분석된다.
- 이름과 시간과 장소와 내용 등 일일이 열거하며 간구하는 매우 구체적이고 개별적인 기도다.
- 기도를 한 다음 반드시 하나님의 은혜와 축복을 간구한다.
- 하나님의 응답 및 불응답을 붉은 글씨로 기록한다.
- 한글로 기록한 기도도 있지만 90% 이상이 영어로 기록되어 있다.
- 하나님의 일이라고 여겨지면 담대하게 하나님께 기도했다.

매년 연초가 되면 이원상 목사와 이영자 사모는 웨스트버지니아

주에 있는 포토맥파크 캠프 수양관에 가서 3일간 금식기도를 드렸다. 개인의 영성과 한 해 사역 목표를 두고 금식기도부터 드리며 새해를 맞이한 것이다. 다음은 1995년 1월 1~4일에 드린 신년 금식기도 내용이다.

- 1995년 4월 2일 주일부터 9시 30분 예배(장년 한국어)를 시작으로 (교육관과 Youth Chapel에서) 하나님께 영광 돌리도록 기도드립니다. 성가대 지휘자와 성가대와 방송설비(P. A. System)를 완성할 수 있도록 기도드립니다.
- 영어회중 목회자 두 사람 모시는 일을 위하여 기도드립니다. 하나님께서 영적 능력이 있는 말씀과 생활에 본이 되는 귀한 종을 보내 주시기를 기도드립니다. 그리고 교육 목사님을 보내 주시도록 기도드립니다.
- 하나님께서 저희 교회에 합당한 영적인 음악능력이 있는 음악 목사(Minister of Music)님을 보내 주시도록 기도드립니다.
- 2002년까지 새 본당 2,000석과 선교센터를 건축하여 하나님께 헌당할 수 있도록 기도드립니다. 본당 6만제곱피트, 선교센터 1만제곱피트, 모두 7만제곱피트의 건물을 건축할 수 있게 해주옵소서. Amanda Place 안의 9개 집을 다 사들일 수 있도록 하나님이여 축복하여 주옵소서.
- 그리고 옆에 있는 중학교 건물(Henry Thoreau Intermediate School)을 주셔서 기독교 학교를 운영할 수 있게 해주옵소서.

기도수첩에는 처음 세 가지 기도가 응답되었다고 붉은 글씨로 적혀 있다.

이원상 목사가 2003년에 출간한 시집《내 양을 먹이라》를 통해 그가 추구한 영성을 엿볼 수 있다. 특히 그의 신앙시 '예수님처럼 살리라'에는 이원상 목사의 인격이 물씬 배어 있다.

예수님처럼 살리라

비둘기처럼 살리라
깨끗하게 조용하게 평화스럽게
거룩하신 하나님을 따라
아름다운 소식을 전하며 살리라

독수리처럼 살리라
하늘을 나르며
날마다 주님 주시는 힘으로 높이 오르며
숨결마다 사랑의 속삭임으로
그에게 더 가까이
내일을 바라보며 힘차게 나르리라

예수님처럼 살리라
온유와 겸손으로 주님의 멍에를 메고
진리 안에서 자라가며

순종으로 섬기는 자 되어

들에 핀 백합화처럼 향기 날리리라

하나님의 은혜로 은퇴 후 원로목사로 추대되다

그러나 내가 나 된 것은 하나님의 은혜로 된 것이니 내게 주신 그의 은혜가 헛되지 아니하여 내가 모든 사도보다 더 많이 수고하였으나 내가 한 것이 아니요 오직 나와 함께 하신 하나님의 은혜로라(고전 15:10)

후임목회자 선정

은퇴를 앞두고 이원상 목사는 일찍부터 물러날 준비를 시작했다. 노회 법에 따르면 70세에 은퇴할 수 있었지만 그는 교회 내규를 고치면서까지 65세 은퇴를 서둘러 준비하였다. 왜 빨리 은퇴하려고 하느냐는 질문에 이원상 목사는 "교회가 다음세대를 이어 부흥 성장하려면 젊은 목회자가 필요하고 우리 교회도 이제 그런 시기가 되었습니다. 하나님의 은혜로 우리 교회가 여기까지 이르렀는데, 나의 노쇠함으로 인해 교회 성장에 지장이 생기면 안 됩니다. 나는 그렇게 되는 것을 바라지 않습니다"라는 내용으로 답했다.

지금까지 착실하게 성장해 온 와싱톤중앙장로교회를 계속 흔들림 없이 발전시키고 나아가 새 세대를 위한 영적 기둥으로 든든히 세우기 위해서는 후임목회자를 바로 세우고 그를 중심으로 원만한 세대

교체가 이루어져야 했다. 이원상 목사는 은퇴하기 10년 전부터 후임 목사 선정을 위해 기도해 왔는데, 교회의 장래를 위하여 간절하게 기도하는 가운데 후임목회자 선임 기준을 다음의 다섯 가지로 정했다.

첫째, 영적인 리더
둘째, 성경에 충실하고 복음적인 말씀의 능력을 갖춘 사람
셋째, 1세대와 2세대의 교량 역할을 할 수 있는 사람
넷째, 인격적으로 존경받을 만한 겸손한 사람
다섯째, 검증된 사람

이원상 목사는 무엇보다 중요한 것은 말씀의 능력 안에 제대로 서는 것이라고 여겼다. 그것이야말로 잠자는 영을 깨워 일으키고 하나님의 교회를 흔들림 없이 바로 세우는 데 가장 필요한 부분이라고 믿었던 것이다. 따라서 인격적으로 이를 뒷받침해 줄 수 있는 사람을 원했다. 또 한국 문화와 미국 문화를 잘 이해하고 두 문화 간의 교량 역할을 할 수 있는 사람이 필요하다고 생각했다. 앞으로는 이민 1세대보다 1.5세대 내지 2세대가 교회의 중심을 이루게 되기 때문에 그들을 제대로 이해하고 그들의 영적인 필요를 채워 주면서 양 문화권을 함께 아우를 수 있는 목회자가 요구되는 시기였다. 그리고 추상적이거나 남들에게 전해들은 것에 의지하지 않고 직접적인 목회와 사역을 통하여 그 열매가 검증된 사람을 찾았다.

이원상 목사는 오랜 기도 끝에 은퇴 3년 8개월 전인 2000년 1월 15일 당회에서 본인의 은퇴 문제를 구체적으로 거론하고 노창수 목

사를 후임자로 추천했다. 이어서 2000년 1월 29일에 당회는 노창수 목사를 차기 담임목사로 공동의회에 천거하기로 만장일치로 결의하고 LA에서 사역하고 있던 노창수 목사에게 이 사실을 서면으로 전달하였다.

일반적으로 교회가 후임목회자를 선정할 때 청빙위원회도 세우지 않고 바로 결정하는 것은 상당히 예외적인 일이었다. 그러나 이원상 목사의 리더십과 당회에 대한 신뢰를 기반으로 2002년 10월 22일 정기 공동의회에서 노창수 후임목회자 결정건이 절대적인 다수(99.1%)로 가결되어, 2003년 10월부터 노창수 목사가 제3대 담임목사로 취임하게 되었다.

노창수 목사는 바로 와싱톤중앙장로교회로 오는 대신 2년 동안 훈련을 받는 기간을 갖기로 결정하고, 그 기간을 내적 준비와 목회의 청사진을 그리는 시간으로 삼았다. 그는 2000년 여름부터 1년 동안 캐나다 밴쿠버의 리전트대학(Regent College)에서 수학하는 동시에 밴쿠버 중앙장로교회에서 임시 담임목회를 했고, 다음 1년은 영국의 콘힐(Cornhill) 성경연구소에서 성경강해를 공부하면서 새로운 목회를 위한 구도를 잡아 나갔다. 2002년 8월 7일에는 마침내 와싱톤중앙장로교회에 부임하여 1여 년 동안 이원상 목사와 함께 교회를 돌보며 차기 담임목회자로서 준비하는 시간을 가졌다.

원로목사 추대

2003년 9월 27일 저녁에는 많은 성도들의 아쉬움과 축복 속에 이원상 목사 원로목사 추대 및 노창수 목사 담임목사 취임예배를 드렸다. 이원상 목사가 26년간의 와싱톤중앙장로교회 담임목회를 마무리하고 다음세대에게 바통을 넘기는 날이었다. 많은 성도들이 참여한 가운데, 한국에서 오랫동안 선교사로 사역했던 드와이트 린턴 (Dwight Linton) 목사가 말씀묵상의 중요성에 대해 설교했다.

그리고 당회 서기였던 백순 장로가 원로목사 추대사를 낭독했다.

이원상 목사님은 1977년 12월 4일에 와싱톤중앙장로교회의 제2대 담임 교역자로 부임하시어 2003년 9월 30일부로 은퇴하시게 되었습니다. 이원상 목사님은 정확하게 지난 25년 9개월 28일 동안 주님의 신실하신 종으로 또한 교회와 성도들을 섬기는 온유하고 겸손하신 목회자로서 와싱톤중앙장로교회를 목회해 오셨습니다. 이원상 목사님은 부임할 당시 14가정 30명 성도의 와싱톤중앙장로교회를 지금 2,200여 가정 4,000명이 넘는 큰 교회로 부흥, 발전케 하는 데 중요한 일익을 담당하셨습니다.

이원상 목사님은 26년 동안 와싱톤중앙장로교회의 담임목사로서, 또한 당회장으로서 봉직하시면서, 어려운 이민생활에 지친 영혼들에게 하늘로부터 내리는 영의 양식을 공급해 주었을 뿐만 아니라, 여러 방면으로 주님의 사역과 교회의 프로젝트를 확장, 시행하시어 교회를 영향력 있는 미주 한인교회로 성장시켰습니다. 이원상 목사님은 '섬기는 지도자'의 본을 보여주신 교역자이십니다.

이원상 목사님은 1985년 비엔나 성전 건축, 1993년 교육관·선교관 건축, 2002년 270에이커/6000제곱피트의 컬페퍼 기도처소 건립, 2002년 워싱턴 DC 다운타운에 봉사센터 건립, 2002년 센터빌

2003년에 이원상 목사는 원로목사로 추대되고, 노창수 목사가 3대 목사로 취임했다.

새 성전 대지 74에이커 구입 등 교회 사역 확장과 교회 건립을 비롯해서, 400명이 넘는 영어목회 실시, 중앙선교회(CMF)와 SEED 선교회를 통하여 세계 각지에 12명의 선교사 가정 파송 등 주님의 사역확장을 위해 힘써 왔습니다. 각종 교회 건축에 소요된 모든 은행융자는 상환되었고, 새 성전 대지 구입에 소요된 일부 은행융자 중 150만 달러만이 남아 있습니다. 그리고 지역사회 봉사 사역을 위하여, 중앙시니어센터, 중앙한글학교, 중앙동산, 워싱턴 청소년재단 등을 건립하고 봉사하셨습니다.

"나의 나 된 것은 하나님의 은혜"라고 말씀하시는 이원상 목사님의 와싱톤중앙장로교회에 대한 업적과 공로를 기림으로 주님께 영광을 돌리기 위하여, 와싱톤중앙장로교회는 교회 내규 제20조 규정에 의거하여 2003년 3월 2일 당회의 의결과 2003년 9월 7일 공동회의의 가결, 그리고 PCA 한인수도노회의 2003년 4월 7일 인준을 거쳐 이원상 목사님을 와싱톤중앙장로교회의 원로목사로 추대하는 바입니다.

"나의 나 된 것은 하나님의 은혜"

이원상 목사는 답사 및 권면의 말씀에서 고린도전서 15:10 말씀을 인용하며 26년 목회의 결론을 '하나님의 은혜'라고 말했다.

그리고 자신의 능력을 뛰어넘는 하나님의 은혜가 누구에게 임하는가에 대해 묻고 그 답은 "기도의 사람, 겸손의 사람, 충성스러운 사람, 그리고 비전을 가진 리더"라고 권면하며, 노창수 목사에게 더 큰 은혜가 임하기를 기원했다.

그리고 이원상 목사는 본인이 마치지 못한 사역들을 노창수 목사에게 부탁했다. 센터빌 새 성전을 건축하고, 다음세대를 위한 목회를 계획하고, 영어회중에 당회를 세우고, 상호협력하는 관계를 만들고, 세대가 다함께 드리는 예배를 계획하고, 평신도 지도자 및 사역자 훈련과정을 세우고, 선교 지향적인 교회가 되어 지역사회와 전 세계에 복음을 증거하는 교회가 되기를 권면하였다.

또한 성도들에게는 노창수 목사를 하나님이 세우신 담임목사로 믿고 받아들일 것과 그의 지도에 순종하고, 그와 그 가족을 위해 기도할 것 그리고 성도들이 각각 맡은 직분에 충성하고, 노창수 목사에게 충분한 시간을 주고 그를 기다려 줄 것을 권면하였다.

백순 장로는 원로목사 추대예배에서 '하나님이 마련해 놓으신 잔치인 것'이라는 신앙시를 통해 이원상 목사의 사역을 뒤돌아보았다.

하나님이 마련해 놓으신 잔치인 것

별 보고 일어나
별 보고 잠드는 고된 삶에 지친
인생을 위로하려 했고

말이 통하지 않고
풍습이 어색하여 냉대 당하고
앞으로도 뒤로도 옆으로도 꽉 막혀 버린
영혼들에게 한 가닥 소망의 빛을 밝히려 했다

먼동이 밝아 오기 전부터
칠흑의 어두움에 귀가길 어지러울 때까지

꽃이 화사한 화창한 날이면 화창한 날마다
비오는 날이면 비오는 날마다
풍요의 가을날이면 가을날마다
눈보라 치는 날이면 눈보라 치는 날마다
"내 어린양을 먹이라"는 주님이 주신 명령 따라
순종의 길을 묵묵히 걸어 온 것뿐인데

하나님의 성전을 가득 메운 성도들
기도하는 간절한 소리
찬양을 두 손 높이 쳐들고 부르는 힘찬 노래
하늘의 메시지를 영혼 깊이 받아들이는 경건한 모습
지구촌 먼 곳까지 아름다운 소식 알리는 일
이것이 모두
하나님이 마련해 놓으신 잔치인 것을

미국 주류사회에도 영향을 끼치다

이원상 목사는 은퇴에 즈음하여 워싱턴 DC 지역의 미주 한인뿐만 아니라 미국 사회에서도 영적 지도자로 인정받았다. 2001년 11월 미국 버지니아 주 주지사 공로상을 받은 것을 비롯해 2002년 1월 15일 미국 버지니아 주 하원 개원기도와 2002년 10월 10일 미연방 하원 제107회기 개원기도에 초청을 받았고, 2003년 9월 30일 미국 버지니아 주 하원 제108회기에서 명예은퇴 추대를 받았다.

순수한 복음주의적 사역을 기초로 한 와싱톤중앙장로교회의 성장은 미국 교계나 정치권으로부터도 주목을 받게 되었던 것이다.

다음은 2002년 1월 15일에 있었던 버지니아 주 하원 개원 때 이원상 목사가 기도한 내용이다.

주권자이신 하나님

우리는 하나님께서 거룩한 지혜와 은혜로 우리나라를 다스리심에 감사드립니다. 하나님은 소용돌이치는 물결에 맞선 바위이시며, 불의와 절망에서 고통당하고 있는 자들에게 위로자이시며, 의와 진리와 명예의 방패이시며, 새해에 늘 함께하시며, 언제나 신실하신 분입니다.

이 의회가 이 나라와 세상의 빛이 되도록 축복하여 주시옵소서. 예수님의 이름으로 기도드립니다. 아멘.

Sovereign God,

We adore You ruling our nation with Your holy wisdom and grace. You are a Rock about turbulent waters, a Comforter to those who suffer from injustice and loss, the Defender of righteousness, truth and honor, ever present, ever faithful with each New Year.

Bless this General Assembly to be a light for the Nation and the world. In His name we prayed. Amen.

미국 하원은 매년 개회할 때마다 저명한 목사를 초청하여 개원기도를 드리고 있는데, 이원상 목사는 비록 소수민족 목사였지만 그의 사역과 영적 영향력을 인정받아 개원기도에 초청되었다. 미 하원의원들이 고개를 숙이고 이원상 목사와 함께 하나님께 기도드렸다. 다음은 2002년 10월 10일에 미연방 하원에 초청을 받아 제107회 하원의회 개원기도를 드린 내용이다.

하늘에 계신 하나님 아버지,

하늘과 땅을 지으신 창조주 하나님이시여, 하나님은 모든 것의 주관자가 되십니다. 하나님께서 우리들의 삶과 사랑 그리고 행복을 추구하는 우리의 마음을 축복해 주시니 감사합니다. '하나님 섭리 아래서' 나라를 이루게 하심에 감사드립니다. 하나님 아버지, 여기에 계신 의원들을 진정한 국민의 대표로 신실하게 불러 주시고 일하게 해주셔서 감사합니다.

하늘에 계신 하나님 아버지,

이 자리에 있는 의원들이 이 나라를 정직과 열정과 애정으로 인도할 수 있도록 도와주시옵소서. 의원들이 이 나라를 개인의 다양성을 유지하며 인정하고 분열이 없는 강력한 나라가 되게 힘쓸 수 있게 하옵소서. 우리의 자유를 위협하는 어떤 세력에도 강력히 대항하는 초자연적 용기와 결단력을 베풀어 주옵소서. 모두를 위한 정의를 실현할 수 있도록 지혜와 공평함으로 채워 주옵소서.

하나님께 영광과 존귀를 드립니다. 예수님 이름으로 기도드립니다. 아멘.

Heavenly Father,

Creator of the heaven and the earth. You are the sovereign Lord over all. We thank You for blessing us with our lives, our loves and all our pursuits of happiness. We thank You for forming us as "one Nation

2002년에 미국 연방하원에서 개원기도를 마친 후

under God." And, Lord, we thank You for calling these men and women to be, for this Nation, faithful and true representatives.

Heavenly Father, may You now enable these men and women of our Congress to lead our country with integrity, zeal and compassion. Help them to embrace and realize their diversity to strengthen our country and keep it indivisible. Give them supernatural courage and determination to oppose any who threaten our liberty. Fill them with wisdom and impartiality to mete out justice for all.

For Your glory and honor, we pray all these things in Jesus' name. Amen.

이원상 목사는 미국 정치지도자들이 하나님의 의를 실현할 수 있도록 그들에게 지혜를 달라고 기도하였다. 이를 위하여 정치지도자들에게 하나님께서 지혜와 용기를 주시길 기도하였다. 하나님의 의를 실현하는 데는 인간의 지혜나 판단으로 하는 것이 아니라 하나님께서 주시는 지혜와 능력으로 해야 한다는 그의 평소 확신을 기도에 반영하였던 것이다.

그리고 이원상 목사는 와싱톤중앙장로교회와 지역사회의 영적인 영향력과 지도력을 인정받아 그가 은퇴하는 해에 버지니아 주 의회로부터 명예은퇴식을 갖게 되었다. 당시 지역구 하원의원인 토머스 데이비스는 연단에서 이원상 목사를 다음과 같이 소개했다.

"의장님, 저는 세계의 모든 사람들에게, 그리고 더 중요하게는 바로 이곳 버지니아 주에서 영적 지도자로 사역하신 이원상 목사의 노고에 감사를 드립니다. 동료 의원들께서도 이 위대한 인도주의자 이원상 목사에게 박수로 그의 헌신을 축하해 주시기 바랍니다."

만주에서 태어나 신앙의 유산 외에는 자랑할 만한 것이나 내세울 게 없었던 이원상 목사는 그의 고백대로 "한 평범한 인간에게 하나님의 은혜가 임하면 어떻게 쓰임받을 수 있는지"를 몸소 보여주었다. 모든 일이 하나님의 은혜로 가능했다.

part 3

주신 은혜대로

·

은퇴 이후의 사역
| 2003년 9월~2016년 12월 |

나를 능하게 하신
그리스도 예수 우리 주께 내가 감사함은
나를 충성되이 여겨 내게 직분을 맡기심이니

(딤전 1:12)

계속되는 복음의 여정

이원상 목사의 은퇴는 평범하지 않았다. 65세의 이른 은퇴라는 점에서도 그렇고, 은퇴 후에도 와싱톤중앙장로교회를 떠나지 않고 지역교회와 SEED를 섬기며 왕성하게 활동했다는 점에서도 그렇다. 특히 SEED 선교회를 중심으로 한 선교 사역에 더욱 박차를 가했고, 기도운동을 일으켜 기도의 불씨를 남기고자 했다. 워싱턴 지역에서는 미국장로교(PCA) 한인수도노회 소속의 여러 교회에서 말씀 사역뿐만 아니라 도움이 필요한 교회에서는 임시 당회장직을 맡기도 하면서 지역교회를 섬겼다. 개인적으로는 1977년에 청빙을 받으며 중단했던 박사과정을 다시 시작하여 못다한 학업의 꿈을 불태웠다.

이원상 목사는 대부분의 사람들이 즐기는 오락에는 아무런 관심이 없었다. "건강을 위해 운동을 하셔야 한다"고 조언해도 입가에 웃음을 띨 뿐 대답이 없었다. 그는 은퇴를 해도 개인적으로 즐기고픈 다른 일이 하나 없는 그런 삶을 평생 살아 온 것이다. 이 모든 사실을 놓고 볼 때, 이원상 목사가 은퇴 후에 할 수 있는 일은 오로지 복음 전하는 일이요, 하고 싶은 일도 오로지 복음 전하는 일이며, 가장 잘할 수 있는 일도 오로지 복음 전하는 일이었다.

이원상 목사의 설교 중에 가장 많이 인용된 말씀은 "오직 성령이 너희에게 임하시면 너희가 권능을 받고 예루살렘과 온 유대와 사마리아와 땅 끝까지 이르러 내 증인이 되리라"(행 1:8)이다. 이 말씀처럼 그의 사명은 은퇴 전이나 은퇴 후나 오직 복음을 전하는 일뿐이었다.

이원상 목사는 2009년 12월 18일 SEED 월례기도회에서 다음과 같은 신앙시를 읊었는데, 그 해뿐 아니라 새해마다 그가 소망했던 것은 '사람을 낚는 어부'였다.

새해에 우리에게 향하실 하나님의 큰 일을 소망하며

주님!
2010년 새해가 밝았습니다.

주님!
작년보다 올 해에
주님에게 더 가까이
나를 인도하시고

하루를 천 년같이 기다리시는
아버지의 마음을
깨달아 알게 하옵소서
아직도 세계 곳곳에
그리스도의 이름을 듣지 못하고
멸망으로 달려가는 영혼들이
수없이 많기 때문입니다.

주님!
올해도 주님의 부르심에
응답하는 선교사들이
구름떼와 같이 일어나게 하시고
교회마다, 가정마다
그리고 나의 영혼이
주님의 보좌를 흔드는
중보기도 소리로
하늘에 가득하게 하옵소서

주님이 우리에게 주신
은혜의 선물을 따라
부끄러울 것이 없는 일꾼으로 쓰임받도록
성령의 은사를 한량없이 부어 주옵소서
주님 앞에 부름 받아 설 때까지

그리스도를 본받아 순종의 종, 섬기는 종, 사랑의 종으로

사람 낚는 어부 되게 하옵소서

SEED 선교회, 선교의 지평을 넓히다

교회 사역의 일선에서 은퇴한 이후 이원상 목사는 '보내고 후원하는' 사역에 집중하였다. 그는 "예수께서 나아와 말씀하여 이르시되 하늘과 땅의 모든 권세를 내게 주셨으니 그러므로 너희는 가서 모든 민족을 제자로 삼아 아버지와 아들과 성령의 이름으로 세례를 베풀고 내가 너희에게 분부한 모든 것을 가르쳐 지키게 하라 볼지어다 내가 세상 끝날까지 너희와 항상 함께 있으리라 하시니라"(마 28:18-20)라는 예수님의 지상명령을 따르는 데 힘썼으며, 자신이 설립하고 국제 대표로 섬기는 SEED 선교회를 통해 그 말씀을 실천하며 나아갔다.

이원상 목사는 1990년 11월에 와싱톤중앙장로교회 산하 선교단체로 중앙선교회를 설립하고 세계 선교에 힘쓰며 장단기 선교사를 파송하며 후원하였다. 그는 기도하는 중에 미국과 한국과 전 세계에서 복음을 전하는 수많은 한인 교회들이 참여하는 국제적인 선교단체가 필요하다고 생각하게 되었다. 선교에 대한 그의 비전은 남달랐다.

이런 비전을 품은 가운데 2000년 3월에 앨라배마 주 버밍햄 브라

이어우드장로교회에서 개최한 연례 선교대회에 참석하였다. 그곳에서 많은 선교단체 대표와 관계자들을 만나 의견을 나누던 중 뉴욕장로교회 이영희 목사를 만나게 되었다. 뉴욕장로교회도 교회 산하 선교단체 ROW(Reach Out to the World)를 조직하여 세계 선교에 힘쓰고 있던 터라, 서로 각자의 비전과 정보를 나누는 가운데 두 선교회의 선교 방향과 비전이 같음을 깨닫고, 두 단체를 통합하여 운영하는 것이 더 발전적이겠다는 서로의 제안에 따라 결국 두 선교회는 통합되었다.

중앙선교회(CMF)에서 SEED로의 변화는 '각 교회' 선교에서 '교회들'의 선교로 그 지평을 넓힌 것으로 '함께 복음 들고 땅 끝까지' 가겠다는 의지를 표명한 것이었다. 이 목사는 '교회 연합을 통한 선교의 성경적 모델'이라는 기고문에서 "바울 사도가 보여준 교회 연합을 통한 성경적 선교 모델을 깊이 연구하면서 연합 선교는 시대적 착오에서 벗어나 함께 고민해 보아야 할 과제"라고 주문했다.

이원상 목사는 그 시절을 이렇게 회상하였다.

"1990년 11월 중앙선교회가 와싱톤중앙장로교회에 설립되어 1990년 12월 1호 선교사로 한 가정을 아르헨티나에 파송했을 때는 우리의 시야가 근시안적이었습니다. 10년이 지난 후 그 한계를 극복하기 위하여 뉴욕장로교회의 ROW 선교회와 2000년 9월에 통합하여 SEED 선교회로 새롭게 출발한 것은 북미주에 있는 한인 교회들의 복음 확장이라는 선교 지향적인 교회의 본래 목적에 부응하는 하나님의 축복이라고 할 수 있습니다."

선교회 명칭을 결정하는 과정에서 두 가지 이름이 거론되었다. 시드국제선교회(SEED International)와 러브국제선교회(LOVE International)였다. 그러나 '러브'가 가지는 의미가 너무 보편적이고 웹 주소로 검색하면 매우 흔하다는 점을 감안하여 결국 'SEED 국제선교회'로 명칭을 확정하고 평상시 명칭은 'SEED 선교회'로 부르게 되었다.

SEED 선교회의 명칭에는 "지역교회가 더 많은 선교사를 보내는 교회가 되도록 섬김으로 모든 민족 가운데 선교하는 교회를 세워 주님의 지상명령을 성취한다"는 비전을 그대로 반영한 선교 목표를 포함하고 있다.

> **S**erving Local Church(지역교회를 섬깁니다)
> **E**quipping Missionary Workers(선교의 일꾼을 키웁니다)
> **E**vangelizing Nations(그리스도의 복음을 모든 민족에게 전합니다)
> **D**iscipling National Leaders(현지인 지도자를 키웁니다)

"선교는 교회가 합니다"

이원상 목사는 예수님이 교회를 세우신 중요한 이유가 교회를 통하여 선교가 이루어지기 위해서라고 믿는 '선교하는 교회관'을 가지고 있었다. 그는 "선교는 교회를 통해서 해야 합니다. 예수님은 지상명령을 교회에 주셨습니다. 선교단체는 이를 돕는 전문기관이지요. 어디까지나 선교의 주체는 교회입니다"라고 말했다.

이원상 목사에게 있어서 교회는 '예수님이 세우시고 세상에 보내신 선교사'였다. 그가 즐겨 읽었던 책의 저자인 풀러신학교 선교학 교수 찰스 밴 엔겐(Charles E. Van Engen)도 "교회는 세상 속에서 하나님의 선교사"라는 견해를 가지고 있다. 이는 "선교 사역이 선교사 개인의 권위에 있지 아니하고 어디까지나 주님께서 세우신 교회에 위임한 사역"임을 확신하며 사역에 임해야 한다는 복음주의 신학적 견해다.

이원상 목사의 이러한 교회관은 SEED 선교회가 개인이 아닌 교회를 기반으로 한 후원을 통해서 사역할 수 있고 성장할 수 있다는 확신으로 발전하였다. 파송되는 선교사 입장에서도 파송교회나 후원교회와의 영적 교제와 물질적 후원 없이는 선교를 감당하기 어려울 수밖에 없는 형편이다. 이는 하나님이 교회를 통해 선교사들을 후원하게 하여 선교를 하신다는 의미가 되는 것이다.

SEED 선교회 이사는 목사나 성도가 아니라 그들이 섬기는 교회다. SEED 선교회의 최초 이사교회는 와싱톤중앙장로교회와 뉴욕장로교회를 비롯해 모두 12개 교회였다. 2016년에는 총 25개 이사교회가 SEED 선교회를 섬기고 있다. 대부분의 이사교회는 선교를 사역의 우선순위에 두는 교회들로서, 교회를 통해 선교한다는 SEED 선교회 설립취지에 동의한다.

"선교는 교회를 돕습니다"

선교는 교회를 통해 이루어진다. 그렇다면 선교하는 교회는 어떤 영향을 받는 것일까? 이원상 목사는 선교하는 교회가 성장한다는 신념으로 목회하였다. 교회 성장을 위해 선교하는 것은 아니지만 교회의 기본 사명인 선교를 우선하는 교회가 성장할 수 있다는 믿음이었다. SEED 선교회가 이사교회와 후원교회들에게 선교의 중요성과 선교정책을 설득하고 제시하는 배경에는 결과적으로 그 교회들을 성장하게 만드는 의미도 있는 것이다. 이원상 목사는 SEED 선교회가 이런 사명까지도 감당하길 원했다.

성도를 세워(Edifying) 땅 끝까지 보내는(Sending) 교회가 되도록 파송교회와 후원교회를 돕고 섬기는 사명을 SEED 선교회가 감당해야 한다는 선교방침을 지키기 위해 구체적인 사역목표도 정하였다.

- 선교자원에 대한 연구조사와 선교정보 및 자료 출판을 통해 선교정보와 자료를 제공한다.
- 목회자, 평신도 지도자 및 선교회 회장을 위한 선교교육과 훈련을 통해 선교비전과 방향을 제시한다.
- 교회가 선교 사역에 직접 동참하도록 함으로써 선교자원을 동원한다.
- 선교 헌신자들을 위한 상담 사역과 선교회 소개를 통하여 선교사 후보를 모집한다.

이러한 목표들을 실천하기 위해 '지역교회가 선교 학교가 되게 하라'는 주제로 소, 중, 대형교회 별로 적합한 선교교육 프로그램을 만들어 목회자, 선교 지도자, 청소년을 대상으로 교육과 세미나를 개최하기 시작했다. 선교 지도자 세미나, 선교와 목회포럼, 소형교회와 선교, 선교학교, 선교전망, 선교 헌신자 수련회, 목회자 세미나 그리고 단기 선교 지도자 세미나 등으로 세분하여 선교훈련을 실시하고 있다.

훈련 지역도 북버지니아, 콜로라도, 하와이, 캐나다 밴쿠버, 캘리포니아, 아칸소, 시카고, 뉴욕, 뉴저지, 테네시, 미주리 등 다양한 지역에서 교육과 훈련이 이루어졌다.

선교사들을 향한 지극한 사랑과 멘토링

이원상 목사는 그의 야심찬 5개년 계획안의 '선교사 멘토링' 부분에 "목회의 경험을 살려 본부와 선교지에서 사역하는 선교사들을 직접 방문하여 목회 및 영적 삶의 성장을 위한 개인적인 멘토링을 합니다"라고 적었다. 26년간의 목회 경험과 영성을 지닌 목회자로서 잃어버린 양에 대한 사랑과 관심을 품고 땅 끝까지 간 선교사를 '돌보는' 이원상 목사의 의지가 엿보인다.

SEED 선교회 초기에는 이원상 목사가 선교지를 직접 방문하여 선교사를 위로하고 선교지 상황을 파악하며 격려하였다. 그러나 후반기에는 국제본부를 찾아오는 선교사를 기도와 말씀으로 위로하고 격려하는 방법으로 바뀌었는데 이 배경에는 장모 강옥화 권사를 간호해야 하는 이유가 컸다. 이영자 사모는 이원상 목사가 은퇴한 후에도 약사로 야간 근무를 계속하였기 때문이다.

이원상 목사는 선교사들을 향한 사랑이 지극했다. 선교지에서 오는 선교편지나 이메일은 아무리 바빠도 밤이든 새벽이든 항상 받는 즉시 답장을 하였다. 자신들의 선교편지에 가장 먼저 답장을 해준 분은 이원상 목사라고 말하는 선교사들이 많다.

이원상 목사는 늘 선교사들을 더 많이 돕지 못해 안타까워했다.

선교사들이 방문하면 빈손으로 돌려보내지 못했다. 혹 교회에서 선교헌금을 받지 못했을 때는 자신의 사비로라도 선교사를 도왔다. 한번은 모 선교지에서 세미나 주강사로 말씀을 전하고 그 세미나 운영자금을 도와주지 못해 안타까워하는 이원상 목사를 보고 동행한 성도들이 함께 돈을 모으고 이원상 목사도 선교여행 경비에서 일부를 내서 선교헌금을 드린 적도 있다.

모든 관심은 오직 복음전파

이원상 목사는 선교지를 방문하거나 세미나 참석차 한국을 방문할 때 시간을 개인적으로 거의 사용하지 않고 오직 사역에만 전념했다. 동행한 성도들이나 초청한 선교사들이 지역 관광을 권유해도 늘 사양하여 오히려 권유한 사람들이 난처해한 적이 많았다.

와싱톤중앙장로교회 서울교구를 중심으로 매년 열리는 선교 후원자의 밤에 참석해서도 오로지 선교를 위한 사역과 기도하고 상담하는 일에만 매진하였다. 이 행사에 수년간 동행했던 어느 집사는 "이원상 목사는 천상 복음을 전하는 사람으로 태어난 분"이라고 말하며 자신이 본 이원상 목사의 모습들을 얘기해 주었다.

한 해는 부산을 방문하였는데 이원상 목사 부부가 전에 신혼여행을 부산으로 왔었다는 이야기를 듣고 한번 둘러보자고 권했더니, "우리가 천국에 가면 이보다 더 좋을 텐데 돌아봐서 뭐하겠습니까?" 하며 사양했다고 한다. 개인적인 얘기라고는 만주에서 태어난 이야기를 가끔 하고 그래서인지 만두를 좋아하고 다른 음식보다 중국식 면을 즐기는 정도였다. 그런 이원상 목사를 이영자 사모는 농담으로 '차이니스'라고 부르기도 했다.

이원상 목사는 빽빽한 일정 중에도 전도할 대상이나 구원의 확신을 심어 주어야 할 경우에는 다음 스케줄을 조정하면서까지 복음을 전했고, 만나는 사람의 사회적 지위보다는 복음과 선교를 하는 데 누가 더 영향을 줄 수 있는가를 생각하며 스케줄을 잡았다. 이원상 목사의 모든 관심은 오직 전도와 선교뿐이었던 것이다.

오직 복음만을 위한 SEED 선교회, 믿음의 신조 선포

이원상 목사는 기회가 날 때마다 성경이 가르치는 복음은 곧 예수 그리스도라고 강조했다. SEED 선교회도 이 복음을 전하기 위해 존재한다는 점을 분명히 했다.

성경 말씀에 근거하여 SEED 선교회는 교파를 초월한 복음적 가치만을 추구하는 선교회임을 선포하고 믿음의 신조(정강정책)를 수립하였다.

> 첫째, 우리는 성경이 하나님의 영감된 말씀으로서 생명과 구원을 위한 법칙에 대한 권위를 가지고 있다고 믿는다. 또한 성경 원본에는 오류가 없으며 그 뜻이 바로 전달될 수 있다고 믿는다.
> 둘째, 우리는 삼위일체 하나님을 믿으며 영원토록 삼위로 존재하

심을 믿는다. 이 삼위 하나님은 성부, 성자 그리고 성령이시다.

셋째, 우리는 예수 그리스도가 완전한 하나님이시며 또한 완전한 사람이심을 믿는다. 이 예수 그리스도만이 하나님과 사람 사이의 유일한 중보자시며 이 그리스도를 통해 구원을 얻을 수 있다고 믿는다.

넷째, 우리는 성령님의 기름 부으심, 능력 주심, 그리고 인도하심이 선교를 포함한 하나님의 역사를 이루기 위한 다른 어떤 것과도 비교할 수 없는 수단임을 믿는다.

다섯째, 우리는 동정녀를 통한 예수님의 출생을 믿으며, 문자적인 예수 그리스도의 부활과 예수님의 재림, 천국과 지옥의 존재, 그리고 최후 심판을 믿는다.

하나님의 선교사상을 말하다

"복음의 근본은 예수 그리스도시다. 선교뿐 아니라 모든 다른 신학적 분야에서도 예수님은 우리의 모델이시다."

이원상 목사도 기회 있을 때마다 이 점을 강조하였다. 그는 예수님이 "하나님이 보내신 모델 선교사"라고 말하는 데 주저하지 않았다. 예수님은 "아버지께서 나를 보내신 것같이 나도 너희를 보내노라"고 하셨고, "나를 따라오너라" 그리고 "내게 배우라"고 말씀하셨다는 점을 강조했다. "하나님이 미리 아신 자들을 또한 그 아들의 형상을 본받게 하기 위하여 미리 정하셨기" 때문이다.

이원상 목사는 선교사의 모델이신 예수님이 직접 보여주시고 가르쳐 주신 말씀을 통해 균형 잡힌 참 선교사상을 제시하였다. 그 요소들은 정직과 겸손의 성품, 제자 양육, 기도, 교회 설립, 지속적인 배움, 소명의식 등이다.

참 선교사는 정직과 겸손을 갖춰야 한다

이원상 목사는 자주 "우리가 예수님을 본받을 수 있는가? 닮을 수 있는가?"라고 질문한 후, "이는 가능한 일이다"라고 주저 없이 대답했다. 그는 2001년부터 시작한 '그리스도를 본받는 선교사 학교'(ICMS: Imitating Christ Missionary School)에서 강의할 때마다 "주님을 본받는 것이 선교사 삶의 시작"이라는 점을 누누이 강조했다. SEED 선교회 선교훈련도 "그리스도의 성품을 본받아 지역교회와 선교지에 그리스도의 제자로 섬기는 선교사를 양성하는 데 있다"고 하였다.

그가 그리스도의 성품을 설명하면서 가장 두드러지게 강조한 것은 정직이다. 마태복음 5~8장까지 기록된 산상수훈을 한 단어로 말한다면 '정직'이라고 하였다. 선교사는 하나님 앞에서나 사람 앞에서나 한결같이 정직해야 한다고 가르쳤고 이를 실천하였다.

그리스도를 본받는 선교사 학교에서 강의하는 이원상 목사

그는 또 예수님에게서 본받아야 할 또 다른 성품은 겸손이라고 하였다. 예수님은 성자 하나님이심에도 불구하고 인간의 몸을 입고 이 땅에 오셔서 죄인들을 위해 십자가에 못 박혀 돌아가셨다. 예수님이 말씀 자체이지만 말씀을 전하는 도구(대변자)로 쓰임받기 원하셨다.

제자양육에 힘써야 한다

참 선교사상의 두 번째 요소는 제자양육이라고 가르쳤다. "나를 따라오라 내가 너희로 사람을 낚는 어부가 되게 하리라"는 말씀을 통해 제자양육에 대한 중요성을 설명하면서 예수님이 공생애 3년 동안 12제자를 택해 제자훈련의 모범을 보인 점을 강조하였다.

"하나님의 구원계획은 복음이 천사들을 통해서 순식간에 만민에게 전파되게 하는 것이 아니라 주님이 양육한 제자들에게 이 사명을 줌으로써 이루도록 하는 것입니다. 이것이 예수님의 지상 최대 명령입니다. 이 세계복음화의 과제는 예수님의 제자들에게로 위임되었고, 초대 예루살렘 교회와 안디옥 교회를 통해서 시작되었습니다."

이원상 목사는 선교사가 한 명의 제자도 양육하지 못한다면 참 선교사라 부를 수 없다고까지 말했다. 복음은 선교사가 양성하고 위임한 제자들을 통해서 더욱 효과적으로 전파되고 지속될 수 있기 때문이다. 이원상 목사로부터 직간접적으로 영향을 받고 목회자가 되거나 선교사가 된 제자는 수십 명에 달한다. SEED 선교회 내에서 그의 영향으로 선교에 헌신한 선교사도 20여 명에 이른다. SEED 선교회 파송 선교사들은 선교지마다 제자양육에 심혈을 기울이고 있다.

낙망하지 말고 계속 기도해야 한다

이원상 목사가 가장 강조하는 사역은 기도 사역이었다. 성도들, 특히 헌신한 사역자들이 기도하지 않는 것은 하나님 말씀에 불순종하는 행위이며 하나님이 가장 싫어하시는 교만한 행위라고 자주 말했다. 특별히 참 선교사가 되려면 기도하는 선교사가 되어야 한다고 권면했다. 부활하신 예수님이 "예루살렘을 떠나지 말고 내게서 들은 바 아버지께서 약속하신 것을 기다리라"고 하셨는데 이는 곧 기도하라는 의미라고 그는 해석했다.

"예수님은 하나님께 순종하는 기도를 드렸고, 통곡하고 울면서 간절히 기도하셨습니다. 사역보다 기도를 우선하고 습관적이고 반복적으로 기도하시며 기도의 모범을 보이셨습니다. 주기도문을 통해 기도를 가르쳐 주셨고, 지금도 하나님 우편에서 우리를 위해 기도하고 계십니다. 예수님은 기도로 지상 사역을 시작하셨고 기도로 지상 사역을 마무리하셨습니다."

이원상 목사는 기도는 '그리스도의 주 되심'이 지금 여기에서 역사하고 있다는 것에 대한 확신이라고 했다. 하나님을 의지하는 것이 진정한 기도이고 자신의 지혜를 포기하는 것이 온전한 기도라는 것이다. "술 취하지 말라 이는 방탕한 것이니 오직 성령으로 충만함을 받으라"는 말씀도 기도를 쉬지 말고 하라는 의미이며, 기도를 쉬지 않는 것이 성령 충만의 원리라고 쉽게 정의하였다.

이원상 목사가 신실한 기도의 사람이라는 것은 선교사들에게 믿음직한 기도 후원자가 있다는 것이고 그 사실은 그들에게 큰 위안이 되었다. 김요한 선교사는 다음과 같은 이야기를 들려주었다.

"제가 우즈베키스탄 선교지에 있던 시절, 2003년 3월에 이라크 전쟁이 일어났고 그 해 12월에 와싱톤중앙장로교회에서 선교훈련을 받은 저희 딸이 이라크 전쟁터에 차출되어 가게 되었습니다. 미군들의 전사 소식이 매일같이 들려올 때였습니다. 저희 가족은 마음을 졸이며 매일 뉴스에 귀를 기울였습니다. 2004년 봄 어느 날 밤도 저희 가족은 딸 걱정에 붙들려 밤 1시가 되도록 잠을 이루지 못하고 울며 기도하고 있었습니다. 그러다가 언제든지 기도해 주시는 이원상 목사님이 문득 떠올라서 미국으로 전화를 했습니다. 언제나 한결같이 차분하게 대답하시는 목소리를 듣자 나도 모르게 목이 메어 말을 하기 힘들었습니다. 울음 섞인 목소리로 딸 때문에 걱정하는 심정을 털어 놓았습니다. 그때 목사님께서는 전화로 간절히 기도해 주셨습니다. 그래서 걱정에 묶였던 저희들 마음이 평안을 찾게 되었고 그날 밤에 편히 잘 수 있었습니다. 목사님은 변함없이 언제나 든든히 그 자리를 지키시며 뒤에서 기도해 주시는 가장 큰 기도의 후원자였습니다."

선교 현지에 교회를 설립해야 한다

예수님은 가이사랴 빌립보에서 베드로에게 "내가 이 반석 위에 내 교회를 세우리니"라고 말씀하셨듯이 선교 사역의 궁극적인 목적은 선교지에 교회를 세우는 일이다.

이원상 목사는 선교적 사명을 등한시하는 교회는 하나님의 뜻을 거스르는 것이라고 믿었다. "이스라엘은 이방을 향한 선교적 사명을 망각했고, 중세 교회는 예루살렘 교회와 안디옥 교회의 선교적 사명을 잊었으며, 종교개혁을 주도한 교회까지도 기독론과 구원론 등의 신학적 논쟁으로 교회의 본질인 선교적 사명을 잃어버렸다"고 비판했다.

SEED 선교회의 교회 설립은 많은 결실을 보게 되었다. 온두라스의 경우 '마을마다 교회개척'(Adopt A Village)이라는 비전 아래 직접 복음을 전하는 성경적 토착교회를 꿈꾸며 렌카(Lenca) 인디언 마을에 교회를 개척했다. 개신교회가 전혀 없는 아자꾸알파, 몽케카구아, 세롬, 뿌에블로비에호 등 여러 지역에 교회가 세워졌다. 그 밖에 U국과 네팔 등의 선교지에도 여러 교회가 설립되었다.

SEED 선교회에 의해 설립된 현지 교회에서 현지인 선교사를 파송하는 결실을 맺기도 했다. 멕시코를 비롯한 U국의 교회에서 6명의 현지인 선교사 가정을 다른 선교지로 파송한 것이다.

끊임없이 배우고 공부해야 한다

이원상 목사는 참 선교사가 되기 위해서는 선교지에 파송되기 전에 반드시 복음적 교육과 훈련을 받아야 한다고 강조했다. 그리고 파송된 후에도 배우고 공부하는 일을 게을리해서는 안 된다고 가르쳤다. 이원상 목사 자신도 배우고 공부하는 일을 쉬지 않았는데, 그는 책을 손에서 놓은 적이 없었다. 선교지로 가는 장시간의 비행 중에도 대부분의 시간을 잠을 자지 않고 책을 보았다. 동행하는 성도들이 좀 쉬라고 권해도 "비행기에서 자면 현지에서 시차적응이 어렵습니다"라고 대답할 뿐이었다.

이원상 목사의 공부에 대한 끊임없는 열정은 은퇴 후에도 지속되었다. 1977년 와싱톤중앙장로교회의 담임목회를 위해 중단해야 했던 박사학위 논문 작성을 65세에 다시 시작하여 마침내 마무리를 지은 것이다. 그 결실로 2010년에는 영국 웨일스대학 복음주의 신학교에서 박사학위를 받게 되었다.

이원상 목사는 한 선교사에게 "언어 훈련은 그 정도면 되었으니 1년을 준비해서 꼭 모 대학 철학과에 입학해서 연구하도록 하세요. 현지 사상을 이해하고 현지인을 품고 섬겼던 마태오 리치나 허드슨 테일러 같은 선교사가 되세요"라고 조언했다. 18년 후에 이원상 목사 부부가 이 선교사의 선교지를 방문했을 때, 그는 철학자로, 교육자로, 현지교회 사역자로 섬기고 있었다. 그 모습을 보며 이 목사 부부는 감사했다고 한다.

선교 현지 사역이 아무리 힘들더라도 사역자로서 자기계발에 실패하지 않도록, 또 본국에 돌아와서도 배움의 끈을 놓지 않도록 권유한 이원상 목사의 영향을 받아서인지 SEED 선교회 선교사들 중 박사학위 취득자가 상당히 많다.

SEED 선교회 정기 이사회도 스스로 배우며 이사들에게 배움의 기회를 제공하려고 노력하였다. 2000년 콜로라도 스프링스에서 개최한 이사회에서는 미국 선교단체인 OC인터내셔널(OC International) 대표 래리 키즈(Larry Keyes)를 초청해 'OC의 핵심 가치'에 대한 강의를 들었고, 네비게이토 선교단체의 부총재(Rod Beidler)를 통해서는 '지역교회의 제자화 사역'에 대한 강의를 들었다. 그리고 강의를 들은 후에는 이 지역 선교단체들을 견학하였다.

그 후 이사회뿐만 아니라 선교본부 사역자들도 꾸준히 다른 선교단체와 선교교육에 참여하여 SEED 선교회보다 발전한 선교단체들의 사역과 선교 행정을 배우고 실행하기 위해 노력하였다.

흔들리지 않는 소명 의식을 가져야 한다

이원상 목사는 참 선교사가 되려면 소명에 대한 확신과 복음에 대한 폭발력 있는 열정이 있어야 한다고 가르쳤다. "마치 도수장으로 끌려가는 어린 양처럼 세상 죄를 지고 가는 하나님의 어린양으로 죽기까지 복종하신 예수님의 모습을 잊지 말 것"을 강조했다. 바울 사도도 예수님을 기억하며 "날마다 죽는다"고 고백했음을 기억하라고 당부했다.

또 소명은 하나님을 사랑할 때 생기고, 기도생활과 그 응답을 통해서 확인되며, 그 응답들이 쌓이면 소명이 흔들리지 않는다고도 말했다. 선교사는 때로는 순교를 당하기도 하지만 하나님이 주시는 놀라운 보상이 따르는데, 이것은 성경에서 '하나님께서 복음을 위해 순교하신 예수님을 지극히 높여 모든 이름 위에 뛰어난 이름을 주셨고 하늘과 땅의 모든 권세를 주신 것'에서 확인할 수 있다는 것이 그의 생각이었다.

그리고 선교사의 소명은 선교사 자신의 소명뿐 아니라 온 가족의 소명의식이 전제되어야 함을 강조하며 이렇게 말했다.

"선교 사역은 가정의 한 사람만이 받는 사명이 아니라 아내와 자녀들 모두가 사명을 가지고 함께 동역자로서 선교지로 나가는 것입니다. 그러기 위해서 가정의 진정한 사랑과 연합이 선행되고 또한 지속되어야 합니다. 선교지에서 가정의 연합과 화목과 영적 무장은 가장 중요한 요소입니다. 끊임없는 기도와 대화와 사랑의 교제가 항상 살아 있어야 합니다."

SEED 선교회 선교사 중 순교한 선교사들도 여럿 있다. 인도로 파송받아 선교하던 김명숙 선교사는 53세에 병으로 한국에서 치료받던 중 2010년에 소천했고, 터키에서 선교하였던 지춘석 선교사도 병에 걸려 65세에 2015년 캐나다에서 치료 중 소천했다. N국에 파송되어 선교하던 송안나 선교사는 현지에서 뇌출혈로 52세에 소천했다. 남사현/이현진 선교사 자녀가 5세에 소천했고, 홍석종/노성은 선교사 자녀는 어린 나이에 소천했다.

이런 순교 소식을 들을 때마다 이원상 목사 부부는 좀 더 기도하지 못했고, 좀 더 도와주지 못했고, 좀 더 가까이하지 못한 것을 자책하며 안타까워했다.

SEED '5개년 계획' 발표

SEED 선교회가 출범한 지 3년이 지난 2003년, 이원상 목사는 SEED 선교회 이사회에서 '5개년 계획'을 발표하면서 앞으로 SEED 선교회가 나아갈 방향과 비전을 제시하였다. SEED 선교회를 체계적이고 국제적인 선교회로 발전시키기 위한 그의 비전은 점점 구체화되었다.

구체적인 사업목표도 발표되었는데, 선교회의 국제화, 국제본부 건물 건립, 1.5세대 및 2세대 선교사 양성체제 계발, 선교회 본부 재정 계발, 선교 지도자 양성 등이 포함되었다.

선교회의 국제화 사업 마련

SEED 선교회는 미국 워싱턴 DC 지역에 본부를 두고 미주 한인교회를 주로 섬겼지만, 이제부터는 미국을 넘어 세계 170개 나라에 흩어져 사는 한인들이 각 지역에서 선교사를 배출하고 효율적으로 선교 사역을 할 수 있도록 지원하는 계획을 세웠다. 세계 곳곳에 지부를 설립하여 국제화에 힘쓰며, SEED 선교회에서 파송한 선교사들을 한인교회들이 도울 수 있도록 하자는 것이 사업목표였다.

SEED 선교회 국제화 사업은 2002년 서울 방주교회에 한국 SEED 선교회가 조직된 것이 첫 시작이었다. 한국 SEED 선교회를 통해 같은 해 파송된 선교사는 6개국에 9명의 선교사였으며, 2017년에는 20개국에 62명의 선교사를 파송하였다.

이어서 멕시코, 캐나다, 브라질 등에 SEED 지부가 조직되었고, 선교사를 파송했다. 특히 캐나다 밴쿠버에서는 이원상 목사의 선교비전에 동참한 후원자들의 헌금 400만 달러로 기존의 수양관 건물을 구입하여 '그리스도를 본받는 훈련원'(ICTC)을 설립하고 이곳에서 지금까지 매해 '그리스도를 본받는 선교학교'(ICMS)를 개최할 수 있게 되었다.

2009년에는 SEED 국제본부를 조직하면서 SEED 선교회(SEED International)를 미국 SEED 선교회(SEED USA)로 명칭을 변경하였다.

SEED 선교회 국제본부는 각국에 설립된 SEED 선교회와 산하 기관들의 협력과 선교 사역의 효율성을 증진하고자 힘쓰고 있으며,

2017년 1월 현재 37개국에 256명의 선교사를 파송하였다.

선교사들 간 영적 교제의 시간인 선교사 대회 개최

이원상 목사는 파송된 선교사를 한 곳에 모아 영적으로 격려하고 선교비전을 직접 나누며 교제하고자 힘썼다. 4년마다 개최되는 선교사 대회는 선교전략을 점검하고 선교보고를 듣는 기회이기도 하지만 선교사들 간에 영적 교제와 기도의 동역을 이루는 재충전의 시간으로 자리잡아 가고 있다.

첫 SEED 선교회 선교사 대회는 2000년 18명의 선교사 가정이 참석한 가운데 메릴랜드 주 헤이거스타운 성공회 수양관에서 있었다. 2008년에는 대전 혜천대학교(현 대전과학기술대학교)에서 열렸고, 같은 장소에서 개최한 2012년 선교사 대회는 244명이 모여 은혜를 체험하였다.

이 대회 기간 중 대전 혜천대학교회가 2명의 SEED 선교사를 크림반도의 따따르족에게 파송하는 뜻 깊은 시간을 가졌다. 이 선교사는 U국에 파송된 SEED 선교회 1세대 선교사들에게 전도받고 양육된 제자라는 점, 선교사를 받던 나라가 선교사를 보내는 나라가 된 점, 그리고 현지 문화와 언어에 친숙한 세대에게 선교의 사명이 옮겨진 점에서 그 의의가 높이 평가되었다.

이원상 목사의 마지막 선교대회가 된 2016년에는 같은 장소에서 260여 명이 참석한 가운데 열렸다. 이원상 목사는 암치료로 쇠약해진 몸이었지만 대회에 참석하여 '그리스도의 성품과 사역'에 대해 4일 연속 주어진 강의를 감당하였다.

선교사 자녀들을 위한 장학기금 마련

이원상 목사와 이영자 사모는 SEED 선교회로부터 파송된 선교사들이 늘어나자 선교사 자녀들의 교육문제에 관심을 가지고 기도하며 돌보고자 했다. 두 가지 사업을 구상하고 있었는데 하나는 기금을 조성하여 장학금을 주는 것이고, 다른 하나는 기숙사를 건립하고자 한 것이다. 이 사업은 파송된 선교사들이 안정적으로 선교에 임하기를 원하는 마음과 선교사 자녀들을 사랑하는 마음에서 계획된 것이었다.

2008년 와싱톤중앙장로교회에서 SEED 선교회 후원기관과 후원교회 그리고 후원자 등 400여 명이 참석한 가운데 선교사 자녀 장학기금 모금 만찬이 열렸다. 10만 달러를 목표로 기도하며 준비한 행사였는데 17만 달러가 모금되어 선교사 자녀를 사랑하시는 하나님의 은혜를 실감할 수 있었다.

2009년 대학과 대학원에 재학 중인 선교사 자녀 19명에게 최초로 장학금을 수여했고, 2016년까지 8년 동안 260여 명의 선교사 자녀에게 지급한 장학금은 26만 달러에 달한다.

선교사들의 안식을 위한 선교관 운영

과거에는 선교사들이 안식년을 보내거나 SEED 선교회 본부를 방문하는 경우 머물 장소가 마땅히 없었다. 이런 사정을 알고 선교관 운영 사업의 필요성을 공감한 후원자들이 나타났고 현재는 그들에 의해 선교관이 운영되고 있다.

동부지역 선교관은 와싱톤중앙장로교회 성도 가정에서 제공하고 있는데, 이 성도는 선교사였던 친척이 안식년을 맞아 묵었던 안식관의 열악한 환경을 목격한 후로 기도 중에 선교관을 제공하게 되었다. SEED 선교회 선교사뿐만 아니라 공인된 선교회 소속 선교사라면 누구나 이용할 수 있도록 운영되고 있다.

선교회의 국제본부 건축 계획

이원상 목사는 SEED 선교회의 많은 사업과 파송 선교사들을 효과적으로 관리하고, 3,000여 미주 한인교회를 섬기기 위해서는 본부 건물 건립이 시급하다고 강조하며 구체적인 건축 계획을 제시했다.

그 본부는 약 1만 제곱피트 용적에 20여 명의 직원 및 자원봉사자들을 수용할 수 있는 사무실과 50명이 세미나를 열 수 있는 회의실, 자료열람 및 도서실, 부엌과 식당 그리고 20명이 머물 수 있는 선교관이 포함된 다목적 건물로 구상되었다.

주요도시를 순회하며 SEED 선교회 사역 설명회를 개최하여 후원 헌금을 받는 방법을 통해 건립기금을 모으고자 하였다.

SEED 선교회 한국 후원자의 밤에서 조성된 후원금과 기타 개인 후원자들이 보낸 헌금으로 2005년에 30에이커 땅을 구입하였다. 이원상 목사는 빌리그레이엄도서관을 방문하여 분야별 사무실의 상세한 규모까지 자문을 받기도 했다.

그러던 중 2010년 본부건물 건축 계획에 큰 타격을 입힌 사건이 발생했다. SEED 선교회 직원이 국제본부 건축헌금을 횡령한 사건이었다. 횡령 당사자는 구속되어 실형을 선고받았다. 이원상 목사는 그가 감옥에 있을 때 편지를 주고받았는데, 그가 이원상 목사에게 보낸 편지에는 "하나님이 특별히 사랑하셔서 이처럼 특별한 곳으로 부르시어 그동안의 삶을 돌아보고 회개하게 하시고 죄사함과 구원의 확신을 다시 새롭게 하시는 훈련 가운데 지내고 있습니다"라는 고백이 담겨 있었다.

이원상 목사는 답장으로 "이 일을 통해서 하나님께서 우리에게 무슨 유익을 주실 것인지 알지 못하지만 지금까지 계속 저와 제 아내와 SEED 가족들이 고통을 당하고 있습니다. …고린도후서 5:17처럼 새 사람이 되어 기쁨으로 돌아오시기 바랍니다"라고 적어 보냈다.

이 횡령사건으로 SEED 선교회 공신력이 추락하는 어려움을 겪게 되었다. 이후 SEED 선교회는 재정 투명성과 재정 사용의 효율성을 높여 공신력을 회복하고자 최선을 다했다. 내규를 보강하고 관리감독을 철저히 하여 본부 직원이나 선교사들이 재정 관리를 투명하게 하도록 하고 있다. 2017년 현재 국제적인 재정관리 법인체인 '복음주의 독립채산제 협회'(Evangelical Council for Financial Accountability)에 가입을 추진하고 있다.

은사자와 함께하는 전략적 선교

> 은사는 여러 가지나 성령은 같고 직분은 여러 가지나 주는 같으며 또 사역은 여러 가지나 모든 것을 모든 사람 가운데서 이루시는 하나님은 같으니 각 사람에게 성령을 나타내심은 유익하게 하려 하심이라(고전 12:4-7)

시대가 다양하고 복잡하고 빠르게 변화하면서 선교에도 이에 맞는 다양한 전략이 필요하게 되었다. SEED 선교회도 새로운 시대에 맞는 새로운 전략으로 새로운 선교 사역을 추구해 왔다. 이원상 목사는 이를 '전략적 선교'라고 불렀다. 이 전략적 선교는 주어진 은사대로 현지 문화와 환경에 맞는 맞춤형 선교라고 할 수 있다. 목회자뿐 아니라 평신도 전문 인력을 포함하며, 특히 차세대를 포함한 선교 인력을 확보하여 지역 특성에 맞는 선교를 하자는 것이다.

무슬림 선교

이원상 목사의 무슬림 선교는 2002년에 터키 쿠르드족 선교 여행을 다녀오면서 시작되었다. 쿠르드족은 예수님의 탄생을 최초로 전한 동방박사의 후손들이다. 2005년에 와싱톤중앙장로교회는 쿠르드족을 입양하였다. 쿠르드족을 방문하는 것은 위험하다는 만류도 있었지만 이 목사는 비행기에 올랐다. 작은 비행기가 터키 동부 쿠르드족 거주 도시 디아르바크르 공항에 도착하여 비행기에서 내릴 때 한 동행자가 있었다. '박해받는 소수민족의 인권운동가' 노암 촘스키였다. '고통받는 저 민족을 만나봐야 한다'는 소수민족 인권운동가와 '이들 민족에게 복음을 전해야 한다'는 이원상 목사의 쿠르드족 방문은 큰 의미가 있었다.

2009년에 이원상 목사는 '이슬람을 향한 우리의 자세와 기도'라는 기고문을 썼다. 이 기고문에서 "파송 선교사의 숫자로는 15억 무슬림들과의 대결이 불가능하고 오직 중보기도뿐"이라고 전제한 후 "우리의 불신앙을 회개하는 마음으로, 무슬림에 대하여 사죄하는 태도로, 이슬람 역사와 문화에 대하여 겸손한 태도로, 이슬람 종교에 대하여 이해하는 태도로, 무슬림에 대하여 하나님의 사랑을 품는 태도로, 성령님의 능력을 의지하여 전투하는 태도로 기도해야 한다"고 당부했다.

2008년 와싱톤중앙장로교회에서 첫 무슬림 선교 세미나가 열렸고, 2009년에는 뉴욕장로교회와 뉴욕중부교회에서 '이슬람이 아니라 무슬림'이라는 주제로 세미나를 개최했다. 이 세미나를 통해 한 선교사가 무슬림 지역 선교를 위해 헌신하였고, 후에 SEED 선교회 무슬림 지역 교회개척 팀장으로 선임되었다.

2014년에는 SEED 선교회 산하에 이스마엘 블레싱 센터(Center for Ishmael Blessing, CIB)를 조직하여 이슬람 복음화 자료를 연구 개발 중이다. 2017년까지 파송된 SEED 선교회 선교사 256명 중 이슬람권에서 사역하는 선교사는 73명으로 전체의 28%를 차지하고 있다.

미전도 종족 선교

"이 일 후에 내가 보니 각 나라와 족속과 백성과 방언에서 아무도 능히 셀 수 없는 큰 무리가 나와 흰 옷을 입고 손에 종려 가지를 들고 보좌 앞과 어린 양 앞에 서서 큰 소리로 외쳐 이르되 구원하심이 보좌에 앉으신 우리 하나님과 어린 양에게 있도다 하니"(계 7:9-10)라는 말씀을 통해 이원상 목사는 미전도 종족에 관심을 가지고 그들을 향한 선교에 도전했다.

그들에 대해 관심을 갖고 연구를 지속하던 이원상 목사는 2012년 선교사 대회 때 SEED 블레싱 네트워크(SEED Blessing Network, SBN)

를 조직하였다. 창세기 22:18에서 이름을 딴 'G2218' 프로젝트를 계획하여 기도 및 재정 후원자 1,000명의 후원을 통해 10가정을 미전도 종족에게 파송하는 계획을 수립했다. 그리고 크림 따따르족, 중국 티베트족(藏族), 유럽 이민자, 쿠르드족, 남인도 타밀라드족 그리고 북인도 네팔인을 최우선 대상 종족으로 지정하였다.

이원상 목사는 '최우선 대상 종족을 향한 SEED 선교회의 사명'이라는 글에서 "선교 대상 종족에 대한 연구가 필요하며 SEED 선교회에 속한 동역 교회들이 여덟 종족 중 한 종족을 입양하여 선교하고 섬기도록" 격려하였다. 또한 "동역 교회들이 하나님 아버지의 마음을 이해하고, 성령의 역사가 교회와 선교사와 선교 현장에서 끊임없이 일어나도록 중보기도를 해야 한다"고 했다.

SEED 선교회는 크림 따따르족에 3가정 6명의 선교사를, 스페인에 이주한 무슬림 사회에 2가정 3명의 선교사를 그리고 쿠르드족에 1명의 선교사를 파송하였다. 이 중 크림 따따르족에 파송된 선교사는 SEED 선교사가 양육한 현지인 선교사이다. 지속적으로 현지인 지도자들을 제자화하여 파송하는 전략을 개발하고, 페이스북에 미전도 종족을 소개하며 기도를 요청하는 사업이 진행 중에 있다.

북한 선교

2,300만 북한 민족을 위한 선교는 1990년대 말부터 아주 조심스럽게 시작되었다. 외부와 철저하게 단절되었던 북한을 위해 막연한 기도밖에 할 수 없었던 우리에게 북한의 식량난은 그들에게 구체적인 도움의 손길을 펼칠 기회였다. 마침내 북한 선교의 문이 서서히 열

리기 시작한 것이다. 특히, 1996년 이후 남북간에 화해 분위기가 조성되면서 이전에는 상상할 수 없었던 엄청난 사역의 기회가 주어지기 시작했다.

이원상 목사는 주일예배 기도 때마다 북한 동포와 탈북자들을 위해 북한에 복음의 문이 넓게 열리기를 기도해 왔다. 하나님은 우리의 기도에 응답하시어 1998년 12월 와싱톤중앙장로교회 대표 3인이 10대의 컨테이너에 60만 달러 상당의 통조림을 북한에 보낼 수 있게 해주셨다. 이때를 기점으로 북한 주민과의 직접 접촉이 시작되었고, 사실상의 북한 선교가 시작되었다.

2000년 3월에는 북한 난민들의 비참한 실상을 구체적으로 담은 비디오가 본 교회에서 상영되어 북한 선교에 대해 새롭게 다지는 기회가 되었다. 이 무렵부터 와싱톤중앙장로교회 성도들은 한 끼 금식하여 매달 첫 주일에 북한 선교를 위한 헌금을 해오고 있는데, 이 헌금으로 모은 선교기금이 현재 북한 선교를 위해 귀하게 쓰이고 있다. 특히 2002년에는 5만 6,000달러 상당의 구제물품을 북한 동포들에게 전달하였다. 와싱톤중앙장로교회와 SEED 선교회는 탈북자와 북한을 직접 또는 간접적으로 도우면서 복음을 전하는 일을 계속 감당하고 있다.

다민족 선교

이원상 목사는 미국 대도시를 중심으로 한 다민족 선교에도 관심을 가졌다. 워싱턴 DC를 보면 세계 각국에서 온 외교관, 상사 주재원, 유학생 등으로 다민족을 이루고 있다. 이들에게 복음을 전하여 그들이 믿음을 가지고 귀국하게 한다면 선교사를 현지에 파송하는 것과 같은 효과를 낼 수 있다고 생각했다.

2003년도 북버지니아에 몽골인 교회가 개척될 때, 이 목사는 자신의 저금통을 깨서 나온 700여 달러와 시집《내 양을 먹이라》를 통해 마련한 600여 달러를 합한 1,300여 달러를 헌금하였다. 현재 이 교회는 150여 명의 성도가 출석하며 예배드리고 있다.

이원상 목사는 워싱턴 DC 유대인 회관에서 개최한 '살롬 예루살렘 크리스천 한인연합회'(KCSJ)가 주최하는 문화 프로그램 '살롬 예루살렘 2014' 주 강사 가운데 한 명으로 참석하여 이스라엘 선교의 지평을 넓히기 위한 한국교회와 유대인과의 화합을 도모하였다.

SEED 선교회 산하 지역선교회를 중심으로도 다민족 선교 사역이 활발히 전개되고 있다. 알래스카 다민족 선교, 뉴욕 브루클린의 러시아 교회인 올네이션 미션교회, 뉴저지 러트거스대학교 다민족 외국학생교회, 뉴욕 지역의 제2 러시안 다민족교회, 로스앤젤레스를 중심으로 한 라티노 다민족 사역, 북미 유대인 선교 그리고 유럽의 무슬림 이민자들을 대상으로 한 사역 등이다.

전문인 선교사

복음을 받아들이지 않는 문화권일수록 전문인 선교사의 역할이 중요하며 전문인 선교가 효과를 거두고 있다. 의료 인력, 컴퓨터 전문 인력, 언어 능력을 갖춘 인력, 건축 기술자, 차량정비 기술자 등 지역에 따라 다양한 전문 인력이 선교에 동원되고 있고, 이는 앞으로도 지속적으로 필요한 사역 분야다.

와싱톤중앙장로교회의 한 선교사는 C국에 파송받은 후 십자수를 통해 성공적인 선교 사역을 하고 있었다. 이를 알게 된 이원상 목사가 그를 전문인 선교사라고 불러 주었고 그로 인해 큰 자부심과 자신감이 생겼다고 간증하였다.

한의사로 선교지에서 인술을 펼치며 선교하는 선교사도 있다. 쉰 살이 넘어 한의학 공부를 하며 선교에 헌신하고자 하는 그의 마음을 높이 평가해 주고 격려해 주던 이원상 목사를 잊을 수 없다는 그는 한의사로서, 평신도 전문인 선교사로서 균형잡힌 사역을 계속하겠다는 포부를 밝혔다.

SEED 선교회는 장기 전문 선교뿐 아니라 단기 전문 사역을 적극 권장하고 있다. 단기 선교를 통해 소명을 받고 장기 선교사로 활동하게 되는 경우가 있기 때문이다. SEED 선교회 전문인 선교의 경우 비즈니스 선교(여행사), 교육 선교(교육기관 설립과 교수요원 파견), 의료 선교, 미디어 선교, 방송 사역(하와이복음방송), 건축 사역, 군인 사역(미 육군 군목), 수공예 사역 등이 있다.

선교연구소

2008년에는 선교연구소가 조직되었다. 선교연구소에서는 1884년 조선의 선교사로 한국을 섬겼던 알렌 선교사를 비롯해 그 후 100여 년 동안 한국에서 활동한 3,000여 명의 선교사를 조사·연구했다. 이 연구를 통하여 목사와 의사 그리고 교사를 한 팀으로 파송한다는 삼사운동과, 사역지를 교단별로 배분하여 선교한다는 예양협정 등을 SEED 선교회의 전략으로 채택했다.

연구과정에서 미 북감리교 내한 의료 선교사 윌리엄 제임스 홀(William J. Hall)과 역시 의료 선교사인 로제타 셔우드 홀(Rosetta S. Hall) 부부의 손녀 필리스 홀 킹(Phyllis Hall King) 여사를 만날 수 있었다. 윌리엄 제임스 홀 선교사의 가정은 2대에 걸쳐 한국에서 의사로 선교했다. 이원상 목사는 손녀 필리스에게 선조들의 한국 선교 헌신에 감사를 표하며 감사패를 전달했다.

선교연구소는 SEED 선교회에서 발행하는 계간지 《선교하는 교회》를 통해 '선교역사 이야기' 칼럼과 '조선 선교를 중심으로 교회연합을 통한 선교의 역사적 모델'을 일반 기고하며, 이를 '그리스도를 본받는 선교학교'(ICMS)를 통해 가르치고 있다. 또한 미주 〈크리스천 신문〉에 '한국 선교: 그 역사를 찾아서'라는 제목의 특집을 맡아 연구 결과를 소개하고 있다.

차세대와 함께

이원상 목사는 1.5세대 및 2세대 등 차세대 선교사 양성체제 개발이라는 거룩한 부담을 안고 있었다. SEED 선교회가 추진하는 사업 중에는 '차세대와 함께' 선교한다는 계획도 들어 있다. 이원상 목사는 "미주의 한인선교기관이 설립되고 존재해야 할 당위적인 목표의 하나는 1.5세대, 2세대 한인 선교사를 양성하는 것"이라고 믿고 그 계획을 추진해 왔다. 또한 이중 언어화를 제안하고 선교회의 모든 문서와 커뮤니케이션을 한글과 영어로 이중 언어화함으로써 차세대 선교사 양성 체제 개발에 발을 내디뎠다.

아직은 SEED 선교회를 통해 파송된 선교사들 가운데 20대, 30대의 비율이 7퍼센트에 불과하지만, SEED 선교회 파송 선교사 자녀 중에 선교사로 헌신하는 사람들이 있어 희망적이다. 다음 세대가 세계 선교를 위하여 헌신할 수 있도록 지원을 아끼지 않고 있다.

월요기도회의 중보기도를 통한 선교 지원

이원상 목사는 선교의 가장 중요한 전략은 바로 중보기도라고 가르쳤다.

"선교 사역의 성취는 하나님의 역사이며 결과입니다. 선교지의 문제들은 기도를 통하여 하나님의 능력을 경험하며 전도의 문을 여는 도구입니다. …SEED 선교회는 모든 후원자들과 함께 기도로 사역하는 선교단체로 자라기를 소망합니다."

그는 기도를 통해서 하나님의 능력이 임하고 기도 없이는 선교도 불가능하다고 믿었다. 그래서 와싱톤중앙장로교회 파송 선교사에게는 "선교사로 나가면 교회에 아는 성도들이 있어야 기도로 후원할 텐데, 3년 정도 목회자로 함께 섬기면 성도들도 좀 더 알고 기도하지 않겠습니까?"라며 3년간 선교 목사직을 제안했다. 그는 중보기도자를 확보하는 것이 무엇보다도 중요한 선교전략이라고 가르쳤다.

월요기도회는 중보기도로 선교사를 후원하는 기도모임으로서 2002년부터 시작되었다.

초창기에는 선교 후원자와 본부 사역자가 함께 모여 기도하였고 주로 이원상 목사 인도로 예배를 드린 후 4개 소그룹으로 나뉘어 기도했다. 이 기도회를 통해 기도한 제목이 응답된 사례가 이사회에 보고되기도 하였다. 선교사 후원금이 8만 달러 이상 증가하였고,

2003년 본부 사역 재정 적자가 흑자로 전환되었다. 건강문제로 기도하던 선교사들의 회복소식도 전해졌다.

SEED 선교회 본부가 버지니아 스털링 지역으로 이사한 후에 월요기도회는 더욱 활성화되어 매주 40여 명이 참석하여 예배드리고 기도에 힘쓰고 있다. SEED 선교회는 분기마다 기도수첩을 한국어와 영어로 발간하여 중보기도 사역을 체계화했다. SEED 선교회 산하 지역 SEED 선교회에서도 매주 한 번 이상 모여 기도수첩을 놓고 기도하고 있다. 이원상 목사는 2차 암 투병 기간에도 보조기구를 착용하면서까지 기도에 동참하였다.

기도운동의 밀알이 되기 위한 프레션(PRASSION)

> 이르시되 기도 외에 다른 것으로는 이런 종류가 나갈 수 없느니라 하시니라 (막 9:29)

기도로 세상을 변화시킨다

평생 기도의 종으로 살았던 이원상 목사는 은퇴하면서 더 많은 기도 시간을 가지려고 노력했을 뿐만 아니라 "우리가 기도할 때 하나님이 친히 선교하신다"고 강조하며 기도운동을 펼쳐나가길 원했다. 특히 기도를 통해 하나님이 역사하심을 경험했기 때문에 "기도로 세상을 변화시킨다"는 비전과 확신을 갖게 되었다.

그는 "기도가 예수님 사역의 전략이므로 성도의 삶도 기도가 전략이 되어야 한다"는 확고한 신념을 가졌다. 예수님은 기도로 공생애를 시작하셨고, 기도로 사역하셨고, 기도로 마치셨다는 점을 강조했다. 예수님의 지상명령도 기도를 통해서 역사하시는 성령의 권능으로만 성취된다고 하셨다. 사역이든 선교든 기도로 시작하고, 기도로 진행하고, 기도를 통해 완성된다.

특별히 "기도 외에 다른 것으로는 이런 종류가 나갈 수 없느니라"(막 9:29)라는 말씀은 기도가 전략이 되는 근거다. 이와 같이 기도는 복음을 전하는 크리스천에게 마스터키(Master Key)이자 가장 소중한 자산이다. 끊임없는 강력한 기도로 세계선교는 지속되며 완성될 것이므로 앞으로도 그렇게 나아갈 것이다.

프레션을 조직하다

이원상 목사는 선교사 파송기관인 SEED가 집중적으로 할 수 없었던 '기도운동'을 돕기 위해 프레션을 설립하였다. 프레션은 SEED를 기도로 도와 복음을 들고 땅 끝까지 가게 된다.

이원상 목사는 자신이 기도에 앞장설 뿐 아니라 기도의 전도사가 되기를 소원했다. 그래서 더 많은 사람들이 참여하는 범교회적, 초교파적 '기도운동'을 일으키고 싶었다.

이 기도운동을 조직적으로 확산하기 위해 꾸준히 기도하며 준비한 끝에 은퇴 후 10년이 지난 2013년 이원상 목사의 비전과 뜻이 현실화되었다. 이 기도운동은 2013년 1월 6일 와싱톤중앙장로교회 신년 금식기도회를 기점으로 시작되었는데, 이원상 목사를 비롯한 회원 열두 명이 모여 첫 준비모임을 가졌다.

2013년 4월 출범 당시의 명칭은 '국제기도센터(Prayer Center for Global Ministry, PCGM)'였다. 이 명칭에는 기도와 선교라는 사명이 내포되어 있었지만 기도에 대한 동기 유발에는 뭔가 아쉬운 점이 느껴졌다. 이에 대해 고심한 이원상 목사는 기도(Prayer)와 선교(Mission)의 의미를 하나로 통합하면 좋겠다는 아이디어를 냈고, 마침내 '기도는 선교입니다'(Prayer is Mission)라는 슬로건을 만들고 이 두 단어를 합하여 '프레션'(PRASSION)이란 명칭이 탄생하게 되었다.

이날 이원상 목사는 에베소의 두란노서원처럼 각 교회가 할 수 없는 세계의 지역교회와 선교단체를 연결하는 기도운동을 전개함으로써 세계선교에 영적 변화를 일으키는 기도운동을 벌여 나가자고 강조했다.

1월 28일에는 첫 기도회를 열었다. 기도회는 매주 마지막 주 월요일에 같은 장소에서 계속되고 있다. 2017년 현재 80여 명이 모여 기도하고 있다.

프레션은 기도운동이다. 프레션은 끊임없는 기도, 실시간 접근 가능한 세계선교 기도정보 제공, 기도에 관한 훈련, 세미나, 워크숍, 컨퍼런스, 그리고 모든 건전한 교회와 선교단체의 초교파적인 기도 섭렵을 제공할 것이다.

기도운동을 통한 선교의 비전을 품다

이원상 목사가 프레션을 통해 이루고자 한 비전은 기도로 세상을 변화시키는 것이었다. 세계선교의 완성을 꿈꾸며 예수님을 닮은 기도와 협동적 선교 사역으로 세상을 변화시키고자 한 것이다. 그는 "선교는 기도를 통해 하나님의 능력으로 이뤄지는 것"이라면서 "프레션은 기도를 통해 예수님의 지상명령인 선교를 수행할 것"이라고 말했다.

이 비전을 이루기 위해 앞으로 프레션이 감당해야 할 사명도 구체화시켰다. "프레션의 사명은 마지막 때에 이르기까지 기도운동을 실천하여 선교의 남은 과제를 완성하는 것이다. 기도운동은 개인, 선교사, 교회, 선교단체, 기도조력자들이 함께 노력하여야 한다. 이를 위해 매일 24시간 기도할 수 있는 국제선교기도센터, 선교사 자녀들이 공부하는 기숙사, 선교사들이 안식년이나 은퇴 후에 체류할 수 있는 게스트 하우스, 세계선교를 위해 활용될 다목적 활동센터를 설립한다."

프레션은 SEED 선교회에 속하면서도 독립적인 활동을 하며 SEED 선교회를 돕고 공동가치를 추구하는 기관이다. 프레션은 개인과 지역교회, 선교단체가 독자적으로 감당할 수 없는 부분들에 주안점을 두고 사역한다. 기도운동을 중심으로 다른 선교기관을 후원하며 상호 협력하려는 것이다.

이원상 목사는 프레션의 활동으로 구체화된 기도운동을 제안했는데, 그 제안에 따라 'ARISE'가 탄생했다. 이는 워싱턴 지역 연합기도회로 매년 진행되며 2015년 8월 15일에는 올네이션스교회에서 부모와 자녀 간 내적 상처 치유와 회복을 위한 '워싱턴 기도 대성회 Arise 2015'를 개최하였다. 2016년 8월 13일에 열렸던 'Arise 2016'에서 이원상 목사는 합심기도가 끝난 후 교회 단상 아래 의자에 앉아 건강 회복을 위해 기도를 부탁하였고, 목사들은 둘러서서 안수기도를 드렸다. 그의 신앙과 영성에서 우러나온 겸손에 잔잔한 감동을 받은 사람들도 그의 강건한 영혼같이 육신도 강건해지기를 함께 기도했다. 2017년 1월 22일에는 와싱톤중앙장로교회에서 '이 땅을 고치소서'라는 주제로 열렸는데, 이원상 목사의 소천 후 열린 첫 기도회였다.

프레션 장기전략 목표(2016-2035)

프레션은 전략계획을 위한 로드맵이 필요했다. 이원상 목사는 여러 동역자들과 함께 프레션의 정체성과 나아갈 방향 등을 논의하고 연구했다. '어떻게 기도를 통해서 세상을 변화시킬 수 있는가?', '어떻게 전략계획의 목표와 목적을 이행하여 프레션의 비전과 사명을 성취할 것인가?' 등의 질문에 대해 함께 토의하며 아이디어를 교환했다.

오랜 토의와 아이디어 회의 끝에 프레션의 목표, 목적, 도전, 기회에 대해 공통적 인식을 형성하였고 앞으로의 전략을 세울 수 있었다. 다른 기도기관들의 자료도 수집하고 연구하여 2016년에 20년 앞을 내다보는 '프레션 장기계획: 2016-2035'를 발표하였다.

또 기도운동, 선교 지원, 선교 연구, 지도자 훈련, 의료 선교를 5대 사역으로 정하고 앞으로 이 사역을 어떻게 실행할 것인가에 대해서도 논의했다.

  이원상 목사가 은퇴 후반기에 프레션에 집중한 것은 하나님의 역사하심은 기도를 통해서 나타난다는 사실을 깊이 깨달았기 때문이다. 그는 기도를 재차 강조하며 기도운동을 다음세대로 전수하려 노력했다. 프레션의 미래를 향한 목적과 의지는 이원상 목사의 시 '주님 닮게 하소서'에 잘 나타나 있다. 기도의 불꽃이 프레션을 통해 계속 타오르기를 기대한다.

  주님 닮게 하소서

  나 주님 닮아
  기도의 사람 되게 하소서
  어린아이처럼 아버지 앞에 나아가
  모든 무거운 짐 내려놓고
  세상을 품는 사랑을
  영원을 바라보는 소망을
  하늘 나는 새 힘을 얻게 하소서

  나 주님 닮아
  기도를 최우선으로 하는 사람 되게 하소서
  새벽을 깨우고 일어나
  내 영이 여호와를 찬양하며

일하기 전 먼저 당신의 뜻을 기다리며
당신의 방법대로 당신이 원하는 일을 이루도록
힘을 다해 기도하게 하소서

나 주님 닮아
믿음으로 기도하는 사람 되게 하소서
하늘이 무너지는 절망과
초라한 자신의 무력함에
숨 쉴 기력조차 없을 때에도
멸시 받음을 부끄러워 아니한 가나안 여인처럼
하나님의 절대 주권을 의지한 백부장의 믿음처럼
믿음의 기도로 응답받게 하소서

나 주님 닮아
중보 기도하는 사람 되게 하소서
내 눈을 열어 멸망당할 영혼들을 보게 하시고
견딜 수 없는 상처로 쓰러진 사람들을 가슴에 품고
그 은혜의 보좌 앞에 나아가
성령의 힘으로 중보 기도하게 하소서
그칠 줄 모르는 기도의 불을 피워주소서

끝없는 면학의 열정 – 박사학위 취득

이원상 목사는 1977년 와싱톤중앙장로교회에 부임하면서 중단했던 박사학위 공부를 2003년 담임목회 은퇴와 함께 영국 웨일스대학 복음주의신학교에서 다시 시작했다. 영국을 오가며 수년간의 준비 끝에 'A critical exploration and conversation across the centuries of pastoral leadership principles in John Chrysostom's Antioch and Constantinople and Won Sang Lee's Washington's Korean Central Presbyterian Church'(안디옥, 콘스탄티노플 교회를 이끈 교부 요하네스 크리소스토무스와 와싱톤중앙장로교회를 이끈 이원상 목사의 목회 리더십 원칙에 관한 수세기를 초월한 비평적 탐구와 대화)라는 제목의 논문으로 2010년에 철학박사학위를 받게 되었다. 또한 2015년에는 그의 논문이 《목회적 지도력》(Pastoral Leadership)이라는 제목의 책으로 출간되었다.

그의 논문은 기독교 초대교회 교부 가운데 한 분인 요하네스 크리소스토무스(Johannes Chrisostomus, 349-407)의 사역과 자신의 목회를 비교한 것이다. 크리소스토무스는 성경에 나오는 안디옥 교회의 담임목회자로, 후에는 지금의 이스탄불인 콘스탄티노플에 와서 사역했던 유명한 교부이다. 1,600여 년의 시간적 차이에도 불구하고 크리소스토무스의 목회와 이원상 목사의 목회가 추구했던 사역의 동질성을 비교 분석한 것이 논문의 내용이다.

이 논문에서 이원상 목사는 학업의 목적에 대해 "개인적으로 SEED 선교회 국제대표로서 사명을 감당할 뿐 아니라, 지난 목회 경험을 토대로 성경적 지도자 계발을 목적으로 했으며… 선교 지도자

2010년 영국 웨일스대학에서 철학박사 학위를 마치고

양성을 위한 역량을 키우고자 하였다"고 썼다. 이원상 목사는 자신이 72세에 박사학위를 받은 것에 젊은 사역자들이 도전받기를 원했다.

이 목사는 박사학위를 받을 당시의 일화 한 토막을 소개했다. "2010년 7월 졸업식에서 박사학위를 받게 되어 런던 히드로 공항에서 입국수속을 할 때였어요. 출입국 심사관이 저한테 영국에는 무슨 일로 오느냐고 묻기에 졸업식에 참석하러 온다고 하니까 아들 졸업식이냐, 손주 졸업식이냐고 다시 묻더군요. 그게 아니라 제가 늙은 나이에 공부해서 졸업을 하게 됐다고 했더니 그가 놀란 표정으로 나를 쳐다보더니 웃더라고요." 그 말을 하며 즐거워하는 그의 모습에서 겸손하면서도 스스로의 성취에 만족해하는 자신감을 엿볼 수 있었다.

하나님의 선물, 두 개의 명예박사 학위

이원상 목사는 그의 신실하고 영향력 있는 복음 사역을 인정받아 2개의 명예박사 학위를 받았다. 2002년에 그의 모교인 대구 계명대학교에서 명예박사 학위를 받았고, 2005년에는 개교 50주년을 맞아 '모교를 빛낸 동문'으로 표창을 받았다. 그는 명예박사 학위를 받은 후 주일 설교에서 이 학위를 하나님의 선물이라고 말했다.

"이 명예박사 학위는 하나님이 보시기에 아름다운 교회를 이루기 위해 26년간 희생과 봉사로 헌신하여 온 우리 교회 모든 성도들에게 하나님께서 주신 선물이며, 두 번에 걸쳐서 내가 좋아하고 원하는 것을 포기하며 하나님께 순종한 것에 대한 보상으로 나에게 주신 선물입니다."

그리고 2015년 5월 21일에는 필라델피아에 위치한 웨스트민스터신학교 86회 학위수여식에서 명예박사 학위를 받았다. 보수적인 신학교인 웨스트민스터신학대학원으로부터 이원상 목사의 목회와 선

2002년에 모교인 계명대학교에서 명예박사 학위를 받았다.

교사역을 통한 리더십을 인정받는 것이어서 더 뜻깊었다. 이영자 사모를 비롯한 가족들과 멀리서 찾아온 성도들, 지인들이 참석하여 크게 축하해 주었다.

이 목사는 "와싱톤중앙장로교회는 하나님과 모든 성도가 함께 이루신 일이며 그 결과로 명예박사 학위를 받게 되었다"고 답하며, "더 겸손하고 참되게 섬기는 삶을 살도록 하겠다"는 말로 소감을 대신했다.

이원상 목사는 기도의 종답게 기도에 대한 설교를 통해 하나님께 영광을 올렸다. 그날 '우리의 주님 되신 예수 그리스도의 기도생활'이라는 제목의 영어 설교에서 그는 "오늘날 교회에 가장 시급히 필요한 것은 기도의 부흥입니다"라는 말로 시작하여 다음과 같은 내용으로 이어갔다.

"와싱톤중앙장로교회에서 보낸 26년의 목회를 되돌아볼 때, 제가 확실히 인정하는 것이 있습니다. 30명으로 시작한 교회가 3,500명 이상으로 성장할 수 있었던 것은 전적으로 하나님의 은혜라는 것입니다. 하나님께서는 저와 아내, 그리고 지난해 102세로 돌아가신 장

2015년에 웨스트민스터신학교에서 명예박사 학위를 받았다.

모님의 기도를 신실하게 응답해 주셨습니다. 기도를 통한 응답으로 동역자들을 모아 주셨고, 그래서 동역자들과 함께 하나님의 뜻을 이룰 수 있었습니다."

진실한 신자이길 원한 이원상 목사, 하늘로 돌아가다

2015년 6월 이원상 목사는 '그리스도를 본받는 선교학교' 강의를 위해 키예프로 향하는 비행기에 올랐다. 비행 중에 제공하는 닭고기로 저녁식사를 하는데 음식이 잘 넘어가지 않고 목에 걸리는 것 같은 불편함을 느꼈다. 강의를 마치고 돌아와 검진을 받은 결과 식도암 3기 판정을 받았다.

이원상 목사는 성도들에게 기도를 부탁하면서 2개월 동안 항암치료를 받았다. 많은 성도들이 한마음으로 완쾌되기를 기도했다. 이원상 목사는 "아직은 때가 아닌데"라는 말을 하기도 했다. 평생을 복음을 위한 사명으로 살았던 그는 하나님의 주권적 섭리에 순종하면서도 야심차고 정열적으로 추진하고 있는 SEED 선교회와 프레션 사역을 염두에 두고 그렇게 말했던 것이다. 그 후 9월에는 주치의로부터 완치 판정을 받았다.

이원상 목사는 다시 선교와 기도 사역을 감당하였다. 2016년 6월에는 대전에서 개최한 2016년 선교사 대회에 참석하고 돌아왔다. 그로부터 두 달 후인 8월 20일, 몸에 이상을 느끼고 검사한 결과, 허리와 대동맥으로 이어지는 임파선에 암세포가 전이되었음을 알게 되었다.

다시 항암 치료를 받기도 했지만 병세가 나날이 악화되는 것을 피부로 느꼈다. 그런 가운데서도 주일예배에 참석하고 SEED 선교회 월요기도회에 참석하여 기도드렸다. SEED 선교회 월요기도회에서 "1차 투병 때는 죽음에 대한 준비에 마음을 쏟고, 2차 투병 때는 사역에 대한 마무리를 하게 되었다"고 했다.

다른 월요기도회에서는 세 가지가 감사하다고 했다. "첫째, 무엇보다 하나님께 더 가까이 나아감이 감사하지 않을 수 없다. 둘째, 부부의 진정한 사랑에 감사한다. 어린아이처럼 화장실 사용까지 아내의 손이 필요했다. 결혼 50주년을 앞두고 예수님 안에서 하나된 몸으로 부부의 진정한 사랑을 체험하게 되었다. 셋째, 한마음으로 온 가족이 기도함으로써 가정이 부흥하고 있음에 감사했다. 두 살 반에서 열네 살에 이르는 여덟 명의 손자와 손녀가 하나님을 의지하고 기도하는 가정이 되었다."

이날 이원상 목사는 힘든 몸을 바로 일으켜 세우고 찬송가 〈신자 되기 원합니다〉(I want to be a Christian)를 영어로 1절에서 4절까지 부르고, 다시 한국어로 1절에서 4절까지 불렀다. 그는 영적 지도자로서, 또한 사명을 잘 감당한 지도자로서 하나님 앞에 서는 것이 아니라 진실된 신자가 되어 하나님 앞에 서고자 했던 것이다.

2016년 11월 27일 주일예배를 드린 것이 그의 마지막 예배였다. 주일 밤에 호흡곤란으로 응급실에서 중환자실로 그리고 일주일을 혼수상태와 깨어남을 반복하다가 12월 5일 새벽 79세로 하나님의 부름에 순종하였다.

> 나는 선한 싸움을 싸우고 나의 달려갈 길을 마치고 믿음을 지켰으니 이제 후로는 나를 위하여 의의 면류관이 예비되었으므로 주 곧 의로우신 재판장이 그 날에 내게 주실 것이며 내게만 아니라 주의 나타나심을 사모하는 모든 자에게도니라 (딤후 4:7-8)

이원상 목사의 헌신적인 동역자들

이원상 목사는 강옥화 권사와 이영자 사모의 기도와 섬김 덕분에 사역을 잘 감당할 수 있었다. 그것을 누구보다 잘 아는 그는 늘 그들에게 감사했다. 이 세 사람은 사역에 있어서나 가정적으로나 하나가 되어 모든 일을 사랑 안에서 조화를 이루며 성취해 나갔다.

강옥화 권사

강옥화 권사는 황해도에서 올케를 통해 믿기 시작한 후 전 가족을 전도하여 믿음의 가족을 이루었고, 이영자 사모를 위해 어려서부터 신앙교육을 철저히 시켰다.

강 권사는 주의 종에 대한 철저한 섬김의 자세를 가지고 있었다. 사위인 이원상 목사가 다른 일에 신경쓰지 않고 목회에 전념할 수 있도록 모든 면에서 그를 도왔다. 이영자 사모가 밤에 일을 해야 했기에 집안일과 자녀 키우는 일을 도맡아 했다. 특히 딸이 혹시라도 피곤하여 심방 사역을 제대로 감당하지 못할까 봐 설거지도 못하게 할 정도였다.

이원상 목사는 강옥화 권사와 이영자 사모와 함께
동역의 조화를 이루었다.

    기도의 종으로 기도 사역에 충성을 다하며, 목회를 위해 늘 기도로 섬기고, 성도들의 사정을 듣고 이원상 목사에게 기도제목을 전해 주는 일에도 열심이었다. 주일에는 이원상 목사가 설교를 잘할 수 있도록 주일예배가 끝날 때까지 금식했다. 기도제목이 있을 때면 늘 40일 작정기도를 하였다. 강옥화 권사와 같은 방을 썼던 손녀 유니스가 밤새도록 이어지는 할머니의 기도 소리 때문에 잠을 잘 수 없다고 종종 불평할 정도였다.

    또한 강 권사는 총명하고 말의 지혜가 있어서 전화심방과 성도들과의 어려운 관계를 해소하는 역할도 많이 했다. 그러나 연로한 후에는 잦은 병치레로 고생을 했다. 92세 때는 2층 방에서 넘어져서 어깨가 골절되었는가 하면 그 후에도 두어 번 더 골절되어 가까이에서 늘 간호가 필요했다. 낮에는 간병사가 와서 돕고, 저녁에는 이원상 목사가 정성껏 보살폈다.

    강 권사가 소천할 때까지 10년 동안 이원상 목사는 정성껏 간호했다. 장거리 출타는 되도록 삼가고, 밤에는 강 권사 옆에서 누워 자며 필요할 때마다 시중을 들었다. 치매 증상이 조금씩 시작된 후에는 같은 말을 계속 되풀이하여 다른 사람들이 귀찮아했지만 이원상 목사만은 늘 인내를 갖고 들어 주었다. 강옥화 권사는 본인의 말을 다른 사람들이 들어주지 않는다고 화를 내다가도, 이원상 목사가 "영자와 결혼하게 해주셔서 감사합니다"라고 말하면 곧 화를 풀곤 했다고 한다.

이영자 사모

평생을 약사로 일한 이영자 사모는 밤에 일을 해야 했으므로 일반적인 사모들과는 다른 생활을 하게 되었는데 잠이 부족한데도 철저한 시간관리로 맡은 사역을 해냈다. 특히 시간의 십일조를 드린다는 결심을 하고 하나님께 기도하는 시간을 많이 가졌다. 밤에 일을 하는지라 아침에는 교회 앞자리에 앉아서 졸며 기도할 때도 많았지만 그래도 사모는 교회에서 기도하는 것을 좋아했다. 기도 후에는 집에 가서 자녀들이 학교에서 올 때까지 3-4시간 정도 쉬면서 사역을 했는데, 하나님이 지켜주셔서 건강을 잘 유지할 수 있었다.

이원상 목사와 같이 금식하며 성도들을 위해 기도하였기에 이 목사와 마찬가지로 성도들의 이름과 상황을 잘 알고 있었다. 화요일과 목요일 저녁에는 새 교우를 중심으로 부부가 같이 심방 사역을 하였고, 주일에는 어떤 성도가 교회에 못 나왔는지 일일이 살펴보고 그들에게 주보를 챙겨 보내는 것도 잊지 않았다. 그 덕분에 많은 성도들이 자신이 돌봄을 받고 있다는 사실을 깨달았다. 또한 성도들의 상황을 파악하여 이원상 목사에게 이야기하고 함께 기도했다.

교회 내의 여러 살림을 꼼꼼하게 챙겼으며 특히 교회 주방일에 깊은 관심을 보였다. 또한 주방에서 열심히 봉사하는 여성도들에게 말씀 사역을 시작하여 교회에 여성도들이 세워지고 믿음이 발전하는 데 큰 역할을 했다.

이원상 목사가 암 진단을 받고 투병하는 동안은 다니던 직장을 쉬고 정성껏 간호하였다. 이영자 사모의 헌신적인 간호로 인해 이원상 목사 부부는 어느 때보다 가까워졌고 서로에 대해 더 깊은 사랑을 느꼈다. 자녀들의 간증에 의하면, 그 시절에 아버지가 어머니에게 어느 때보다 더 많이 사랑을 표현했고, 그동안 더 많이 사랑하지 못한 것을 후회했다고 한다.

이원상 목사가 말하는 목회 비결

이원상 목사는 본인 스스로 평범한 사람이라고 말했다. 외향적 성격의 소유자이거나 능변가도 아니었다. 그러나 그에게는 다른 사람에게는 없는 비범함이 있었다. 하나님이 어떤 사람을 사용하시고 역사하시는 줄을 아는 비범함이었다. 이 비밀을 깨닫고 그는 끝없이 노력했다.

이원상 목사는 2003년 그의 은퇴 및 원로목사 추대예배에서 26년 목회를 한마디로 표현하면 고린도전서 15:10 말씀대로 '하나님의 은혜'라고 말했다.

그는 목회를 하면서 하나님의 은혜를 많이 받았다며, 하나님이 어떤 사람에게 본인의 능력을 뛰어넘는 은혜를 주시는지 그 비밀을 알려 주었다. 그것은 바로 "기도의 사람, 겸손의 사람, 충성스러운 사람, 그리고 비전을 가진 리더"이다.

이것은 그가 예수님을 닮으려고 노력하면서 어떤 목회를 했는지를 보여준다. 그는 평범한 능력을 가졌지만 비범한 태도를 가졌다. 특히 그의 겸손은 비범한 겸손이다. 그는 하나님의 은혜에 대한 비밀을 알았기 때문에 겸손 가운데 비범한 노력을 했다.

그는 하나님께 불쌍히 여김을 받으려고 노력했다. 모든 것을 내려놓고 기도하면서 하나님께 무릎을 꿇었다. 적당히 내려놓은 것이 아니라 철저히 모든 것을 내려놓았다.

그리고 자기관리와 자기훈련이 철저했고, 그것을 일관되게 지속적으로 실천했다. 그런 모습은 40년 가까운 목회와 사역 기간 동안 변함없이 꾸준히 이루어진 새벽기도와 금식기도에서 가장 잘 드러난다. 그는 40년 동안 쉬지 않고 이런 기도의 자세를 가졌다. 이러한 꾸준함과 노력은 자신의 능력의 한계를 인정하고 그 한계를 넘어서게 할 분은 하나님뿐이라는 것을 깨달았기 때문에 할 수 있는 일이다. 이러한 그에게 하나님은 많은 은혜를 베푸셨다.

그리고 그에게 특별한 은사를 하나 주셨는데, 그것은 비전을 바라보는 리더십이다. 이원상 목사를 가장 가까이에서 본 사람 중 하나인 그의 딸 유니스는 조사에서 이렇게 말했다.

"아버지의 부드럽고 겸손한 본성 때문에 겉으로는 약해 보였을지 모르겠지만, 내적으로는 많은 사람들과 견줄 수 있는 강인함과 리더십을 갖고 계셨습니다."

기도와 겸손과 충성의 자세로 섬긴 그에게 부어 주시는 은혜 때문에 이원상 목사는 더욱 하나님을 의지하게 되었다. 그래서 하나님은 그에게 더 큰 비전과 리더십을 갖도록 해주셨다.

그의 비전은 그의 기도제목과 사역을 통해서도 볼 수 있다. 그는 꿈을 크게 갖고 구체적으로 기도했다. 성도의 수, 건물의 크기 등 구체적으로 숫자까지 제시하며 하나님께 간구했다.

1980년대 말 선교의 비전을 갖게 된 이원상 목사는 그의 비전을 선교목사로 갓 부임한 정강현 목사에게 말했는데, 정 목사는 그때부터 선교비전이 실현됨을 함께 경험했다. 정강현 목사는 이원상 목사의 선교비전에 대해 이렇게 말했다.

> 이원상 목사님의 꿈은 와싱톤중앙장로교회를 중심으로 선교단체를 세워 많은 선교사를 파송하여 주님의 지상 최대 명령을 이루고자 하는 것이었습니다. 1991년부터 2000년까지 매년 선교사 한 가정씩 파송하고, 이들을 후원할 선교단체를 설립하는 비전이었습니다. 그 당시는 와싱톤중앙장로교회에 선교가 구체적으로 의식화되지 않은 상태였기 때문에 그 꿈을 실현한다는 것은 결코 쉬운 일이 아니었습니다. 선교에 대한 지식이 부족했던 저로서는 이 비전이 상당한 부담이 되었고, 두려움도 느꼈습니다. 그러나 기도로 지원하시겠다는 말씀에 용기를 얻고 사역에 임하다 보니 하나님께서 목사님과 함께하심을 경험하게 되었고 많은 자신감도 얻게 되었습니다.
>
> 목사님의 기도와 비전은 계속되었고, 단기 비전인 매년 한 가정

파송에 심혈을 기울이시고 미래를 잇는 장기 선교 비전에 도전하셨습니다. 그런 노력 덕분에 오늘의 SEED가 탄생했고 수많은 선교사들을 파송하는 단체로 성장하게 되었습니다.

이원상 목사님은 선교의 작은 비전을 귀히 여기고 그것에 충실하며 큰 비전을 수확하신 선교의 지도자였습니다. 그분은 다음세대를 바라보는 미래의 선교 지도자였습니다.

이원상 목사의 이러한 자세는 선교뿐만 아니라 그의 대부분의 사역에서도 드러났다. 하나님께서는 큰 비전을 갖고 겸손과 기도와 충성으로 나아간 이원상 목사에게 큰 은혜를 베푸셨다.

이원상 목사는 이제 우리 곁을 떠났지만 그의 길을 향한 우리의 도전은 오늘도 계속된다. 다음세대를 향한 기도의 투사로, 겸손의 실행자로, 복음의 전달자로, 그리고 비전을 품은 자로 살았던 이원상 목사. 이제 우리가 그 길을 걸어가기를 도전받고 있다.

"성도를 훈련시켜 세상을 변화시키는 교회"를 추구하는
와싱톤중앙장로교회

part 4

이원상 목사의
설교와 목회

이 장에서는 이원상 목사의 목자관과 설교관 그리고 교회관을 소개하고자 합니다. 26년 동안 담임목사로 섬겼던 와싱톤중앙장로교회에서의 목회와 설교를 주요한 배경 무대로 살펴보고, 성경적 관점과 학문적 관점에 비추어 평가하고자 합니다.

이원상 목사를 존경하고 따르기를 원하는 많은 신자와 목회자가 이 땅에서 주어진 순례자의 길을 사는 동안에 조금이라도 예수님을 닮는 데 필요한 이정표가 되기를 바랍니다.

1장

예수님을 본받는 목자

이원상 목사의 목회와 삶은 한마디로 예수를 본받고 따라가는 것이었다. 그에게 목회 교과서는 성경이고 모델은 예수님이었다. 체계적인 준비 과정을 거친 후에 목회한 것이 아니라 목사로 부름을 받으면서 목회를 배운 까닭에, 이원상 목사에게 유일한 선생은 예수 그리스도였다.

그러한 예수 그리스도를 따르고 닮아가는 그의 삶과 목회를 통해 사람들은 예수님을 발견했다. 예수님의 심정으로 한 사람 한 사람을 섬긴 돌봄 사역을 통해 사람들은 이민 사회에서 받은 상처와 아픔을 치유하고 새 힘을 얻어 신앙을 지킬 수 있었다. 하나님의 임재와 자비를 구하면서 날마다 주님 앞에 무릎을 꿇었을 때 하나님은 그를 통해 위대한 생명의 역사를 이루셨다.

예수님을 따라가는 목자

이원상 목사를 만난 사람마다 한결같이 하는 말은 그가 예수님을 닮은 목자라는 것이다. 상대를 사랑하는 따스한 아버지의 미소와 사람을 포근하게 감싸는 친근한 목소리, 한 사람을 소중히 품는 정성스런 자세가 그를 예수님을 닮은 목자로 느끼게 하는 것이다.

이원상 목사의 전 생애를 놓고 떠오르는 한 단어를 찾는다면 '겸손'이다. 겸손은 예수 그리스도의 모습을 가장 잘 나타내는 단어이다. 자기를 주장하지 않는 예수님의 겸손은 하나님의 뜻을 따라 세상에 오신 성육신에서 시작되었다. 지상에서 가난하고 연약한 자들의 친구가 되셨고, 제자들의 발을 씻기며 그들을 섬기셨으며 죄인들을 위해 십자가에서 피 흘리신 모든 것은 겸손의 삶이었다.

평소에 본받기 원했던 목회자가 누구인지에 대한 물음에 이원상 목사는 이렇게 대답했다.

"저는 특별히 따르고자 하는 사람을 연구하거나 생각해 본 적은 없지만, 지속적으로 예수님을 제 모델로 삼고 따르고자 하는 마음을 늘 가졌습니다. 저 스스로도 세상에서 어떤 목회자가 되리라는 생각을 늘 해보지 않았고, 예수님이 3년 동안 보여주신 모습을 어떻게 하면 잘 따라갈 수 있을까 그것만 고민했습니다."

이원상 목사가 평소에 가장 좋아했던 빌립보서 2:5~8에 그가 따르기 원했던 예수님의 모습이 잘 나타나 있다.

너희 안에 이 마음을 품으라 곧 그리스도 예수의 마음이니 그는

> 근본 하나님의 본체시나 하나님과 동등됨을 취할 것으로 여기지 아니하시고 오히려 자기를 비워 종의 형체를 가지사 사람들과 같이 되셨고 사람의 모양으로 나타나사 자기를 낮추시고 죽기까지 복종하셨으니 곧 십자가에 죽으심이라(빌 2:5-8)

이원상 목사는 박사학위 논문에서 빌립보서의 이 말씀에 근거하여 예수 그리스도의 모습을 낮아지심, 겸손, 순종이라는 세 가지 주제로 강조했다. 하늘을 버리고 이 땅에 비천한 몸으로 태어나신 낮아지심과 그의 전 생애를 관통하는 겸손 그리고 십자가에 죽기까지 순종하신 예수님의 모습을 살피고 자신의 목회지에서 그 주님을 따라가고자 했음을 밝혔다. 예수님의 겸손을 이해하고 따르고자 하는 결단이 반드시 그런 삶을 살게 하지는 않는다. 그렇기에 목회 초기부터 이원상 목사는 오직 예수님을 모델로 삼고 그분을 닮고자 부단히 노력했다.

이원상 목사의 겸손은 언제나 순종의 삶으로 나타났다. 이원상 목사가 목회를 시작할 때 처음부터 원했던 부르심이 아니라는 것은 알려진 사실이다. 그는 펜실베이니아대학교에서 구약학으로 박사과정을 마치고 졸업시험과 논문을 남겨둔 상황이었다. 담임목사로 부름을 받았을 때 그는 목회가 아니라 신학교 교수가 되기를 기도하고 있었다. 아직 목사 안수도 받지 않았을 때였다. 그러나 원인 모를 아들의 병을 통해 그는 교회를 섬기는 것이 하나님이 원하시는 부르심이라는 것을 받아들이고 순종했다.

이원상 목사는 자신의 생애에서 두 번 힘겹게 순종을 결단하는 순간이 있었다고 회상했다. 처음 목회지로 부름을 받았을 때와 목회 초기에 힘든 상황 속에 고심하다가 박사과정을 공부하기 위해 댈러스신학교로 떠나고자 마음먹고 사직서를 제출했을 때였다. 목사님을 사랑했던 교우들이 밤이 늦도록 그를 붙들자, 그는 다시 한 번 하나님의 음성으로 여기고 순종했다. 자신의 생각이나 주변의 상황을 고려하면 그는 담임목사로 올 수도 없고 계속 목회를 할 수도 없는 상황이었다. 그러나 그가 발견하고자 한 것은 자신의 생각이나 환경이 아니라 하나님이 원하시는 뜻이었다. 그리고 그는 하나님이 원하시는 일에 자신을 드리는 순종을 택했다.

이원상 목사는 예수님이 보여주신 순종이란 우리의 이해와 상황을 뛰어넘는 것이라 확신했다. 성부 하나님이 죄인을 구원하기 위해 겪어야 할 십자가의 고난을 말씀하실 때 한마디 말도 없이 죄인의 땅에 내려오신 예수님을 순종의 모델로 삼은 것이다. 자신의 존재와 생명 전부를 내어놓은 예수 그리스도를 따르는 것이 겸손과 순종의 정점이라 여기고 일생을 오직 그분만을 따라 달려온 삶이었다.

캘빈은 "진정한 겸손이란 지극히 거룩하신 하나님 앞에서 자신이 얼마나 형편없는 죄인인지 깨닫고 하나님만 의지하고 살아가는 삶"이라고 말했다. 이원상 목사의 삶에 흘러넘친 것은 죄인 된 자신을 구원하신 예수님의 은혜였고, 그 은혜에 대한 최상의 반응은 겸손이었다.

오직 예수 그리스도를 모델로 삼고 그분의 겸손과 순종을 닮아 가길 소망했던 이원상 목사의 삶은 목회자가 처음부터 끝까지 추구해야 할 자세가 무엇인지 잘 보여준다. 기독교 역사에서 하나님께 쓰임받은 사람들의 한결같은 공통점은 하나님 앞에서 자신을 발견한 것이다. 예수님의 제자들도 마찬가지이다. 예수님을 제대로 몰랐을 때 그들의 관심은 예수님이 예루살렘에 입성하여 로마를 정복하실 때 높은 자리를 차지하는 데 있었다. 그리하여 십자가를 향해 걸어가시는 예수님 앞에서 그들은 누가 큰지를 두고 싸웠다. 그랬던 제자들이 예수님을 체험했을 때 혁명적인 변화가 일어났다. 땅 위에 머물렀던 시선이 하늘을 향해 열린 것이다. 이런 사람의 관심은 세상이나 환경이 아니라 오직 하나님에게만 있을 뿐이다. 하나님 앞에서 살아갈 때 그것이 능력이며 사람을 변화시키는 비밀이라는 것을 알기 때문이다.

이원상 목사는 예수 그리스도를 따라가는 동료 목회자들에게 부탁한다. 오늘날 목회자들이 욕망과 성취에 사로잡혀 성공 위주의 목회에서 벗어나기를 촉구한다. 어떤 환경에서든지 하나님의 뜻에 맞게 살아갈 때 마침내 높여 주실 분은 하나님이시라는 뜻이다. 자신의 삶을 통해 걸어가야 할 길을 찾고자 하는 목회자들에게 하는 말이다.

"저한테 많은 기대를 하지 마세요. 그냥 하나님의 은혜로 왔습니다. 무슨 이론을 가진 것도 아니고 특별한 것도 없는 사람입니다. 그저 예수님을 따라가려고 했을 뿐입니다."

그는 자신을 밝힐 때마다 특별한 것이 없는 사람이라고 고백한다. 뛰어난 목회적 혜안이나 설득력 있는 언변 또는 조직을 관리하는 행정력을 갖춘 사람이 아니기에 자신의 삶을 돌아보면 오직 하나님의 은혜로 설명할 수밖에 없다고 고백한다.

돌봄으로 치유하는 목자

이원상 목사의 목회를 관통하는 한마디가 있다면 돌봄 사역이다. 그는 목회를 시작하면서 스스로 양들을 잘 위로하고 보살피는 일에 생명을 걸었다고 표현한다. 이런 위로와 돌봄에 집중하는 목회는 그가 준비한 체계화된 목회철학에서 나온 것이 아니다. 목회를 시작할 때부터 상황에 맞도록 인도해 주신 하나님의 은혜라고 그는 고백한다. 그가 목사로 부름 받았을 때 그만큼 영혼의 아픔을 앓고 있는 성도가 많았기 때문이다.

와싱톤중앙장로교회는 그가 부임했을 때 이미 분열을 경험한 후였다. 당시 14가정 30명의 성도가 남아 있었다. 상처로 얼룩진 사람들을 심방하고 돌아보고 그들을 세우는 것이 목회의 시작이었다. 이민생활에 힘들고 지친 성도들을 따스한 목자의 심정으로 품고 그들의 눈물을 닦아 주며 그들을 위해 간절히 기도했다. 처음에는 주일마다 심방을 하고 나중에는 화요일과 목요일을 정해 심방에 집중했다. 환우들뿐 아니라 조그만 경조사에도 거리를 막론하고 달려가는 목자의 삶이었다. 위험한 눈길을 뚫고 4시간이나 걸려 심방한 이 목사의 헌신적 사랑을 수십 년이 흘러도 잊지 못하고 눈시울을 적시는 교인도 있다.

심방 대상은 청년들까지 포함한 모든 교인이었다. 낮에는 주로 경조사로 심방하고 저녁에는 가정으로 심방했다. 이영자 사모는 풀타임으로 야간에 근무하면서도 낮에는 이원상 목사의 심방에 동행했다. 교회의 성장에 따라 전처럼 모두 심방하기 어려울 때에도 새가족만은 철저하게 심방했다. 심방할 때마다 가정의 상황을 자세히 들으면서 하나님이 주시는 가장 적절한 말씀으로 위로하고 또박또박한 말로 정성껏 기도했다. 그럴 때마다 성도들의 아픔이 치유되고 실의에 빠진 영혼들이 새 힘을 얻었다.

그가 쏟은 목회적 돌봄의 배경에는 관심과 사랑이라는 두 축이 있었다. 관심은 성도들 자녀의 이름까지 정확하게 기억하는 것으로 나타났다. 이원상 목사를 기억하는 사람들은 그가 비상할 정도로 가족의 이름을 기억하고 기도하는 것에 놀라움을 금치 못한다. 정작 그는 자신이 기억력이 좋은 사람은 아니라고 밝힌다.

"저는 기억력이 좋은 사람도 아니고, 기억하려고 애를 썼던 것도 아닙니다. 그분들을 품고 기도하고 무엇보다 관심을 가진 것이 기억하는 데 도움이 되지 않았나 생각합니다."

그가 늘 기도하고 바랐던 '부족한 자신을 통해 일하신 크신 하나님의 은혜'가 드러나는 대목이다.

이원상 목사의 돌봄 사역은 예수님을 따라가는 목자의 관심이 일차적으로 어디에 집중되어야 하는지 잘 보여준다. 오늘날 교회는 대중적으로 뛰어난 설교자를 선호하고 목회자의 주된 관심도 영혼을 돌아보는 일을 말씀 준비로 대신하려 한다. 진리의 말씀을 바르게 선포하는 일은 목회에서 가장 중요하지만, 전부는 아니다. 설교 사역의 중요성은 아무리 강조해도 지나치지 않지만 말씀 준비를 위해 다른 모든 것을 제한하는 것은 예수님을 따라가는 목회자에게는 참으로 아쉬운 일이다. 왜냐하면 예수님의 사역은 하늘의 소리를 들려주는 말씀 사역과 양들을 돌보는 돌봄 사역이 함께 어우러져야 하기 때문이다.

이원상 목사를 대할 때마다 드는 의문이 있었다. 300명 혹은 500명 정도의 교인이라면 가정마다 심방이 가능하겠지만, 2,000~3,000명이 넘어가면 물리적으로 불가능하다. 어떻게 그 많은 성도를 돌볼 수 있었는지 물었을 때 그가 강조한 것은 관심이었다.

"모든 가정을 다 심방할 수는 없지요. 관심을 깊이 가지게 되면 직접 만나서 교제하지 않아도 전달이 돼요. 성도들의 마음이 열리니까 어떤 설교를 해도, 그리고 무슨 말을 해도 그 말씀이 잘 전달되는 것을 느꼈어요."

위와 같은 고백을 통해 예수님을 따라가는 모든 신자가 어떤 자세로 서로를 대해야 할지를 잘 알 수 있다. 뿐만 아니라 그의 말에는 목회자들이 따라가야 할 자세가 다 담겨 있다. 열심을 내어 성도들을 만나러 다니는 것도 중요하지만 한 영혼 한 영혼을 가슴에 품고 그를 위해 기도하고 사랑의 마음으로 관심을 가져 주는 것이 더 중요하다. 사람은 자신을 얼마나 많은 사람들이 알아주는가보다는 자신이 얼마만큼 사랑받고 있는가를 더 중요시한다. 시대가 달라져도 그가 꼭 전하고 싶은 말이 있다.

"사람을 향해 예수님이 보여주신 관심, 즉 영혼을 돌보는 따스한 관심이 있어야 목회자가 됩니다."

이원상 목사의 돌봄 사역은 관심뿐 아니라 사랑에서 비롯되었다. 그것은 먼저 그를 사랑하신 하나님의 사랑에서 시작되었다. 그의 마음 중심에는 죄인 된 자신을 구원하기 위해 예수님이 십자가에서 피를 흘리셨다는 사실이 늘 각인되어 있었다. "나는 선한 목자라 선한 목자는 양들을 위하여 목숨을 버리거니와"(요 10:11)라고 선포하시는 진정한 목자 예수님을 따라 이원상 목사는 양들을 잘 아는 목자요, 양들을 위해 목숨을 버릴 정도로 헌신하는 목자의 삶을 살았다. 그의 사랑은 사람에 대한 연민이나 애정이 아니라 인간을 사랑하셔서 자신을 주신 예수 그리스도의 십자가 사랑에 근거한 것이었다.

이원상 목사는 특별한 것이 없는 사람이 아니라, 하나님이 부여하시는 가장 위대한 선물을 받은 사람이다. 하나님의 가장 위대한 성품인 하늘의 선물 '사랑'을 받았다. 어느 정도의 사랑이 없는 사람이 어디 있겠는가? 그러나 이원상 목사의 사랑은 특별했다. 그가 지닌 사랑은 하늘에서 주어진 것이었다. 어느 정도의 사랑을 드러내면 그 사랑으로 말미암아 많은 사람에게 칭찬을 받지만, 사람에게서 나올 수 없는 특별한 사랑을 드러내면 그 사랑을 통해 사람들은 하나님을 바라보게 된다. 이원상 목사의 한 영혼을 향한 따스한 관심과 사랑을 통해 사람들은 자신에게 다가오신 예수님을 만난 것이다.

기도로 섬기는 목자

이원상 목사의 기도생활은 그의 이름을 아는 사람이라면 다 아는 얘기이다. 지난 30여 년 동안 매주 수요일과 매달 첫 사흘을 금식기도 했다. 이 사실만 놓고 본다면 여느 신앙인들은 흉내조차 낼 수 없는 삶이라 하겠지만, 그가 이렇게 특별한 기도의 삶을 살아 낼 수 있었던 것은 한 영혼 한 영혼에 대해 진심으로 사랑을 담아 기도한다는 지극히 평범한 기도의 진리가 그의 삶에 자리 잡고 있었기 때문이다.

목회 초기에는 사람들을 기억하는 것이 어렵지 않았겠지만, 교인 수가 수천 명 이상이 되어 갈 때에도 계속 한 사람씩 기억하고 기도한다는 것은 쉬운 일이 아니다. 하지만 그는 모든 교인을 여섯 그룹으로 나누어서 월요일부터 토요일까지 매일 돌아가면서 기도했다. 일주일이면 모든 교인을 위해 한 번씩은 기도한 셈이 되었다. 모든 가정에 심방을 가지 못할 때도 그들을 기억하고 기도하는 것으로 심방을 대신했다. 이런 면에서 기도란 그의 목회의 등뼈를 이루고 있는 돌봄의 연장이라 할 수 있다.

놀라운 사실은 이원상 목사 자신은 스스로 기도에 특별한 은사가 있다고 생각하지 않는다는 점이다. 그도 한때는 성령의 특별한 은사를 사모했고 한시적으로 그런 체험을 한 적이 있었다. 그러나 은사에 치우치지 않고 기도의 삶으로 일관된 목회를 해왔다. 그의 기도 생활에는 늘 기도에 힘썼던 부친 이성봉 장로와 장모 강옥화 권사의 영향이 절대적이었다.

그에게 기도란 어떤 의미일까? 이원상 목사는 기도에 대해 하나님과의 관계와 자신을 향한 자세 두 가지로 설명한다. 첫째, 기도를 통해 하나님의 광대하신 영광과 자신을 위해 구속자 예수 그리스도를 보내 주신 놀라운 사랑을 깨닫고 무한한 은혜를 체험한다고 고백한다. 기도를 하게 되는 가장 큰 동기는 하나님과의 밀접한 영적 친교에 있었다. 기도가 호흡이라는 말처럼 그는 기도를 통해 하나님의 사랑을 체험했고 무릎을 꿇을 때마다 하나님의 은혜를 사모했다. 기도의 능력은 목회 현장에서 만난 모든 어려움을 이겨 내는 비결이었다.

둘째, 그는 기도를 통해 하나님이 자신을 불쌍히 여겨 주시기를 간절한 마음으로 구했다. 〈목회와 신학〉(2008년 10월)과의 대담에서 목회에서 가장 중심 되는 것 한 가지를 들려 달라는 기자의 질문에 그는 자신에게 목회는 하나님께 불쌍히 여김을 받는 것이라 대답했다. "그러므로 우리는 긍휼하심을 받고 때를 따라 돕는 은혜를 얻기 위하여 은혜의 보좌 앞에 담대히 나아갈 것이니라"(히 4:16)는 말씀은 그의 기도생활을 그대로 보여준다.

암으로 투병할 때 그는 극심한 고통을 체험하고 하나님께 기도했다. "나의 하나님 나의 하나님 어찌하여 나를 버리시나이까? 왜 하나님이 제게 침묵하시는지 말씀해 주소서." 그때 하나님은 음성을 들려주지 않으시고, 누가복음 18:7에 나타난 것처럼 항상 기도하고 낙심하지 말아야 할 것을 가르쳐 주셨다.

그는 "하물며 하나님께서 그 밤낮 부르짖는 택하신 자들의 원한을 풀어 주지 아니하시겠느냐 그들에게 오래 참으시겠느냐"(눅 18:7)라는 말씀에 위로를 받고 힘을 얻었다고 고백한다. 이원상 목사에게 기도의 삶은 늘 응답으로 연결된 것은 아니었지만, 하나님 아버지와 아들의 친밀한 관계를 누리는 통로였다.

이원상 목사의 기도는 오늘날 성도들과 목회자들이 따라가야 할 참된 그리스도인의 삶을 잘 보여준다. 기도란 하나님을 진실하게 만나 그분의 존재를 아는 사람이 할 수 있는 것이다. 하나님을 향한 절대적인 믿음이 없으면 기도의 무릎을 꿇는 일보다 먼저 입과 손발을 움직이게 된다. 최선은 우리에게 주어진 책임이지만, 하나님이 원하시는 일에 그리고 하나님이 주시는 힘으로 섬겨야 한다. 이원상 목사는 기도의 자리를 사모할 뿐 아니라 성도들이 교회에서 기도에 매진하는 것을 볼 때 가장 행복을 느꼈다.

시대가 흘러갈수록 기도의 자리는 점점 약화되는 반면, 신앙의 색깔은 점점 세련되어지고 학문적 성경연구가 중심이 되어 간다. 예수님을 따르는 제자도가 가슴과 삶으로 나타나지 못하고 지성적 영역에 머물 때 자연스럽게 기도가 성도들의 관심에서 멀어진다. 현대 그리스도인의 문제는 능력과 재능이 부족한 것이 아니라 하나님 앞에 무릎 꿇는 기도가 없는 것이다. 기도에 정진한 이원상 목사의 삶은 목회자뿐 아니라 신자도 어디에서 영적인 힘을 공급받아야 하는지 보여준다. 제자들은 하나님의 능력을 체험함으로써 사도행전의 역사를 이루게 되었고, 그 놀라운 역사의 중심에는 늘 기도가 있었다. 우리가 기도할 때 하나님은 역사하신다. 이원상 목사는 기도했고 하나님은 그를 통해 놀라운 생명의 역사를 이루셨다.

이원상 목사가 보여준 기도의 지평은 자신의 목회지뿐 아니라 지역을 넘어 세계 열방으로 뻗어 나갔다. 그 기도의 정신이 지역선교에 관심을 쏟게 했고 나아가 세계선교를 향한 열정으로 확산되었다. 이원상 목사는 모든 그리스도인과 젊은 세대 목회자에게 다니엘 6장의 기도를 배우라고 조언한다.

> 다니엘이 이 조서에 왕의 도장이 찍힌 것을 알고도 자기 집에 돌아가서는 윗방에 올라가 예루살렘으로 향한 창문을 열고 전에 하던 대로 하루 세 번씩 무릎을 꿇고 기도하며 그의 하나님

이원상 목사와 인터뷰하는 류응렬 목사

께 감사하였더라(단 6:10)

    이스라엘 백성은 하늘을 향해 선 자세로 기도하는 것이 일반적인 관습이었다. 다니엘이 하나님 앞에 무릎을 꿇고 기도한 것은 그만큼 절박한 상황을 보여주는 것이다. 하나님은 이런 간절한 기도를 통해 오늘도 동일하게 역사하신다.

    하나님이 역사를 움직이는 비밀을 아는 사람은 기도의 능력을 믿는다. 기도의 비밀을 알았기에 이원상 목사는 평생 기도에 정진하는 목회를 할 수 있었다. 이 시대의 모든 성도와 목회자가 죽기를 각오하고 기도의 무릎을 꿇는다면 하나님은 다니엘에게 행하신 놀라운 기적의 역사와 이원상 목사를 통해 이루신 놀라운 일들을 동일하게 이루실 것이다.

2장

예수님을 전하는 설교

　이원상 목사의 설교는 복음적이다. 그는 성경을 통해 하나님의 음성을 들려주는 대언자의 역할을 충실하게 감당했다. 그의 설교에는 성경이 말씀하는 진리가 녹아 있고, 그의 삶에는 강단에서 외친 대로 살아가는 진실한 신앙인의 향기가 있었다.

　필립 브룩스는 설교를 '인격을 통한 진리의 선포'(Truth through personality)라고 정의했다. 진리의 말씀이 하나님 사람의 전 인격을 통해 선포될 때 그 말씀에는 성령의 역사가 나타난다. 그때 죽은 영혼이 살아나고 살아난 자들은 그리스도의 제자로 세워진다. 이원상 목사는 인격을 통한 진리의 선포라는 말을 정의한 사람이 아니라 실제 살아 낸 사람이라 할 것이다.

하나님 말씀으로서의 설교

이원상 목사의 설교는 성경에 대한 확고한 믿음에서 출발한다. 성경이 절대 무오한 하나님의 말씀이며 이 말씀을 그대로 전할 때 성령을 통하여 생명의 역사가 일어난다는 것을 확신했다. 그의 보수적 성경관은 어린 시절 신앙교육에서 시작되었고 댈러스신학교에서 더욱 확고해졌다. 이원상 목사가 유학했던 시절 댈러스신학교는 세대주의의 영향 아래 있었지만, 성경을 하나님의 말씀으로 믿는 성경관을 철저히 지켰다. 그의 설교가 하나님 말씀으로서의 권위를 지니게 된 것은 성경이 무오한 하나님의 계시라는 확신에 근거했기 때문이다.

이원상 목사는 창세기부터 차례로 설교한 것은 아니지만 한 권의 성경을 택하여 차례대로 강해했다. 성경 진리를 그대로 전하고 성경이 기록된 당시의 의미를 강조하기 위해 히브리어와 헬라어를 많이 사용했다. 이원상 목사가 성경 원어에 능숙했기에 가능한 일이었다. 그는 무엇보다 조금이라도 교인들에게 진리의 맛을 실감나게 전해 주고 싶었다. 성경의 무오성에 대한 강조가 약화될수록 신학교나 강단에서 성경 원문에 대한 강조도 약해진다. 하나님 말씀에 대한 절대적인 권위를 포기하면 어려운 성경 원문을 배울 필요성이 줄어들고 당시의 의미를 찾으려 수고할 이유도 사라지기 때문이다.

오늘날까지 와싱톤중앙장로교회가 말씀의 뿌리 위에 견고하게 세워질 수 있었던 것은 하나님 말씀에 대한 이원상 목사의 확신이 중요한 역할을 했기 때문이다. 교회가 성장할 수 있었던 것은 제자훈련과 심방 사역 덕분이기도 하지만, 그 중 말씀 사역이 가장 중심이 되었기 때문이라고 그 스스로도 고백한다. 목회의 중심이 영혼을 향한 돌봄이듯이 설교의 중심은 성경을 그대로 드러낸 복음이었다. 새 가족 가운데 다수는 그의 복음중심적인 설교에 감동을 받아 등록했다. 사람들은 그가 설교를 할 때는 성경 이외에 다른 것은 전하지 않았다고 입을 모았다.

그의 보수적인 성경관은 설교관으로 연결되었다. 목회자란 하나님의 말씀을 받은 그대로 전해야 한다는 설교신학이 세워진 것이다. 하나님의 교회는 오직 진리의 말씀 위에 세워져야 한다. 이원상 목사는 반석 위에 교회를 세운다는 예수님의 말씀을 진리의 말씀 위에 교회를 세운다는 의미로 해석하고 진리를 선포하기 위해 노력했다. 복음적 설교가 오늘날 교회 부흥의 원동력이 되었지만 정작 스스로는 자신의 설교에 만족하지는 않았다. 자신의 설교는 역동적인 전달력이 부족하고 적절한 예화를 충분히 활용하지 못한다며 늘 아쉬워했다.

오늘날은 그 어느 때보다 성경관이 도전받는 시대이다. 고등학문이란 이름으로 성경의 무오성을 무너뜨리고 성경의 진리를 시대와 상황이라는 상자 속에 가두어 사람에게 필요한 도구로 전락시키는 시대에 살고 있다. 성경이 무너진 강단은 어떤 설득력 있는 화술과 감동적 이야기로도 회복될 수 없다. 이원상 목사의 설교와 오늘날 와싱톤중앙장로교회는 하나님의 교회가 무엇으로 세워지는지 보여주는 하나의 증거이다.

동일한 성경을 들고 오늘도 강단으로 올라가는 후배 목회자들에게 그가 들려주고 싶은 교훈이 있다.

"진리의 말씀을 확신하지 못한다면 강단에 오르지 마라. 말씀에 대한 확신이 있다면 모든 것이 부족해도 성령님께 자신을 맡기고 담대하게 하나님의 말씀을 증언하라. 설교자가 먼저 다가서야 할 곳은 말씀을 전해야 할 회중이 아니라 말씀을 받아야 할 하나님 앞에 무릎을 꿇는 일이다."

성경강해에 집중한 설교

이원상 목사는 목회를 시작할 때부터 강해설교를 했다. 강해설교란 성경을 본문의 흐름에 따라 그 의미를 주해하고 적용하는 설교를 가리킨다. 그가 유학했던 1960년대 한국에서는 주로 제목설교가 유행했다. 당시 댈러스신학교는 금세기에 강해설교로 가장 유명한 해돈 로빈슨 교수가 강해설교의 신학적 뿌리를 내리고 있을 때였다. 그는 개혁신학에 뿌리를 둔 미국장로교(PCA)에 소속되어 평생 목회했지만 그가 공부한 댈러스신학교는 개혁신학과는 다른 세대주의를 표방했던 학교이다.

이원상 목사는 유학길에 오를 때 이 학교 외에도 웨스트민스터신학교와 풀러신학교에도 지원했지만 4년간 장학금을 제시한 댈러스신학교를 택했다. 자신은 세대주의가 무엇인지도 모른 채 학교를 선택했다고 한다. 참으로 다행스러운 것은 댈러스신학교가 성경본문 주해와 강해설교를 강조한 점이다. 그의 설교는 한 성경을 택하여 차례대로 설교함으로써 성경본문 내용을 충실하게 강해하는 방법으로 진행되었다. 신년주일이나 부활절 혹은 성탄절처럼 특별한 절기 때는 절기에 맞는 성경본문을 택했다.

설교 형식은 댈러스신학교에서 배운 대로 주로 3대지 설교로 구성했다. 3대지는 성경본문에서 중심사상을 찾아 내어 그것을 전개시키는 방법이다. 그가 3대지 설교를 배웠다는 점 역시 하나님의 특별한 섭리이다. 해돈 로빈슨 교수는 그의 학문 여정 후반기에 3대지 설교보다 내러티브 설교 형식을 강조했다. 그러나 하나님께서는 이원상 목사에게 가장 알맞은 3대지 설교 형식을 익히게 하셨고 그 방법을 통해 본문을 그대로 나타내는 강해설교를 하게 하셨다. 매 주일 준비한 설교의 대지를 미리 주보에 실어 성도들이 쉽게 설교를 이해할 수 있도록 했는데, 1988년 1월 3일자 주보에 실린 설교를 보면 강해 중심의 설교를 한눈에 알 수 있다.

본문 | 히브리서 4:12-16
제목 | 새로운 삶의 원리

오늘은 1988년 새해 첫 주일입니다. 묵은해를 보내고 새해를 맞이하게 된 이때에 우리는 신앙의 새 출발을 해야겠습니다. 여호와 하나님은 항상 이스라엘 백성들에게 약속의 땅 가나안이라는 새로운 땅에 들어가 새로운 마음으로 하나님을 사랑해야 할 것을 가르쳤습니다. 오늘은 히브리서 4:12-16에서 새 출발을 시작하는 우리에게 주시는 하나님의 말씀을 상고하고자 합니다. 새해를 맞이

하는 우리에게 주시는 세 가지 권면의 말씀입니다.
첫째, 살아 있는 하나님의 말씀대로 살아야 합니다(4:12-13).
둘째, 그리스도에 대한 우리의 믿음을 굳게 잡아야 합니다(4:14).
셋째, 우리는 늘 하나님의 은혜의 보좌 앞에 나아가야 합니다(4:16).

이원상 목사는 본문의 핵심주제를 3대지로 나누어 소개하고 각 대지를 다시 3개의 소대지로 나누어 설교했다. 그의 설교는 본문에서 벗어나는 경우가 없었으며 본문 설명을 위해 다양한 성경을 인용하면서 말씀을 말씀으로 해석하는 방법을 택했다. 26년간의 목회를 마무리할 때까지 3대지를 중심으로 하는 그의 강해설교는 변함이 없었다. 2002년 1월 20일의 설교를 보자.

본문 | 누가복음 10:17-20
제목 | 70인 전도대의 보고

누가복음 10:1에서 예수님은 70인 제자들을 훈련하여 둘씩 짝을 지어 전도파송을 하셨습니다. 얼마 동안 전도하였는지는 모르지만 오늘 본문은 그들이 돌아와서 주님께 보고한 내용입니다. 17절 "칠십 인이 기뻐하며 돌아와" 20절 "너희 이름이 하늘에 기록된 것으로 기뻐하라". 결국 이 보고의 중심 내용은 기뻐하라는 것입니다. 오늘 본문은 70인 전도대의 보고에서 기뻐해야 하는 이유를

> 상고하려고 합니다. 왜 기뻐할 수 있습니까?
> 첫째, 사탄과 싸워 승리하였기 때문입니다(10:17-18).
> 둘째, 주님께서 우리에게 권세를 주셨기 때문입니다(10:19).
> 셋째, 우리의 이름이 하늘에 기록되었기 때문입니다(10:20).
> 결론적으로 복음전도와 우리의 신앙생활에서 기뻐할 수 있는 이유는 주님께서 우리에게 사탄을 이길 권세를 주셨고 우리 이름이 하늘에 기록되었기 때문입니다.

그 다음 주 1월 27일 설교는 그 전 주에 이어지는 본문 누가복음 10:21-24을 택하여 '예수님의 감사'라는 제목으로 역시 3대지로 설교하고 결론을 제시했다.

이원상 목사는 선택한 본문을 묵상하는 것으로 설교를 시작했다. 하나님께 의지하는 묵상과 기도를 통해 중심주제가 떠오르면 그것을 3대지로 제시하면서 설교를 준비했다. 주중에 묵상한 설교를 정리해서 목요일에 원고를 작성했고 늦어도 금요일 오후까지는 완성했다. 원고는 완전히 작성하지 않고 3페이지 분량의 개요로 작성했다. 그는 훗날 설교 원고를 완전하게 작성하지 않고 설교한 것에 대해 아쉬워했다.

이원상 목사가 목회했던 20세기 말은 미국에서도 강해설교가 활발한 때가 아니었다. 성경본문에서 한 가지 주제나 제목을 찾고 그것을 중심으로 전개하는 주제설교 혹은 제목설교가 유행했을 때였다. 이런 때에 그는 다른 설교자와는 전혀 다른 혁신적인 설교법을 선보였다. 3대지를 성경본문에서 끌어왔고 그 대지를 다시 성경본문을 중심으로 전개함으로써 성경을 그대로 드러내는 것을 설교의 목적으로 삼았다.

강해설교가 지니는 최고 유익은 성경본문 자체에 집중해 성도가 풍성한 영의 양식을 받아 먹을 수 있다는 점이다. 설교란 예수님이 주어진 본문에서 전하실 말씀을 사람의 입을 통해 대신 전하는 거룩한 일이다. 전하는 사람의 사상이나 감정의 통로가 아니라 말씀의 수종자로 자신을 드리는 거룩한 행위이다. 그는 하나님의 말씀 앞에서 자신을 온전히 드리는 계시의 수종자로 섰으며, 회중 앞에서는 최선을 다해 하나님 말씀의 양식을 먹이는 신실한 목자로 섰다.

오늘의 와싱톤중앙장로교회가 건강한 교회로 세워질 수 있었던 것은 전적으로 하나님의 은혜이지만, 이원상 목사의 성경적 설교가 결정적인 몫을 했다고 할 수 있다. 성경본문의 정직한 주해보다 본문을 디딤돌로 삼아 사람의 철학이나 자아계발을 위한 도구로 전락시키는 이런 시대에 강단의 회복은 최우선의 과제이다. 미국이라는 토양에서 이민 목회자나 이민 2세대 목회자들이 흔들림 없이 견지해야 할 것이 바로 진리를 쏟아 내는 강단이다.

성령께 의존하는 설교

이원상 목사는 30~35분 정도 주일 설교를 했다. 전달 면에서 뛰어난 설교자라 할 수는 없다. 자신도 이 부분을 고백하고 성도들이 자신의 설교를 좋아해 준 것에 대해 고마워한다. 억양에 높낮이가 없고 감동적인 예화나 묘사가 없는 그의 설교는 사람들에게 졸음이 오게 할 수도 있다. 그럼에도 불구하고 그의 설교가 귀에 들어오기 시작하면 사람들에게 변화가 일어난다. 수많은 사람이 그의 설교를 통해 은혜를 체험하고 예수님을 만났으며 믿음을 견고하게 세웠다. 오늘날 강단은 만담가처럼 탁월한 전달자를 요구하지만, 이원상 목사의 설교를 듣고 나면 하나님이 사용하시는 사람에게는 더 중요한 것이 있음을 발견하게 된다.

이원상 목사의 설교는 진리에 대한 확신과 성경본문에 대한 충실한 연구 그리고 성령의 역사가 만들어 내는 거룩한 변화가 어우러져 있다. 그는 목요일이나 금요일까지 설교가 준비되면 준비한 말씀을 통해 하나님이 역사하시도록 계속 기도했다. 지속적인 묵상은 주말이 되면 한 편의 시로 탄생했고, 주일 설교를 하기 전에 먼저 읽었다. 설교란 하나님의 말씀을 대언하는 일이지만, 사람의 변화는 성령이 역사하실 때 일어나는 거룩한 사건이다. 그는 사람의 영혼을 움직이는 것이 자신의 뛰어난 설교나 상황에 의한 것이 아님을 잘 알았다. 오직 하나님의 은혜가 임할 때 하나님이 직접 하시는 신적 사역이었다.

이원상 목사의 설교가 사람들의 심금을 울린 데는 또 하나의 중요한 이유가 있다. 그의 삶 자체가 말씀을 따라 살아가고자 노력하는 구도자의 삶이었기 때문이다. 그에게 강단과 삶은 분리된 공간이 아니었다. 그는 강단에서 외친 하나님의 말씀을 삶 속에서 살아 냈다. 국내 한 출판사 기자는 20년 전에 이원상 목사가 총신대학교 개강 수련회에 강사로 초청된 것을 기억하면서 단조롭고 조용한 목소리

였지만 전하는 말씀과 인격이 하나로 연결되는 것을 느꼈다고 했다. 그러면서 '세상에 저런 목사도 있구나' 하고 감동을 받았다고 고백했다.

이원상 목사의 설교는 이 시대 목회자들이 점점 잃어버리고 있는 것이 무엇인지 보여준다. 요즘의 설교는 세련된 전달력과 회중을 압도하는 영상 그리고 감동적인 스토리로 가득하지만, 정작 성령의 능력은 사라지고 없다. 게다가 그 성령의 능력에 목말라하는 목회자도 드물다. 이원상 목사는 자신의 설교가 사람의 관심을 불러일으키기에 부족하다는 것을 잘 알았다. 적절한 예화에 청중을 향한 호소력 있는 전달력이 어우러졌다면 그의 설교는 더욱 빛을 발할 수 있었을지도 모른다. 그러나 그는 모든 것이 부족해도 반드시 필요한 한 가지를 가졌다. 강단에서 그를 통해 역사하신 성령님이 그와 함께하셨다는 것이다. 그의 설교는 성령님을 통해 성경을 그대로 드러내는 말씀 해석과 말씀대로 살고자 하는 거룩한 몸부림이었다.

이원상 목사의 삶과 설교는 사도 바울의 고백을 떠올리게 한다. 세상의 모든 학문과 뛰어난 재능 그리고 사람을 살리고 죽이는 권세까지 지닌 바울이 예수님을 만난 후에 하는 고백이다.

> 형제들아 내가 너희에게 나아가 하나님의 증거를 전할 때에 말과 지혜의 아름다운 것으로 아니하였나니 내가 너희 중에서 예수 그리스도와 그가 십자가에 못 박히신 것 외에는 아무 것도 알지 아니하기로 작정하였음이라 내가 너희 가운데 거할 때에 약하고 두려워하고 심히 떨었노라 내 말과 내 전도함이 설득력

있는 지혜의 말로 하지 아니하고 다만 성령의 나타나심과 능력
으로 하여 너희 믿음이 사람의 지혜에 있지 아니하고 다만 하나
님의 능력에 있게 하려 하였노라(고전 2:1-5)

와싱톤중앙장로교회 류응렬 담임목사는 2013년에 목회자들과 함께 이원상 목사를 심방할 때 이 본문으로 그의 설교를 설명했다. 이원상 목사의 모든 설교는 예수 그리스도가 중심이었고, 자신의 약함을 통해 그리스도의 강함을 증언했으며, 기도를 통해 성령의 능력이 역사함을 믿었다. 이원상 목사는 스스로 자신이 대단한 설교자가 아니라고 늘 고백하지만, 그는 위대한 하나님 앞에 무릎을 꿇었던 설교자이다. 하나님께서는 그의 무릎을 통해 그분의 위대한 영광을 나타내셨고 그때 수많은 영혼이 영적인 변화를 체험했다.

3장

예수님을 따르는 교회

　이원상 목사는 담임목사로 목회를 시작한 교회에서 평생을 섬겼고 같은 교회에서 원로목사로 목회를 마쳤다. 그가 평생 섬긴 와싱톤중앙장로교회는 톰 레이너(Thom S. Rainer)가 쓴 《좋은 교회에서 위대한 교회로》(*Breakout Churches*)에서 소개된 것처럼 미국의 5만 개가 넘는 교회 가운데 위기를 극복하고 건강한 성장을 이룬 모델 교회로 알려져 있다.

　앞서 이야기한 것처럼 그의 목회여정에 어려움이나 위기가 없지는 않았다. 그러나 이원상 목사가 일생을 바쳐 섬긴 와싱톤중앙장로교회가 지금처럼 이민교회의 모델로 세워진 것은 평탄했기 때문이 아니라, 하나님을 의지하며 역경을 헤쳐 나간 그의 기도와 눈물과 헌신이 있었기 때문이다.

　이원상 목사의 목회는 성경에 나타난 교회상을 따르는 성경목회라 할 수 있다. 그의 교회관은 책이나 수업을 통해 체계화된 것이 아니라 예수님이 원하시는 교회를 이루고자 하는 열망에서 시작되었

다. 성경이 교회를 세우는 교과서가 된 것이다. 어떤 교회상을 추구했는지에 대한 질문에 그는 이렇게 답변했다.

"저는 특별한 교회상을 연구하거나 생각해 본 적이 없습니다. 예수님을 제 모델로 삼는 것이 제 마음의 자세였습니다. 세상에서 뛰어난 목회자나 교회를 따른다는 생각은 없었고 예수님이 3년 동안 보여주신 그 모델을 어떻게 한번 제대로 따라갈 수 있을 것인가, 그것만 고민했습니다."

성경의 모델을 실현하는 교회

와싱톤중앙장로교회에 들어서면 예배당 입구에 '성도를 훈련시켜 세상을 변화시키는 교회'라는 표어가 눈에 띈다. 이원상 목사는 에베소서 4:12 "성도를 온전하게 하여 봉사의 일을 하게 하며 그리스도의 몸을 세우려 하심이라"는 말씀에 근거하여 성도를 훈련하여 성숙한 하나님의 사람으로 세우는 것을 교회의 존재 목적으로 삼았다. 이 말씀은 그가 1993년 1월 1일 신년 금식기도 때 하나님께 받은 말씀이다. 그는 당시를 다음과 같이 회상했다.

"성도를 훈련시켜 세상을 변화시키는 교회라는 표어는 해마다 바뀌는 것이 아니라 일상적인 교회의 목표가 되어야 한다고 생각했습니다. 하나님이 교회를 세우시고자 하는 의도를 염두에 두고 오늘날 예수님이 원하시는 교회를 세우고자 하는 마음이었습니다."

성도를 훈련하는 교회를 위해 이원상 목사가 먼저 관심을 둔 것은 선교였다. 성경에서 말씀하는 교회는 예수 그리스도가 완성한 구원의 복음을 증언하는 사명을 받은 곳이다. 십자가 위에서 "다 이루었다"고 선포한 예수님의 고백 안에서 죄악에 빠진 인류의 구원 사역이 완성된 것이다. 예수님은 이 구원의 복음을 세상 끝까지 전하기 위해 12명의 제자를 부르시고 그들을 제자로 양육하셨다. 12명의 제자들이 훈련받고 그리스도의 전사로 세워졌을 때 복음은 예루살렘과 유다를 넘어 사마리아와 땅 끝까지 전파되기 시작했다. 이원상 목사는 예수님이 제자들에게 부여하신 복음전파를 지상 교회의 최우선 과제로 보았고, 복음전파의 선교적 사명을 위해 제자양육도 교회조직도 필요하다고 생각했다.

교회의 선교적 사명에 대한 그의 관심은 와싱톤중앙장로교회의 초기 역사에서부터 깊이 스며들어 있다. 특히 미국 사회 속에 한인 이민교회의 사명을 세계선교를 향한 하나님의 경륜으로 이해하고 선교적 소망이 교회 중심에 뿌리내리기를 기도했다. 세계선교를 향한 그의 열정은 마침내 교회 내에서 선교단체의 탄생으로 연결되었다. 미국 내 많은 선교단체를 통해 선교사를 파송하는 것은 한인교회가 감당하기에는 경제적으로 무거운 책무라는 사실을 확인하고 한국교회에 맞는 선교단체를 세우는 데 온힘을 기울였다. 처음에 Korean Central Mission(KCM)에서 시작하여 Central Missionary Fellowship(CMF)으로 발전하고 마침내 SEED라는 선교단체를 탄생시키기까지 많은 노력을 기울였고, 선교 지향적 교회를 꿈꾸는 담임목사의 열정에 고무되어 많은 젊은이가 선교사로 자원하기 시작했다.

선교 중심의 교회를 지향했지만 정작 이원상 목사가 선교에 대한 설교를 자주 한 것은 아니었다. 주일에는 한 책을 차례대로 설교했기 때문에 1년에 한 차례 선교에 대한 설교를 하는 정도였다. 선교에 대한 설교를 강조하지 않았던 이유에 대하여 그는 선교가 교회의 존재 이유 자체라서 굳이 강조할 필요가 없었다고 설명했다. 선교에 대한 강조는 선교부흥회를 통해 이루어졌다. 당시 이민교회에서 선교부흥회라는 이름도 생소할 때 와싱톤중앙장로교회에서는 1년에 한 번씩 선교부흥회를 가지면서 성도들에게 선교적 사명을 고취시켰다. 교회가 건축을 앞에 놓고 선교비를 줄이자는 의견도 있었지만 교회 존재 목적이 선교에 있었기에 어떤 이유에서라도 선교비를 희생할 수는 없었다.

교회의 존재 목적을 어디에 두는가에 따라 지향하는 교회상이 달라진다. 교회의 선교적 사명은 한 시대나 특정한 교회에 국한된 것이 아니다. 교회는 예수 그리스도의 지상명령을 수행하기 위해 세워졌다. 복음전파라는 궁극적 사명을 상실하는 순간 교회로서의 존재목적을 상실하는 것이나 마찬가지이다.

물론 선교라는 말이 해외선교에 국한되는 것은 아니다. 모든 성도는 부름 받은 자리에서 선교적 사명을 감당해야 한다. 가정과 직장 그리고 우리가 서 있는 모든 곳이 하나님의 사랑을 드러내고 복음을 전해야 할 선교지이다. 아직 복음을 듣지 못한 곳이 있다면 그곳이 옆집이든 아프리카 정글이든 똑같이 하나님의 사람들이 나아가야 할 선교지이다.

디아스포라 교회는 특별한 선교적 사명을 부여받았다고 강조했던 이원상 목사의 이민교회론은 특별한 관심을 요구한다. 오늘날 세계 속의 모든 한인교회가 이런 선교적 정신을 계승한다면 지역의 한 교회라는 울타리를 넘어 세상을 변화시키는 하나님의 교회로 거듭날 것이다.

제자를 훈련하는 교회

이원상 목사에게 선교적 교회와 성경적 교회는 직결된다. 이원상 목사는 12명의 제자를 부르시고 훈련하는 예수 그리스도의 방법이 곧 세계선교의 목적을 이루기 위한 방법이라 믿었다. 선교적 사명의 근거를 성경에서 가져온 것처럼 제자훈련 역시 성경에 나타난 예수님의 삶에서 가져왔다. 그가 목회를 시작했을 때는 제자훈련이라는 말이 교회 안에 유행하던 시기는 아니었다. 이런 점에서 제자훈련이 이원상 목사가 창의적으로 고안한 것은 아니지만 다른 교회를 모델로 삼고 따라간 것도 아니다. 그는 제자훈련을 시작하게 된 계기에 대해 이렇게 회고했다.

"처음에 상처입은 교회를 돌봄과 동시에 말씀 사역으로 세워 나가면서 예수님의 지상 사역의 핵심인 제자훈련의 필요성을 느꼈습니다. 제가 미국에 올 때만 해도 한국교회 안에 제자훈련이라는 말이 없었습니다."

이원상 목사가 이민교회에 가장 적절한 제자훈련 교재를 찾다가 접한 것이 '2:7 제자훈련'이었다. 필라델피아 제10장로교회에서 사흘간 리더십 훈련을 받고 와싱톤중앙장로교회에서 직접 그 훈련을 인도한 것이 지금까지 30년이 넘도록 지속되고 있다. 와싱톤중앙장로교회는 2:7 제자훈련과 다양한 전도훈련이 어우러져서 성도를 훈련하는 교회로서의 기틀을 튼튼하게 세워 나갔다.

이원상 목사의 제자훈련의 특징은 평신도 훈련자를 양성하는 데 있다. 초기에는 자신이 직접 2:7 제자훈련을 인도했지만 많은 리더가 세워진 후에는 리더들이 주체적으로 훈련생을 양육하게 했다. 평신도들을 말씀을 가르치는 리더로 세우는 것 역시 당시 전통교회에서는 이례적인 일이었는데 선교에 중점을 두는 파라처치(para church) 운동에 앞장섰던 선교단체에서나 가능한 제자훈련법이었다. 이원상 목사 스스로는 창의성이 부족하여 다른 교회의 좋은 모델을 받아들여 적용한 것이라고 하지만, 스스로 성경의 원리를 연구한 끝에 나온 것이 제자훈련이니 가장 성경적인 원리를 교회에 적용했다고 할 것이다.

　오늘날 제자훈련은 많은 교회에서 중요한 훈련체계로 시행되고 있다. 체계적인 교육 시스템과 알찬 교재 그리고 뛰어난 훈련 지도자들을 통해 건강한 교회들이 세워지는 것은 이 시대를 향한 하나님의 은혜이다.

　제자훈련의 가장 큰 기여는 평신도가 체계적으로 성경을 배울 뿐 아니라 그들을 수동적으로 말씀을 받는 자리에서 말씀을 가르치는 자리로 전환시킨 일이다. 교회를 다니는 일반 성도들을 예수 그리스도를 따라가고 전파하는 진정한 제자로 세우는 것은 성경적인 제자 양육의 핵심이라 할 수 있다. 그리스도의 제자란 자신의 몸과 생각을 십자가에 못 박고 예수 그리스도의 말씀을 좇아 살아가기로 결단한 사람이다. 교회에 익숙한 신앙생활이 아니라 교회를 통해 복음대로 살아가는 하나님의 사람으로 바뀌도록 훈련하는 것은 모든 교회가 추구해야 할 과제이다.

　이원상 목사의 제자훈련은 오늘날 교회가 처한 두 가지 위기에 대한 해법을 제시한다. 먼저 제자훈련은 정체되어 가는 교회의 위기를 돌파하는 성경적인 해법이다. 교회의 정체 현상은 한국교회나 미국교회나 마찬가지이다. 교회가 정체의 늪을 벗어나 사도로서의 교회를 회복할 수 있는 길은 성경적 교회로 돌아가는 것이다. 진리의 말씀으로 강단이 채워지고 기도로 성도의 가슴이 타오를 때 전도와 선교의 과제는 모든 그리스도인의 사명이 될 것이다. 이런 열매는 철저한 제자훈련을 통해 얻어진다.

　다른 하나의 위기는 제자훈련에 대한 잘못된 목회철학과 직결된다. 제자훈련을 교회의 양적 성장을 위한 하나의 도구로 이해하는 것이다. 하나님의 교회가 양적으로 확장되어야 하는 것은 마땅하지만 제자훈련을 교회의 양적 성장을 위한 도구로 전락시켜서는 안 된다. 하나님이 기대하시는 성장은 사람마다 심령의 변화와 삶의 변화가 일어남으로써 하나님의 가시적인 나라가 확장되는 것이다.

이원상 목사는 제자훈련이 교회를 성장시키는 하나의 뛰어난 전략이 아니라 하나님 나라를 바르게 세우는 성경적인 원리라고 확신했다. 건강한 교회가 세워질 때 교회 성장은 자연스레 따라오는 결실이다.

이원상 목사는 하나님이 꿈꾸시는 성경적 교회를 추구할 때 하나님이 친히 당신의 교회를 세운다는 진리를 성경적인 제자훈련을 통해 보여주었다. 이것은 오늘날 많은 목회자와 후세대 교역자들이 배워야 할 중요한 가르침이다.

다음세대를 세우는 교회

주일이면 크라이스트 중앙장로교회(CCPC, Christ Central Presbyterian Church)가 와싱톤중앙장로교회 건물에서 함께 예배드린다. CCPC는 처음에 와싱톤중앙장로교회의 영어예배로 시작했다가 현재는 완전히 독립된 하나의 교회가 되었다. 영어권 교회가 완전히 독립하게 된 데에는 이원상 목사의 목회철학이 절대적인 영향을 미쳤다. 그는 이민사회에서 앞으로 교회로서나 신앙인으로서 주도적인 역할을 감당해야 할 주역들이 이민 2세대들이라는 것을 일찌감치 깨닫고 철저하게 다음세대를 강조하는 목회에 힘썼다.

이스라엘 민족이 나라를 잃은 2,000년 동안 세상 어느 곳에 살아도 민족의 정체성을 유지한 것처럼 한인 2세대들이 미국 사회 속에 뿌리를 내려도 한국교회의 자랑스러운 신앙유산을 이어 가기를 기대했다. 이원상 목사의 천국환송예배 때 축도했던 고인호 목사는 평소 이원상 목사의 2세대와 다음세대에 대한 열정을 되새기는 기도를 드렸다. 이원상 목사는 자신의 신앙과 삶 자체가 2세대와 다음세대 목회자들에게 좋은 지침이 되기를 소망했다.

이원상 목사가 2세대에 대해 남다른 관심을 가진 것은 그가 미국에 살면서 겪은 경험에서 비롯된다. 그가 1968년에 미국으로 유학 올 때만 해도 한인교회는 미국 사회에서 1세대의 자리도 정립하기 어려웠다. 그러나 시간이 지나 미국 문화와 언어에 익숙해졌어도 여전히 다른 민족으로 이해될 수밖에 없는 현실을 보았다. 투병 중일 때조차 병상에 누워 있는 그에게 "Do you understand English?" 하고 먼저 묻는 간호사들의 모습을 보면서 50년 가까이 미국에서 살았지만 완전히 미국 사회에 동화될 수 없는 자신의 모습을 실감했다. 이원상 목사는 결혼식이나 장례식 그 밖의 모임에서 영어권의 사람이 있으면 몇 마디라도 영어를 사용해 그들을 배려했지만, 역시 그들과는 다른 민족일 수밖에 없었던 것이다.

이원상 목사가 2세대들을 위한 독립된 교회의 필요성을 제기했을 때 처음부터 그의 의견이 선뜻 받아들여진 것은 아니다. 그러나 미국 땅에 있는 한인교회로서 생존 자체가 어려웠던 시절에 다음세대를 강조했다는 점에서 이민교회가 중점을 두어야 할 사역에 이정표를 세웠다고 할 수 있다. 그의 2세대에 대한 강조는 역사가 흘러갈수록 그 가치가 드러날 것이다.

미주 한인의 이민 역사가 100년이 되었지만 그동안 한인교회는 늘 1세대 중심으로 유지되어 왔다. 그러나 한인 1세대로서 미국 사회와 문화에 직접적인 영향을 미치는 일은 쉽지 않다. 이원상 목사도 문화나 언어 면에서 미국 생활에 완전히 정착된 삶을 살았지만 스스로 1세대 목회자라는 정체성을 벗어날 수는 없었다. 이것은 능력이나 경험의 문제가 아니다. 미국에서 50년을 산다고 해서 한인 1세대의 정체성이 1.5세대가 되는 것은 아니기 때문이다. 그가 믿은 것은, 하나님께서 한국교회를 이민사회에 세운 것은 다음세대를 일으키어 그들이 한국의 신앙유산을 유지하면서 주류 사회 속에 들어가 그리스도의 사명을 이루기 원하신다는 비전이다. 그의 장남 이요셉 목사에게 한인 2세대들에게 기도운동을 일으켜 세계선교에 기여할 것을 유언한 것도 그런 맥락에서 이해할 수 있다.

또한 이원상 목사는 자신의 목회와 삶을 통해 후배 목회자들, 특히 2세대 목회자들이 목회의 좋은 모델을 찾을 수 있기를 기도했다. 특히 미국 땅에서 한인 2세대 목회자로 부름 받은 후배들에게 자신이 좋은 나침반이 되기를 소망했다. 그리하여 그들이 예수님을 닮은 목회자로 성경에 나타난 교회를 만들어가기를 원했다.

지역교회나 하나님 나라의 미래는 다음세대에게 달려 있다. 한인교회는 다음세대를 세상 앞에 당당하고 현실과 타협 없는 그리스도의 군사로 세워야 한다. 교회는 생존을 위해 존재하는 것이 아니라 사명을 위해 존재한다. 한인교회의 위상은 찬란하게 걸어 온 역사가 아니라 힘차게 열어 가야 할 미래에 놓여 있다.

이원상 목사는 평범한 자신이 목회와 기도 그리고 선교적 사명을 감당할 수 있었던 것은 전적으로 하나님의 은혜라 고백하지만, 그의 삶을 깊이 들여다볼수록 하나님 나라를 위해 온 삶을 바친 참된 목자의 모습을 발견하게 된다. 이원상 목사를 경험한 사람이라면 '그리스도를 본받아'라는 말이 그의 삶 전체에 깊이 배어 있다는 사실을 알게 된다. 그의 삶은 시간과 상황 그리고 지역과 민족을 뛰어넘어 한결같이 그리스도의 향기를 드러냈다.

이원상 목사와 한 시대에 호흡했다면 이는 특별한 하나님의 은혜이다. 그러나 이원상 목사는 우리의 시선을 고정해야 할 대상은 자신이 아니라 예수 그리스도임을 삶으로 말해 준다. 자신을 늘 평범하다고 말하던 그는 광야에서 외치는 자의 소리로 세상에 왔고 소리로서의 사명을 충직하게 감당했다. 그가 매일 따라간 진정한 목자이자 그가 매일 가르치고 전하고 살아 낸 유일한 목자는 구원자 예수 그리스도였다. 그가 일생 추구한 것은 하나님의 영광이었고, 그가 일생 의지한 것은 하나님의 은혜였다.

이원상 목사는 주어진 생애를 주님과 복음을 위해 고결하게 불태웠다. 지상에서 그에게 주어진 사명은 끝이 났지만 남아 있는 그리스도인들에게는 동일한 사명이 주어졌다. 우리 주 예수 그리스도께서 역사 한복판으로 다시 오실 그날까지 우리에게 주어진 사명의 길을 묵묵히 걸어갈 때 평생 예수님을 따랐던 이원상 목사도 그곳에서 만나게 될 것이다.

part 5

달려갈 길을 마치고

·

가족이 이원상 목사께 드리는
추모의 글

이원상 목사님은 지상에서 주어진 79세의 삶을 마치고 2016년 12월 5일 월요일 새벽 5시 27분에 하나님의 품에 안기셨습니다. 선한 싸움을 싸우고 달려갈 길을 마치고 믿음을 지켰다는 사도 바울의 고백처럼 목사님도 고결하게 삶을 불태웠습니다. 목사님이 걸어가신 그 길을 걷겠다는 다짐으로 우리도 땅 위에 주어진 날 동안 선한 싸움을 잘 마치고 존귀하신 예수님을 만나는 날 이원상 목사님도 함께 뵙게 되길 기대합니다.

5부에서는 고별예배 때 낭독된 자녀들의 조사를 실어 이원상 목사님의 진실된 모습을 다시 한 번 느끼며 그의 삶을 기리고자 합니다.

이제 우리가 그 길을 걷겠습니다
류응렬 목사

사랑하는 목사님, 참 좋으시지요
그토록 사모한 주님의 품에 안기시니
지금까지 따라간 주님의 빛나는 모습을 뵈니
"착하고 충성된 종아, 잘했다"
큰 소리로 칭찬하시고 두 팔 벌려 안으시는
주님의 흐뭇한 미소를 보니 참 행복하시지요

그러나 오늘 목사님이 계시지 않는 이 땅은
겨울바람에 숲마다 나무들이 몸을 떨고
그렇게 우짖던 새들의 노랫소리 그치고
하늘은 침묵으로 목사님의 부재를 아파합니다.

오늘 목사님의 음성이 사라진 이 땅에서
목사님이 전해주신 복음에 생명을 얻고
목사님이 보여주신 사랑에 아픔을 이겨낸 우리는
한없이 한없이 눈물만 흘립니다.

우리는 목사님이 참 좋았습니다
인자한 미소, 따스한 손길, 겸허한 자세, 순전한 마음
하나님이 맡겨주신 양 떼를 위해 전부를 던지신

목사님을 통해 우리는 예수님을 보았습니다
그런 목사님이 참 좋았습니다, 목사님도 우리가 참 좋으셨지요

이제 하늘을 바라봅니다
구름으로 드리워진 하늘이라 해도
잠시 지나면 찬란한 태양이 자리할 것이고
긴 겨울 지나 봄이 오면
숲은 푸르게 물들고 새들은 노래할 것입니다.

언젠가 주님 앞에 서는 날까지
목사님 걸어가신 그 길 우리도 따라가겠습니다
우리 주님 걸어가신 그 길이기에
그 길을 걷다 보면 목사님을 만나는 그 자리에서
우리 주님도 만나게 될 것입니다.

다시는 눈물이 없고 다시는 사망이 없는 그곳에서
우리는 죄인을 위해 피 흘리시고 생명을 주신 주님의 사랑을
목이 터져라 함께 찬양할 것입니다
목사님을 다시 뵈올 그 영광스런 날을 기다리며
이제 우리가 목사님 걸어가신 그 길을 걷겠습니다.

사랑하는 할아버지를 보내며

케일린(첫째 친손녀, 15세)

> 하나님이 세상을 이처럼 사랑하사 독생자를 주셨으니 이는 그를 믿는 자마다 멸망하지 않고 영생을 얻게 하려 하심이라(요 3:16)

이 말씀은 할아버지께서 좋아하시는 성경구절 중 하나인데 제가 어렸을 때 할아버지께서 가르쳐 주신 이후로 한 번도 잊은 적이 없어요. 할아버지께서 얼마나 놀라운 분이신지 말로 표현하기가 어려워요. 할아버지께서 저의 삶에 하나님의 말씀으로 큰 영향을 주신 것에 진심으로 감사드려요.

저는 할아버지께서 자기보다 다른 사람을 먼저 생각하시고 또 그들을 위해서 기도하시던 것, 모든 것을 교회에 드리시고, 그리고 외증조할머니를 잘 돌봐드리는 모습에 늘 감탄했어요.

제게 할아버지와 할머니는 주님의 전사들이세요. 할머니는 기도의 전사이고 할아버지는 하나님 말씀의 전사예요. 아무리 생각해 보아도 할아버지와 할머니처럼 온 마음을 다하여 주님을 사랑하는 멋진 부부가 없는 것 같아요.

할아버지 댁에 갈 때마다 늘 우리에게 무엇인가 새로운 것을 배울 수 있게 해주신 할아버지를 항상 기억할 거예요. 제가 하나님과의 관계 속에서 잘 자랄 수 있도록 도와주신 할아버지께 너무나 감사해요.

이제 할아버지가 계시지 않는 우리 가족 모임은 절대로 예전과 같지 않을 거예요. 할아버지를 떠나 보내드리는 것은 마치 저의 일부가 없어지는 것처럼 느껴져요. 하지만 할아버지는 지금 하늘나라에서 하나님과 함께하시며 우리를 지켜보고 계신 것을 알기 때문에 마음이 평안해요. 손녀가 바라는 최고의 할아버지가 되어 주신 것에 진심으로 감사드려요!

할아버지, 사랑해요!

로렌(둘째 친손녀, 11세)

할아버지는 정말 놀라운 분이고 또한 저의 영웅이세요. 할아버지께서 얼마나 너그럽고 생각이 깊은 분인지 정말 말로 다할 수 없어요.

할아버지가 특별하신 것은 주님을 깊이 사랑하시고, 무슨 일이 있어도 주님을 믿으라고 제게 가르쳐 주셨기 때문이에요. 그리고 그것은 하나님이 주신 특별한 선물이에요.

제가 아주 어렸을 때부터 지금까지 하나님에 대해 늘 가르쳐 주신 것에 정말로 감사드려요. 할아버지는 제게 너무나 많은 축복을 주셨기에 할아버지가 계시지 않은 삶은 상상하기 어려워요. 할아버지가 계시지 않은 제 삶은 결코 예전과 같지 않을 거예요. 그리고 이제는 할아버지 댁에 갈 때마다 무척 쓸쓸하게 느껴질 것 같아요.

날마다 저는 하늘나라에 계신 할아버지를 생각하고 저 역시 할아버지와 함께 천국에 있었으면 좋겠다고 바라고 있어요. 앞으로 언젠가 그곳에서 할아버지와 함께하게 되겠지요. 할아버지, 저보다 다른 사람을 먼저 생각할 수 있도록 배우게 해주셔서 감사해요.

캐롤라인(첫째 외손녀, 8세)

할아버지, 너무나 사랑해요.

이번 주에 할아버지 댁에 갔을 때 그곳에서 우리를 반겨 주시는 할아버지가 계시지 않아서 무척 슬펐어요.

우리가 할아버지를 만날 때마다 항상 우리 가족 한 사람 한 사람을 위해 기도해 주셔서 감사해요. 할아버지는 제가 하나님을 더욱 잘 알게 해달라고 기도하셨고, 그리고 학교에서 시험 보는 것 같은 작은 일들을 위해서도 늘 기도해 주셨어요.

제게 성경말씀을 가르쳐 주신 것에 감사드려요. 그리고 〈나 같은 죄인 살리신〉이라는 찬송과 요한복음 3:16을 외울 수 있게 해 주셔서 감사해요. 할아버지는 늘 자신보다 다른 사람을 먼저 위하시는 좋은 분이셨어요.

할아버지는 외증조할머니를 위해 늘 따뜻한 차를 갖다 드리곤 하셨어요. 할아버지는 저희에게 세상에서 최고의 할아버지이시랍니다.

저는 할아버지가 많이 보고 싶지만, 이제는 할아버지께서 정말로 사랑하시는 하나님을 직접 보실 수 있게 된 것을 기쁘게 생각해요. 사랑해요.

사랑하는 아버지를 보내며

유니스 주(딸)

온유, 기도, 견실, 신실 그리고 겸손. 모든 면에서 탁월함을 추구하는 자, 깊고 깊게 예수님을 사랑하는 자, 그리스도를 닮은 자. 이러한 표현은 오늘밤 이 자리에 함께하신 많은 분의 영적 아버지셨던 제 아버지를 묘사하는 말들 가운데 일부입니다. 아버지는 자신에게 맡겨진 양들을 사랑하고 깊이 돌보았던 목자셨습니다. 여러분의 가정을 충실하게 심방하셨고, 병중에 계셨던 여러분의 가족을 찾아가 위로하셨고, 여러분이 어려움을 겪을 때 지혜롭게 권면해 주셨고, 여러분이 구체적으로 기도 요청을 하시면 이를 위해 금식하며 기도하셨습니다. 하지만 그분은 성도들을 사랑하셨던 것만큼, 사람에게 인정받으려고 하지 않으시고 오로지 하나님께 인정받으려고 하셨습니다.

아버지의 부드럽고 겸손한 본성 탓에 외적으로는 소심해 보였을지도 모르지만, 내적으로는 수많은 사람들과 견줄 만한 능력과 리더십을 겸비하고 계셨습니다. 아버지는 하나님께서 자신의 사역에 복 주시기 위해 선택하신 방법에 자주 경탄을 금치 못하셨습니다. 그러고는 자신은 특별하고 놀라우신 하나님과 사랑의 관계를 맺은 지극히 평범한 사람이라고 말씀하시면서 하나님을 제일 먼저 사랑하셨고, 그리스도를 닮는 것이 당신 삶의 목표였던 목사님이셨습니다.

저는 아버지를 이원상 목사로 알기보다는 신실하시며, 제가 의지할 수 있는 아빠로 알았습니다. 제 아이들을 스쿨버스 정류장에서 데리고 오시거나 제가 달걀이 필요할 때 마켓으로 달려가셔서 사다 주시는 아버지는 늘 제가 도움이 필요한 바로 그때마다 서둘러서 달려오시는 분이셨습니다.

제가 어릴 때 매일 아침마다 해 뜨기 전, 제 머리에 손을 얹고 축복기도를 해주신 아버지셨습니다. 제 평생 저나 우리 가족 누구에게

딸 가족: 유니스, 데이빗(나단, 캐롤라인, 콜렛)

도 실례되는 말을 하지 않으셨고, 단 한 번도 사소한 일로 분노와 성급함을 갖고 행동하는 일이 없었던 분이셨습니다. 단 한 번도 없었습니다!

제가 알았던 아버지는 하나님의 은혜를 깊이 이해하는 분이셨습니다. 그래서 제가 영적 거장인 아버지를 따라가지 못하고 훨씬 뒤처져 있었지만 저는 아버지가 저를 판단하신다고 느낀 적이 한 번도 없었습니다. 게다가 제게 삶의 모든 영역에서 탁월함을 추구할 것을 강력히 권면하셨지만, 제 부족함에도 결코 실망하지 않으시고 늘 저를 받아주시고 조건 없이 사랑해 주셨습니다. 아버지가 아무 때나 저를 부르셔서 "유니스, 내 사랑하는 딸아, 너를 사랑한단다. 네가 정말 자랑스럽단다"라고 말씀하실 때면 제가 "아빠, 뭐가 그렇게 자랑스러워요?"라고 묻곤 했습니다. 그러면 아버지는 "네가 예수님을 사랑하는 것이 자랑스럽단다"라고 대답해 주셨습니다. 아버지와 함께한 그 시간이 많이 그리울 것 같습니다.

아버지는 어머니에게는 애처가 남편이셨습니다. 병원에서 야간업무를 하시는 어머니를 위해 매일 밤에 도시락을 싸주시고, 코스트코

(Costco), 한국마켓, 홈디포 등에서 장을 봐야 하는 어머니를 위해 직접 차를 운전해 주시기도 하셨습니다. 어머니와 흥미 넘치는 사역들을 함께 해 나가시는 것에서부터 집 뒷마당에 정성들여 채소밭을 가꾸는 것에 이르기까지 많은 새로운 것들에 대해 어머니를 격려하시며 함께 동역하셨습니다. 지난 몇 년간 매일같이 어머니에게 남자가 기대하는 최고의 아내라고 말씀하시며 찬사와 흠모를 아낌없이 보내시곤 하셨습니다.

우리가 나눴던 마지막 대화 중에서, 아버지는 하루 종일 자신을 돌보느라 수고하신 어머니가 밤에도 주무시지 않고 당신의 부은 발을 주물러 주시다가 아버지 발치에서 잠이 드시면, 그런 어머니를 바라보며 눈물을 흘리곤 하셨다고 했습니다. 어머니를 향한 아버지의 감사는 깊었고 존경심도 더해 갔기에, 저는 그 누구도 인생 말년에 아버지가 어머니에게 품었던 존경과 찬사보다 더한 것을 가질 수 없다고 믿습니다. 그리고 저는 여기서 어머니야말로 하나님께서 우리 아버지께 복으로 주신 진정으로 가장 희생적이고 섬기는 아내였음을 말씀드리지 않을 수 없습니다. 특별히 어머니께서 아버지가 이 땅에서 암 투병을 하셨던 삶의 마지막 한 해 동안 아버지를 위해 온전히 자신의 삶을 희생하신 것에 진심으로 감사를 드립니다.

아버지는 또한 병중에 계신 외할머니를 간호하시기 위하여 안락함을 포기하신 헌신적인 사위이기도 하셨습니다. 수년간 자신의 침대에서 주무시지 않고 어머니가 일하시는 밤이면 외할머니가 누워 계신 침대 옆 바닥에 누워 주무시면서 할머니를 안심시켜 드렸습니다. 아버지는 밤중에 외할머니께서 화장실에 가실 때 미끄러져 넘어

지지 않도록 모시고 가고자 수시로 일어나시곤 했습니다. 물론 외할머니께 커피, 차, 맛난 쿠키를 드실 수 있게 해드리는 일도 아버지 몫이었습니다. 아버지는 할머니께서 가장 좋아하시는 친구이기도 하셨습니다. 말년에 찾아온 기억상실 증세 때문에 같은 질문을 스무 번씩 계속하시는 할머니께 인내심을 잃지 않고 상대해 드리며, 또 외할머니의 머리를 손수 빗겨 주시고 외할머니의 손을 잡고 아름다우시다고 말씀해 주시는 어른이셨습니다.

이 자리에 계신 많은 분은 아버지께서 정기적으로 새벽기도회에 참석하셨고 설교하셨던 것을 아실 것입니다. 그러나 보이지 않는 곳에서 그분은 우리가 생각하는 것보다 훨씬 더 투철한 기도의 전사이셨습니다. 매일 새벽 3시면 아버지는 온 성도가 갖고 있는 기도의 부담을 자신의 가슴에 품고는 어김없이 일어나셨습니다. 너덜너덜해진 교인 명부(교회 요람)를 가지고 신실하게 성도 한 분 한 분을 위해 기도하시고, 그 자녀들의 이름을 불러가며 중보기도를 하셨습니다.

아버지는 평생 동안 수많은 기도수첩에 상세한 기도제목과 기도하기 시작한 날짜, 그리고 기도 응답을 받은 날짜, 하나님께서 어떻게 응답하셨는가를 써 내려가셨습니다. 아버지는 어머니와 함께 지난 40년 동안 매주 하루씩 금식하셨으며, 자주 긴박한 기도제목을 가지고 이를 중보하기 위해서 연속으로 3일 동안 금식기도를 하셨습니다. 하나님의 나라가 임하고 그리스도의 빛이 온 열방에 넘쳐나기를 갈망하시면서 아버지는 사람들을 위해, 많은 사역을 위해, 그리고 전 세계적으로 일어나고 있는 크리스천 운동들을 위해 기도하셨습니다. 그러나 무엇보다도 예수님의 마음을 알아 가고 단순히 하나님의 임재 가운데 있기 위해 기도하셨습니다.

아버지는 하나님 말씀을 공부하는 것을 절대로 중단하는 일이 없으셨습니다. 새벽 일찍부터 일어나 기도하셔야 했음에도 때론 성경을 공부하시기 위해 자정이 넘도록 깨어 계셨습니다. 어린 시절에 조금 열린 방문 사이로 성경을 보시느라 머리를 수그리신 아버지의 모습을 보는 것이 어린 제게는 위로가 되기도 했습니다.

설교준비를 하실 때나 매일 방송되는 라디오 프로그램을 준비하실 때, 또 71세 인생의 노년기에서 목회 지도력에 대한 박사학위 논문을 쓰실 때도 아버지는 항상 하나님의 말씀 가운데 계셨습니다. 우리 가족과 함께 보내는 귀중한 시간과 가끔 시청하는 '댈러스 카우보이' 풋볼경기 외에는 여가를 따로 즐기실 필요도 느끼지 않으셨던 것입니다. 왜냐하면 성경공부가 이 세상이 주는 어떤 즐거움보다 더 많은 휴식과 안식을 주었기 때문이었습니다.

아버지는 평생 동안 목사, 남편, 아빠, 아들, 그리고 학생으로 많은 역할을 수행하셨습니다. 그리고 이 모든 일들 가운데 그분은 그리스도를 닮기 위해 최선을 다하셨습니다. 우리 중에 과연 누가 자신 있게, "내가 그리스도를 본받은 것처럼 나를 본받으라"라고 말할 수 있을까요? 하지만 저는 우리 아버지께서는 그 거룩한 말씀을 할 수 있는 자격이 충분한 분이라고 진심으로 믿고 있습니다. 그분은 희생과 섬김으로써 자신의 삶에서 그리스도를 닮아 가셨던 것입니다. 겸손과 순종으로 말입니다. 전능하신 하나님을 온전히 신뢰하고 믿음으로써 그리스도를 본받으신 것이었습니다. 생애의 마지막 몇 주 동안 암으로 인한 육체적 고통이 기승을 부릴 때, 아버지는 종종 "오 주님,

저에게 자비를 베풀어 주십시오, 자비를! 당신은 저를 가장 낮은 곳에 거하게 해주셨습니다"라고 말씀하시고 나서 고개를 들고 이렇게 확신에 찬 선포를 하셨습니다. "내 하나님은 전능하시고, 선하시며, 절대로 실수가 없으신 분이시다."

바로 지난 주 중환자실에서 그분은 인생의 마지막 순간과 가장 큰 육체적 고통을 직면하셔야 했습니다. 인공호흡기에 연결되어 혼자서 숨을 쉴 수도, 말할 수도, 움직일 수도 없는 상태에서 아버지는 자신의 모든 힘을 다하여 그의 힘없고 떨리는 팔을 머리 위로 높게 올리며, 생명을 주관하시는 바로 그분께 찬양을 드리셨습니다. 사도 바울이 빌립보서에서 말했듯이, 아버지의 소망은 살든지 죽든지 자신의 몸에서 그리스도가 존귀하게 되는 것이었습니다.

히브리서 13:7은 "하나님의 말씀을 너희에게 일러 주고 너희를 인도하던 자들을 생각하며 그들의 행실의 결말을 주의하여 보고 그들의 믿음을 본받으라"고 말씀하고 있습니다. 아버지의 삶을 되돌아보면서 저는 제 자신의 삶을 다시 돌아보도록 도전을 받았습니다. 아버지가 사셨던 것처럼 저도 그렇게 살게 되기를, 또 아버지가 사셨던 삶을 보고 저도 그렇게 변화되기를 기도합니다. 우리 모두 우리의 자녀, 형제자매들과 친구들에게 "내가 그리스도를 본받는 자가 된 것같이 너희는 나를 본받는 자가 돼라"라고 말할 수 있기를 바랍니다.

그리고 오늘밤 천국에서 아버지가 누리시는 영광을 통해 위로를 받으시고 이 자리를 떠나시기를 바랍니다. 언젠가 그리스도께서 다시 빛으로 오셔서 어둠을 극복하시리라는 것을 알고 있고, 또 아버지와 우리보다 앞서간 많은 분들을 만나게 될 것을 알기 때문입니다. 그리고 무엇보다도 우리의 아름다운 구세주, 그분과 얼굴과 얼굴을 맞대고 만나게 될 것을 알기 때문입니다.

이요셉 목사(아들)

어머니와 제 동생 유니스 그리고 온 가족을 대표해서 저희 아버지의 고별예배에 참석하시기 위해 도처에서 와주신 친척과 친지 그리고 조문객 여러분께 깊은 감사를 드립니다. 아버지의 삶을 기리고, 존경을 표하고 또 기념하려는 저희 가족에게 여러분께서 이 자리에 함께하심이 큰 위로와 격려가 됩니다.

특히 와싱톤중앙장로교회의 류응렬 목사님과 부교역자님들, 그리고 장로님들께서 시간과 물질과 기도로 섬겨 주심으로 이 고별예배를 드릴 수 있게 해주셔서 감사드립니다. 여러분의 도움과 관심으로 인해, 슬픔 가운데 있는 저희 가족이 어머니를 위로하며 소천하신 아버지를 애도할 수 있게 해주셨습니다. 여러분의 은혜를 영원히 잊지 않겠습니다.

이 추도사를 준비하면서 어떻게 하면 제가 아버지께 존경을 표하고, 그분의 일생을 기념하고 기억해야 할지 고민을 많이 했습니다. 아버지께서 자신에 대하여 제가 어떻게 말하기를 원하실지 생각해 보았습니다. 제가 하고 싶은 말은 참으로 많았습니다. 아버지의 정직함, 겸손함, 하나님의 말씀에 대한 끊임없는 연구, 기도생활, 그리고 온 열방을 제자 삼으시고자 하는 마음 등 이루 헤아릴 수 없을 정도로 많습니다. 아마도 제가 여러 시간을 얘기해도 모자랄 것입니다. 그러나 그 중에서도 제일 제 마음을 사로잡은 것은 바로 그분의

아들 가족: 요셉, 에스더
(케일린, 제트, 로렌, 사만다, 빅토리아)

사랑이었습니다.

아버지가 사랑하신 이유는 의심할 여지도 없이 하나님께서 아버지를 먼저 사랑하셨다는 것을 아셨기 때문입니다. 하나님께서 아버지를 어둠 가운데서 불러내셔서 그의 자녀가 되게 하셨을 때, 아버지는 하나님의 무조건적인, 무한한, 열정적인 사랑을 경험하셨습니다. 아버지가 사람들을 사랑할 수 있는 유일한 방법은 하나님을 가까이 하고 하나님께서 더 자신 안에 거하시도록 하는 길이었습니다.

몇 주 전에 아버지와 마주앉아 그분의 삶을 돌아보며 함께 이야기를 나눌 때, 아버지께서 이렇게 말씀하셨습니다. "요셉아, 나는 평범한 은사를 가진 아주 평범한 사람이란다. 나는 말주변도 별로 없고, 사역관리도 잘 못하고, 대단한 설교자도 아니었다. 내가 유일하게 잘했던 것이 있다면, 그것은 바로 사랑을 한 것이야. 나는 하나님을 사랑하고, 내 아내를 사랑하고, 내 자식들을 사랑하고, 또 다른 사람들을 사랑했단다. 그것뿐이란다."

저는 그때 왜 아버지는 자신이 그저 평범한 사람이라고 말씀하실까 생각했습니다. 그러나 하나님께서는 많은 분들의 삶에 영향을 주시기 위해서 아버지를 사용하셨습니다. 아버지를 하나님의 도구로 사용하시며, 와싱톤중앙장로교회를 설립하시고, SEED 선교회, 그리고 프레션을 세우셨습니다. 이러한 성공(인간적인 표현을 써서)의 비결은 바로 아버지가 이 가운데서도 자기 자신을 대단하게 생각하시지 않았기 때문이라는 것을 알게 되었습니다. 아버지는 자신에게 그런 대단한 능력이 없다는 것을 알고 계셨습니다. 이 세상에서 무언가 이루어 내기 위해서는 자신의 깊은 영성을 위해 하나님께 간구하는 것밖에 없다는 것을 잘 알고 계셨습니다.

그래서 아버지께서는 사도 바울처럼 수많은 시간을 기도에 힘쓰셨습니다. 새벽에 일찍 일어나 영적 능력을 달라고 기도하셨습니다. 자신의 속사람이 성령님으로 인해 더욱 강건해지기를 원하셨습니다. 그리스도의 사랑을 앎으로 하나님과 다른 사람들을 사랑하기를 원하셨습니다. 아버지께서는 영원히 남는 것은 오직 사랑이라는 것을 아셨습니다.

아버지는 자신이 말로 사랑한다고 하시기보다는 그저 조용하고 은밀한 곳에서 하늘에 계신 아버지 앞에 무릎을 꿇고 간구함으로써 사랑을 표현하셨습니다. 자신과 관계를 맺은 모든 사람들을 위해서 은혜의 보좌 앞에 나아가 간절히 기도하셨습니다. 그 사람들과 그들의 간구를 마음속에 늘 지니고 사셨습니다. 그래서 사람들을 만날 때면 그들의 이름과 자녀, 손자들의 이름까지도 아셨던 것입니다. 아버지는 진정 사람들을 사랑하셨고 아버지의 섬김과 기도를 통해서 사람들은 하나님의 사랑을 경험할 수 있었습니다.

아버지께서 소천하시기 전, 지난 월요일 중환자실에 입원하셨을 때 수많은 분들이 병문안 오시는 걸 보고 저는 놀랐습니다. 오셨던 모든 분들이 한결같이 하신 말씀은 아버지께서 바로 자신들에게 진정으로 다가오셔서 사랑을 보여주셨다는 것이었습니다. 병원 직원들도 이렇게 많은 사람들이 환자를 찾아오는 것은 처음이라고 제게 말했습니다. 그러면서 "당신 아버지를 우리가 잘 알지는 못하지만, 이렇게 많은 병문안객들이 오는 걸 보면 아버지께서 정말 사랑을 많이 받고 계신다는 것을 알 수 있네요. 당신 아버지께서는 인생을 올바르게 사신 분 같아요"라고 말하더군요.

아버지께서 사람들을, 특별히 교회 성도님들을 사랑하신 것은 알고 있었지만, 제 마음에 잔잔한 감동을 준 것은 지난 몇 년 동안 아버지가 얼마나 어머니를 사랑하시는지를 볼 수 있었던 것입니다. 아버지와 어머니는 지난 9월에 결혼기념 50주년을 맞이하셨습니다. 두 분은 결혼생활 49년 동안 늘 공부와 사역으로 바쁘게 보내셨고 서로를 위해서 많은 시간을 보내지 못했습니다. 2015년에 아버지께서 식도암 판정을 받으시고 난 후에 저는 우리 부모님의 관계에 큰 변화를 보게 되었습니다.

처음으로 두 분은 사역이 아니라 서로에게 초점을 맞추기 시작하셨습니다. 어머니가 모든 걸 내려놓고 전적으로 아버지의 병간호를 하실 때 아버지께서 더욱더 어머니를 사랑하시고 존경하는 모습을 보았습니다. 어머니는 잠도 못 주무시고 모든 불편을 무릅쓰며 최선을 다해 아버지를 간호하셨습니다. 아버지의 암 투병을 위해 최고의 음식을 만드시느라 어머니는 하루 종일 자기 식사도 못하실 때가 한두 번이 아니었습니다. 또 밤중에 아버지가 일어나다가 넘어지실까 봐 어머니는 침대 옆 바닥에 누워 주무시곤 했습니다. 이러한 사랑의 표현을 보면서 아버지는 변하기 시작하셨습니다. 자연스럽게, 또 자주 눈물을 흘리며 어머니께 사랑을 표현하셨습니다.

제가 생각하기에 하나님께서 지난 한 해 동안 저희 부모님이 서로에게 집중할 수 있는 시간을 주신 것 같습니다. 서로 소중히 여기고 사랑할 수 있는 선물을 주신 것입니다. 두 분은 여러 시간 동안 함께 찬송가를 부르며 기도하시곤 했습니다. 아버지는 원래 조용하고 내성적이며 표현을 잘 안 하시는 분인데 이렇게 드러내놓고 어머니께 사랑을 표현하시다니, 그것을 보는 제 마음은 참 흐뭇했습니다.

10월 10일 아버지께서 자신의 일기장에 이렇게 쓰셨습니다.

"오 주님, 저는 지난 50년 동안 제가 잘 몰라서 아내를 소홀히 대한 것을 회개합니다. 오 하나님, 저를 용서해 주시고 제 안에 깨끗하고 겸손한 마음을 주시옵소서. 저는 진정 회개하고 제 사랑하는 아내를 소중히 여기길 원합니다. 사랑하는 주님, 제 남은 삶 동안 겸손함으로 아내를 소중히 여기고 존경하며 살게 하소서. 예수님의 이름으로 기도드립니다. 아멘."

저는 아버지께서 어머니를 소중히 여기셨다고 확신합니다. 소천하시기 전 지난 일주일간 중환자실에서 아버지는 어머니와 늘 함께하길 원하셨습니다. 항상 손을 꼭 잡으시고 옆에 있길 원하셨습니다.

어머니는 아버지를 사랑하시고 아버지의 병간호를 위해 지난 1년 동안 인간적으로 할 수 있는 모든 것을 다하셨습니다. "어머니, 유니스와 제가 어머니를 아주 많이 사랑해요! 그리고 아버지를 신실하게 사랑해 주신 것 정말 감사드려요. 아버지는 어머니의 사랑을 마음에 가득 담고 예수님의 품으로 가셨어요."

독일 신학자인 디트리히 본회퍼(Dietrich Bonhoeffer)는 다음과 같이 말했습니다.

"오직 사랑만은 끝나지 않는다. 왜 다른 것은 모두 끝이 날까? 왜 사랑은 절대로 끝이 없는 것일까? 왜냐하면 오직 사랑 안에서만 사람들은 자기 자신을 온전히 포기하고 남을 위해 자신의 의지를 꺾고 희생한다. 오직 사랑만이 자기 자신에게서 나오는 것이 아니라 다른 그 어느 것, 바로 하나님으로부터 나오는 것이기 때문이다. 오직 사랑을 통해서만 하나님이 우리를 통해서 역사하시는 것을 알 수 있다. 그 외에 모든 것은 우리가 의식적으로 행동하는 것이다. 우리에게서 온 모든 것은 끝이 있다. 그러나 하나님에게서 온 모든 것은 영원히 남게 된다."

여러분, 아버지의 본을 따라 우리도 사랑을 잘하는 사람들이 되었으면 합니다. 매일 하나님 아버지께 나아가 하나님과 다른 사람들을 위해 바로 우리 자신을 포기할 수 있는 깊은 영성을 달라고 기도하고 부르짖읍시다.

하나님이 우리를 통해 역사하시도록 해드려야 합니다. 바로 하나님이 우리 안에서 역사하시도록 우리 자신을 내어 드립시다. 그리하여 이 땅에서의 마지막 날에 사람들이 이렇게 말할 수 있도록 합시다. '우리가 먼저 하나님의 사랑을 받았기에 우리도 그처럼 열렬히 사랑할 수 있었다고.' 사랑은 절대로 끝나지 않았습니다.

part 6

내가 본 이원상 목사님

6부에는 지인들과 성도들이 이원상 목사님과의 만남 속에서 받은 은혜와 감동을 글로 적었습니다. 많은 글들이 도착했지만 지면 관계상 일부만 이곳에 싣게 됨을 양해해 주시기 바랍니다. 또 원고가 부분적으로 정리 및 편집되었음을 알려드립니다. 더 많은 글들은 이원상 목사 추모 사이트 wonsanglee.kcpc.org에서 볼 수 있습니다.

30년간 베풀어 주신 과분한 사랑
노창수 목사

1987년 신학교 졸업을 앞둔 저는 진로를 놓고 하나님만 기다리는 시간을 보내고 있었습니다. 워싱턴 근교에 위치한 두 교회에서 사역자로 청빙을 받게 됐습니다. 한 교회는 와싱톤중앙장로교회(담임목사 이원상)였고, 다른 한 교회는 메릴랜드에 위치한 제일침례교회(담임목사 이동원)였습니다. 와싱톤중앙장로교회는 하프타임(청소년 사역) 사역이었고, 제일침례교회는 풀타임 사역이었습니다. 저희 부부는 다시 한 번 간절히 기도하기 시작했습니다. 기도하는 중에 하나님께서 첫 목회지로 와싱톤중앙장로교회에 대한 마음을 주셨고, 저는 순종하는 마음으로 결정을 내렸습니다. 그렇게 해서 전에 한 번도 뵙지 못했던 이원상 목사님과 처음으로 만났고, 그 만남이 지금까지 30년간 이어지게 됐습니다.

그 당시 이원상 목사님은 50대 초반의 안정된 목회자셨고, 저는 20대 후반의 신학교를 갓 졸업한 신출내기 목사였습니다. 목사님과 저는 15년은 와싱톤중앙장로교회라는 사역의 현장에서 담임목사와 부교역자로 그리고 원로목사와 담임목사로 함께했으며, 또 다른 15년은 서로 다른 곳에서 멘토와 멘티의 관계로 하나님의 몸 된 교회를 섬기는 축복을 누릴 수 있었습니다. 지난 30년 세월 동안 이원상 목사님과의 교제와 동역을 한마디로 정리한다면 '과분한 사랑'이라고 하겠습니다.

남가주 목양실 책상에 앉아서 이원상 목사님과 맺었던 30년간의 세월을 되돌아보면서 그분이 보여주셨던 목회와 삶을 함께 목회하는 동역자들 및 교회의 일꾼들과 나누고자 합니다. 저는 이 목사님을 저의 영적인 거장이자 멘토로 생각했지만, 이 목사님은 저를 목회 최일선에서 함께 싸우는 영적 전우로, 누구와도 바꿀 수 없는 동역자로 대해 주셨습니다. 아무런 경험 없이 시작하는 목회 초년병들에게, 지금도 목회 현장에서 갈등하고 씨름하는 동역자들에게 앞서 걸어간 한 목회자의 사역과 삶이 하늘에서부터 주어지는 지혜로, 때로는 진지한 책망이자 눈물 어린 위로로 다가가기를 간절히 바랍니다.

말이 아닌 성품으로 표현하는 분

목사님을 처음 만나는 사람은 누구나 조용하고 온화하신 분이라는 것을 금방 알게 됩니다. 어떤 면에서는 화려한 언변을 가지신 분이 아닙니다. 그러나 말이 아닌 성품으로 표현하시는 분입니다. 작고 부드러운 목소리로 겸손하면서도 분명하게 의견을 전하고자 하셨습니다. 소리 높여서 말씀하시거나 특별히 화를 내시는 모습을 본 기억이 없습니다. 과묵하신 성품 탓에 목사님의 의중이나 생각을 잘 읽을 수 없을 때도 있었지만, 곁에서 목사님과 함께하다 보면 짤막

한 표현 속에 긴 여운이 담겨 있음을 깨닫고 깊은 통찰력을 얻을 수 있었습니다.

주변 사람들이 목사님에게 의견을 묻거나 제안을 하면 목사님은 "기도해 보겠습니다" 혹은 "생각해 보겠습니다"라고 답을 하시곤 합니다. 어떤 문제에 관해 "기도해 보겠습니다"라고 대답하시면 그 문제의 대답은 '예스'일 가능성이 크고, 반대로 "생각해 보겠습니다"라고 답을 주시면 '노'일 가능성이 큽니다. 목소리 톤의 변화는 없지만 평소처럼 침착하고 단호한 음성으로 "이러시면 안 됩니다"라고 말씀하실 경우에는 이를 더 두고 볼 수 없다거나, 한편으로는 강도 높은 책망을 의미합니다. 이 목사님은 온화함을 잃어버린 적은 없지만 분명하게 소신을 밝히시거나 선을 긋기도 하셨습니다.

이 목사님이 은퇴하시고 후임자로 제가 섬기고 있을 때, 교회 내 성도님들에게서 이런저런 얘기가 오가고 그 얘기가 목사님께도 들렸습니다. 한참 들으시더니 목사님께서 한마디 하셨습니다. "노창수 목사님이 내 담임목사님이십니다." 제가 목회를 잘한다, 못한다가 아닌 짧은 몇 마디로 신뢰를 보여주셨고, 부족한 후임자의 영적 권위를 세워 주셨습니다. 곁에서 그런 면모를 보면서 배우게 된 것은, 말에 대한 절제와 지혜였습니다. 이 목사님은 듣기는 속히 하셨고, 말씀하기는 더디 하시면서 화를 내신 적이 없었습니다. 또한 후임자에 대한 깊은 사랑과 신뢰를 보여주셨습니다.

간섭하지 않는 리더

담임목사로서 이원상 목사님은 부교역자에게 사역을 맡기고 잘하기를 기대하시는 리더였습니다. 교역자들이 자신들이 맡은 일을 알아서 잘해주기를 진심으로 기대하시기 때문에 야단치기보다는 오래 참으셨고, 조용히 말씀으로 타이르셨습니다.

이 목사님께서는 교역자들이 항상 하나님 앞에서 충성되길 기대하는 심정으로, 간섭보다는 기도로 후원하시는 사려 깊은 리더였습니다. 사역에 관해 깊은 토론을 하거나 나눔은 없었지만, 코람데오의 목회를 강조하셨습니다. 목사님 스스로 먼저 하나님 앞에서 신실하게 섬기셨습니다. 그런 목사님의 중심과 신실한 삶을 읽는 교역자라면 눈코 뜰 새 없이 바쁠 수밖에 없습니다. 내향적인 성품에다 남에게 싫은 소리를 못하시는 목사님은 열심히 사역하지 않는 교역자를 보면 마음이 상당히 불편하셨을 것입니다. 그때마다 가르치거나 간섭하시기보다는 조용히 하나님께 기도하셨습니다. 교역자 회의를 하거나 가끔 교제하는 자리에서 교역자들에게 "충성하세요. 충성하시면 하나님께서 다 갚아 주십니다"라며 권면하시곤 했습니다.

차가운 분? 편애하지 않는 분!

종종 목사님을 잘 모르는 분들은 "이 목사님은 대인관계에서 차가우시다", "목사님은 가까이하기엔 너무 먼 당신이다"라는 말들을 합니다. 맞는 얘기면서도 틀린 얘기입니다. 실제 목사님은 특정 사람을 가까이하신 적도, 그렇다고 멀리하신 적도 없으십니다. 지척에 있는 교역자들과도 늘 적당한 거리를 두셨습니다. 그런 부분이 어렵게 느껴지기도 합니다. 그러나 어느 누구도 편애하시거나 편견을 갖고 대하시지 않는 목사님의 모습을 보면 그 의중이 이해됩니다. 이 목사님은 특정한 사람들과 너무 가까워지면 시험에 들기 쉽고, 편애로 말미암아 관계에 상처를 줄 수 있다고 생각하셨습니다. 다만 하나님과 가까운 것이 모두에게 가장 좋은 길임을 아시고 이를 실천하신 것이라 생각됩니다.

보수적 신앙을 지켰던 목회자

목사님께서 철저하게 주일성수를 하시는 분이라는 것은 교회 안팎으로 널리 알려진 사실입니다. 와싱톤중앙장로교회의 주일은 모든 상거래와 매매가 금지된 날입니다. 주일예배 전후 교제를 위해 나누는 도넛은 그 전날에 배달되어야 했습니다. 목사님 스스로도 주일에는 식당에 가서서 식사하신 적이 없었습니다. 주일성수를 문자 그대로 믿고, 말씀대로 사셨습니다. 그랬기에 센터빌 지역으로 예배당을 새로 짓고 이사온 후에도 카페를 오픈하기까지 한동안 고민이 많았습니다.

예배 중에는 사람이 아닌 하나님 한 분만 영광 받으시기를 간절히 원하셨습니다. 예배를 드리는 자의 내적 가치만이 아니라 외적 태도나 방식에까지 그 진실함이 드러나기를 원하셨던 것입니다. 목사님은 자신의 삶에서 그 가치를 드러내려고 노력하셨습니다. 그런 까닭에 예배에서는 기존의 요소가 강했고, 젊은 세대를 위해서 모던워십을 기획하고 무대 강단의 변화를 주거나 기타, 키보드, 드럼을 놓기까지 오랜 시간이 필요했습니다.

또한 주일예배 안내위원과 헌금위원은 언제나 단정한 차림을 해야 했습니다. 여성 봉사자 드레스 코드(Dress Code)는 치마 정장을 입되,

진한 색상으로 맞춰야 했습니다. 어느 날인가 드레스 코드를 맞추지 못한 성도님이 자신이 섬길 수 있는지 물어온 적도 있었습니다. 성도 한 분 한 분이 바르고 온전한 모습으로 하나님께 예배하기를 바라셨습니다.

오래전 이야기지만, 이웃교회 교역자 수련회가 좋았다는 소문을 듣고 우리 교회도 교역자 수련회를 가자고 건의해 수련회를 가게 된 적이 있었습니다. 이웃교회 수련회가 즐거웠다는 소식을 들은 터라 내심 그런 기대를 하고 갔습니다. 그런데 기대와 달리 처음부터 끝까지 말씀과 기도로만 일관하셨습니다. 그 덕분에 말씀은 충만했지만 교역자들 안에 교제의 부족 등 아쉬움을 토로하자 수련회를 제안했던 제 입장이 난처해졌습니다.

그 당시에는 아쉽고 서운하기도 했지만, 지금 와서 돌아보면 그때 이 목사님의 마음을 이해할 수 있습니다. 이 목사님은 항상 경건과 모범적인 신앙이 목회자 자신의 생활 가운데 깊이 뿌리 박혀 있어야 함을 강조하셨습니다. 말 한 마디, 작은 행동 하나에도 신중할 것을 당부하셨습니다.

율법주의자? 말씀대로 살려고 몸부림쳤던 목회자!

한번은 어린 제 딸이 뜬금없는 질문을 해서 한바탕 웃었던 적이 있습니다. "아빠, 주일성수는 누가 만든 거야? 원로목사님과 우리 가족만 지키던데, 모두 다 지키도록 하면 안 될까?" 어린 제 딸 눈에는 주일성수가 율법주의적으로 보였던 것 같습니다. 목사님에 대해서 잘 모르는 분은 이렇듯 이 목사님이 율법적인 분이 아닌가 생각하기도 합니다. 그러나 그것은 오해입니다. 이 목사님은 절제와 인내를 그리스도인의 생활 속에 적절히 담을 줄 아셨고, 거룩한 하나님의 백성으로 살고 싶어 하셨습니다.

목사님은 모든 것과 담을 쌓고 사는 분이 아니라 구별된 삶을 위해서 몸부림쳤던 성도이자 목회자이셨습니다. 목사님 역시 좋아하는 풋볼 팀이 있었습니다. 댈러스 카우보이 팀의 팬이셨던 목사님은 가끔 TV 생중계로 그 경기를 즐겨 보시기도 했습니다.

청빈함과 검소함의 모델

이 목사님을 아는 사람이라면 누구나 "청빈하고 검소한 목사"라는 말에 고개를 끄덕일 것입니다. 목사님은 단 하루를 살아도 오직 하나님 앞에서 거룩하고 구별된 삶을 살고 싶어 하셨습니다. 청빈과 검소함은 그런 간절한 소원이 있었기에 얻은 칭호일 것입니다. 청빈함과 검소함이 그리스도인의 아름다운 믿음의 전통으로 전수되지 않는다면 오히려 무거운 짐이 된다는 것을 아셨습니다. 이 목사님은 교회에 부담을 줘서는 안 된다는 소신을 목회 기간 내내 굽힌 적이 없으셨습니다. 이 목사님은 목회 기간 중 교회에 부담을 주거나 짐을 지운 적이 없으셨습니다. 은퇴 후에도 제가 아는 한 그런 적이 없으셨습니다.

약사로 근무하셨던 사모님께서는 낮에는 목사님의 사역을 도우셨고, 밤에는 야간 근무를 하시며 생활을 꾸려 가셨습니다. 교회에 짐이 되는 게 아니라 오히려 주님의 몸 된 교회를 위해서 아낌없이 헌금하셨고, 복음의 일선에서 수고하는 선교사들을 위해서 기회가 닿을 때마다 SEED 선교회를 후원하셨습니다. 지금도 그 부분에 있어서는 이 목사님은 물론 기도로 묵묵히 내조하셨던 사모님께 존경하는 마음을 갖고 있습니다.

언젠가 신학교에 입학한 한 전도사님이 학교에 고급 캐딜락을 몰고 오신 적이 있었습니다. 이 목사님께서는 그 전도사님께 넌지시 "이젠 자동차를 바꾸셔야 합니다"라고 조언하셨습니다. 목자의 길을 걸으며 양 떼를 돌보기로 결단한 사역자라면 육신의 안락함을 기꺼이 내려놓고 날마다 자신을 부인하고, 매순간 십자가에 함께 못 박힐 것을 가르쳐 주셨습니다.

신학교를 막 졸업하고 와싱톤중앙장로교회에서 부교역자로 사역할 당시 제 수중에는 아무 것도 없었습니다. 그런 와중에 아내는 임신 중이었습니다. 미국에서는 보험 없이는 출산비를 감당하기 어렵습니다. 다른 교역자들은 사모님들의 직장을 통해 의료보험을 지원받고 있었고, 그 당시 저희 교회에서는 보험 지원이 없던 터라 정말 난감한 상황이었습니다. 교회에 도움을 요청할까 생각도 했지만 이 목사님께 배운 대로 '교회에 재정적인 부담은 주지 말자'라고 결심했습니다. 감사하게도 아내가 취직하여 그 회사에서 출산 보험을 커버해 줬고, 목회 초년생인 저희 부부는 하나님의 공급하심과 돌보심을 경험하는 축복을 누렸습니다. 사실 부교역자 사례로 생활이 어려웠던 적이 없지 않았습니다. 그러나 그 일 이후에는 재정적인 위기 때마다 하나님만을 의지하게 되었습니다.

이 목사님은 오랫동안 사택을 렌트해서 사시면서도, 교회 건축을 할 때는 생활비를 더 줄여서 헌금을 하셨습니다. 목회 기간은 물론 은퇴하신 후에도 평범하고 실용적인 승용차를 타셨고, 다른 주나 해외로 출장을 가실 때는 항상 일반석 항공권을 구매하셨습니다. 교회에 부담을 주기보다는 당신이 몸소 불편을 감수하셨습니다. 늘 청빈하고 검소한 모습, 청지기로서 최선을 다하는 모습은 저를 비롯한 많은 후배 목회자들에게 자극이 되었습니다.

목회자의 목회자

제가 공부한 댈러스신학교는 하나님의 말씀을 깊이 있게 연구하고 목회자로서의 자질을 갖추어 나가기에 너무나 좋은 선지동산이었습니다. 신학교에서 배운 것과 다른 목회 현장을 보면서, 또 이민교회와 한국교회에 본이 되지 못하는 선배 목회자들을 보면서 갈등하던 때도 많았습니다. 갈등이 심해질 때는 어떻게 목회해야 할지 자신감마저 잃어버린 적도 있었습니다. 그런 갈등과 고민 속에서 만난 분이 이원상 목사님이었습니다. 목사님과의 만남은 지금 돌이켜봐도 제게는 너무나 커다란 축복임을 고백합니다.

이 목사님은 말로만 가르치는 분이 아니라 그분의 목회와 삶을 통해서 눈으로 보고 배울 수 있는 리더였습니다. 세간에 쏟아지는 수많은 리더십이 있지만 제게 와 닿는 것은 없었습니다. 꼭 홍수 속에서 마실 물이 없는 것처럼 갈증만 커져 가던 차에 이 목사님을 통해서 삶으로 가르치는 목회자를 보게 되었고 마음에 깊이 새길 수 있는 기회가 됐습니다. 물론 그런 것을 배우기까지 긴 세월과 인내와 수고라는 대가를 치렀지만, 그것은 그 무엇과도 바꿀 수 없는 값진 메시지였고 보물이었습니다.

목사님의 삶을 통해서 깨달은 지혜

충성하는 목회자가 되라!

이원상 목사님은 하나님께서 주신 시간을 정직하게 사용하셨습니다. 다른 어떠한 것보다 하나님께 시간 드리기를 기뻐하셨습니다. 늘 정해진 시간에 교회에 출퇴근하셨고, 교회를 비우는 일이 거의 없었습니다. 퇴근 후에는 성도님들 가정을 일일이 심방하시고, 매일 성도들과 동일한 삶을 사셨습니다. 이 목사님은 '맡은 자에게 구할 것은 충성'이란 말씀 그대로 사셨고, 코람데오, 곧 하나님 앞에서만 온전히 목회하셨습니다. 이 목사님만큼은 아니지만 그분께 배운 대로 부교역자 시절부터 와싱톤중앙장로교회 담임으로, 지금은 남가주사랑의교회 담임으로 섬기면서 하나님 앞에서 신실함을 지키기 위해서 충성을 다하고 있습니다. 하나님 한 분을 위해서만 경주하는 삶, 그분께 충성된 종으로 살기를 소원하고 오늘도 그렇게 되기를 기도하고 있습니다.

기도하는 목회자가 되라

이 목사님의 목회는 한마디로 '기도'의 목회입니다. 1년, 12달, 365일 단 하루도 새벽기도를 쉬지 않고 기도의 자리를 지키셨습니다. 주님 앞에서 무릎 꿇는 기도로 하루를 시작하시는 목사님의 모습은 많은 후배 목회자들에게 감명을 주었고, 그 어떤 목회 매뉴얼보다 더 큰 가르침이 되었습니다.

새벽기도를 철저히 지키신 이 목사님 덕분에 새벽기도에 얽힌 에피소드가 유난히 많습니다. 비엔나 예배당 시절의 일입니다. 폭설로

도저히 운전할 수 없게 되자 목사님께 어떻게 하면 좋을지 연락을 드렸습니다. 제 생각에 이 목사님께서 "오늘은 눈이 많이 왔으니 댁에서 기도하시지요"라고 말씀하실 줄 알았습니다. 그런데 제 생각과 달리 이 목사님께서 저희 집으로 오셔서 저희 부부를 태워서 교회로 가셨습니다. 그 날 새벽기도는 이 목사님 내외분과 저희 부부, 전도사님 한 분, 모두 다섯 명만이 자리를 지켰습니다. 그렇게 목사님께 기도를 배웠습니다.

제가 담임목사가 되고 센터빌로 예배당을 옮기고 나서 어느 날인가 폭설이 내린 적이 있습니다. 퇴근길에 내린 폭설로 다시 교회로 발걸음을 옮겨야 했습니다. 정말 설상가상으로 교회가 정전까지 되어 교회 앞 성도님 댁에서 하룻밤을 묵고 새벽기도를 나온 적이 있었습니다. 하룻밤을 머물게 해준 그 집사님 댁 부부가 함께 새벽기도를 하는 축복(?)이 있었습니다. 목사님께 배운 대로 지금도 그렇게 기도하고 있습니다.

어느 날인가 목사님이 기도하시는 모습을 보게 되었는데, 예수님께서도 저렇게 기도하시지 않았을까 하는 생각이 들었습니다. 그런 목사님을 보면서 소원 하나가 생겼습니다. 그 소원은 바로 새벽에 기도하러 앉았는데 다시 일어나 보니 한밤중이 됐으면 하는 것입니다.

순종하는 목회자가 되라

이원상 목사님은 순종하는 자를 하나님이 기뻐하신다고 늘 강조하셨습니다. 준비된 순종만이 아니라 준비되지 않았어도 순종하는 것을 배우는 계기가 있었습니다. 전도사 시절에 일이 정말 많아서 하루하루가 눈코 뜰 새 없이 지나갔습니다. 어느 날 갑자기 이 목사님께서 수요 저녁예배 설교를 부탁하셨습니다. 갑자기 설교를 어떻게 할까 하는 고민이 앞섰습니다. 게다가 당장 밀린 일도 워낙 많아서 난감했습니다. 그러면서 목사님은 왜 갑자기 설교를 못하신다고 하신 걸까 하는 복잡한 마음이 들었지만, 그 모든 걸 떨치고 순종하는 마음으로 강단을 지켰습니다. 사역을 하다 보면 어려운 일은 피하고 쉽고 작은 일은 눈에 들어오지 않을 때가 있습니다. 그렇지만 그 순간에 철저하게 순종하는 것이 필요합니다. 그 순종함 속에 나 자신이 성장하는 것을 발견할 수 있었습니다.

겸손한 목회자가 되라

이 목사님은 "나는 마음이 온유하고 겸손하니…내게 배우라"는 예수님의 말씀을 따르려고 애쓰셨고, 언제나 예수님을 닮고 싶어 하셨습니다. 목사님은 세례 요한처럼 '그는 흥하고 나는 쇠하리라'는 신앙관을 갖고 사셨습니다. 성도와 함께 일하고, 함께 호흡하며 자신의 특권을 기쁘게 내려놓으신 분이 바로 목사님이십니다.

목사님께선 비엔나 예배당 시절, 예배당에서 식사할 때면 늘 성도들과 함께 줄을 서서 드셨습니다. 조용히 줄을 서서 음식을 받고 자리에 앉아서 식사하셨습니다. 누가 시간이 없으신 목사님을 위해 음식을 따로 준비해 드릴 수도 있었지만, 이 목사님은 성도들과 똑같이 줄을 서서 드시길 원하셨습니다. 저는 그런 목사님이 좋았고, 아마 성도들도 그런 모습의 목사님을 더 사랑하고 신뢰하지 않았나 생각됩니다.

목사님은 휴가 중에도 주일 강단은 지키셨습니다. 목사님은 "목회가 쉽다"라고 말씀하실 정도로 자신의 시간을 주님께 바치고 성도를 위해 본인의 불편함을 감수하셨습니다. 또한 성도를 위해 자신의 불편을 감수하는 일을 조금도 부담스럽거나 희생적인 일이라 여기지 않으셨습니다. 그러나 목회가 쉽이라고 여기시는 목사님의 뒤를 이어 교회를 섬겼던 제게는 여러 가지로 쉽지가 않았습니다. 담임목사로서 목회의 현장에서 체력의 한계를 뛰어넘지 못해 힘든 적이 한두 번이 아니었습니다. 그때마다 이 목사님의 강인한 체력에 감탄했고, 속으로는 '나는 한국전쟁 세대인 목사님을 따라갈 수 없다'고 생각했습니다. 그때마다 "주여, 불쌍히 여겨 제게 체력과 영력을 주십시오"라고 간절히 기도드릴 수밖에 없었습니다. 한계를 뛰어넘는 기도는 그때 배우게 됐습니다.

쉽지 않았지만 10년간 담임으로 섬겼던 와싱톤중앙장로교회를 사임하고 남가주사랑의교회를 택할 용기가 생겼던 것은 이 목사님께서 자신의 삶으로 보여주신 가르침의 영향이 컸습니다. 중앙장로교회에서 안정된 목회의 자리를 잡아가고 있었지만 주님의 부르심에 온전히 순종할 수 있도록 보이게 또는 보이지 않게 이끌어 주신 것에 감사드립니다. 저는 목사님께 배운 대로 겸손하고 또 겸손한 목회자가 되려고 노력합니다.

우리 부부의 멘토

오늘날 참된 목회자를 찾기 어려운 시대에 살고 있습니다. 그런 시대에 거슬러서 평생 주님 한 분만 사랑하셨고, 그분의 몸 된 교회를 동일하게 사랑하셨던 목회자를 만나게 해주신 하나님께 감사를 드립니다. 특별히 부족한 저희 부부를 진심으로 아껴 주셨고, 특히 저희 딸 한나는 어려서부터 이 목사님 내외분의 사랑을 듬뿍 받았습니다. 이 목사님과 사모님은 저희 부부를 위해 늘 기도해 주신 멘토이셨습니다.

관계를 지키는 지혜

이원상 목사님은 부족한 저를 목회자로 키워 주셨고, 언제나 신뢰해 주셨습니다. 이 목사님께서 은퇴하시기 전, 목사님을 찾아가서 한 가지 부탁을 드린 적이 있습니다. 목사님이 은퇴하신 후, 만일 성도들이 찾아와 후임목사에 관해 이런저런 얘기를 하거나, 제게 찾아와 원로목사님에 관해 말하는 일이 생길 때 당사자인 우리가 서로 확인하기 전까진 아무 말도 하지 않았으면 좋겠다는 부탁이었습니다. 사람들의 말에 동요하지 않길 부탁드렸던 이유는, 이민교회 안에서 그런 안타까운 모습을 많이 봤기 때문이고, 원로목사와 후임목사와의 관계는 좋은데 이런저런 이야기를 통해 두 사람의 관계가 깨지는 일이 없기를 바랐기 때문이었습니다. 이 목사님께서는 저의 제안을 충분히 이해해 주셨고, 그 약속을 신실하게 그리고 너무나도 지혜롭게 잘 지켜 주셨습니다.

지속적인 관계

이처럼 목사님과 지속적으로 좋은 관계를 유지할 수 있었던 것은, 하나님께서 허락하신 큰 은혜 덕분입니다. 저를 와싱톤중앙장로교회 담임으로 청빙한다고 결정했을 때 목사님께 감사하다고 말씀드리면서, 만일 목사님과 관계가 깨질 것이라면 오지 않겠다고 했습니다. 와싱톤중앙장로교회에서 담임목회하는 것도 귀하지만, 목사님과의 관계가 깨지면서까지 목회하고 싶은 마음은 없었습니다. 그러나 제 마음의 소망을 하나님께서 들어주셔서 감사하게도 오래도록 목사님과 좋은 관계를 유지할 수 있었습니다. 와싱톤중앙장로교회를 떠나게 될 때 목사님 내외분께서는 저에게 그동안 수고 많이 했고, 하늘의 상이 클 것이라며 격려와 축복을 아끼지 않으셨습니다.

리더십 전환의 좋은 모델

와싱톤중앙장로교회에서 목회를 하면서, 원로목사와 후임목사 공저로 '교회 리더십 전환'(Leadership Transition)에 관한 책을 쓰고 싶었습니다. 현재 이민교회나 한국교회는 안타깝게도 전임목사와 후임목사와의 사이에 문제가 많습니다. 그래서 와싱톤중앙장로교회가 좋은 모델이 되었으면 좋겠다는 마음으로 책을 쓰고 싶었지만, 주님께서 허락하지 않으셨다고 생각합니다. 비록 글로는 남길 수 없었지만, 목사님과의 좋은 관계는 오래도록 남아 있다고 믿습니다.

마지막으로 오직 예수님만을 바라보고 목회하신 목사님과 사모님을 마음에 담고 싶습니다. 한번은 사모님께서 예배 시간에 찬양을 부르면서 눈물을 흘리시는 모습을 본 적이 있습니다. 그 찬양은 바로 찬송가 27장입니다.

> 빛나고 높은 보좌와 그 위에 앉으신

주 예수 얼굴 영광이 해같이 빛나네. 해 같이 빛나네.
지극히 높은 위엄과 한없는 자비를
뭇 천사 소리 합하여 늘 찬송 드리네. 늘 찬송 드리네.
영 죽을 나를 살리려 그 영광 떠나서
그 부끄러운 십자가 날 위해 지셨네. 날 위해 지셨네.
나 이제 생명 있음은 주님의 은혜요 저 사망 권세 이기니
큰 기쁨 넘치네. 큰 기쁨 넘치네.
주님의 보좌 있는데 천한 몸 이르러 그 영광 몸소 뵈올 때
내 기쁨 넘치리. 내 기쁨 넘치리.

선한 싸움을 싸우신 목사님, 오직 예수님만 바라보고 달려가신 목사님, 끝까지 믿음의 본을 보여주신 목사님! 머리 숙여 감사합니다.

제 마음 깊숙한 곳에서부터 목사님 내외분을 존경하고 사랑합니다. 지난 30년 동안 삶으로 목회자의 자세와 생활 그리고 목회를 가르쳐 주신 목사님께 감사드립니다. 목사님 내외분은 하나님께서 제 인생에 허락하신 참으로 귀하고 아름다운 선물입니다.

성자로 보이던 총각 전도사님
박무용 목사

저는 어릴 때 평산교회라는 시골 개척교회를 다녔습니다. 당시 농촌에서 자녀를 중학교에 보내고 공부시킨다는 것은 퍽 어려운 일이

었습니다. 제가 중학교 1, 2학년, 이유 없는 반항의 시기를 겪던 사춘기 때 이원상 목사님이 첫 목회지로, 우리 교회에 전도사님으로 부임해 오셨습니다.

제 어머니는 당시 극성스런 여집사로 교회를 섬기셨습니다. 교회 일이라면 집안일 다 제쳐 놓고 교회로 달려갔습니다. 전도사님이 심방하자고 하면 하던 일도 그대로 두고 온 종일 함께 심방하셨던 일을 기억합니다. 저는 믿지 않는 동네 친구들, 학교 안 다니는 친구들과 어울리다 보니 못된 행동만 배우고 교회는 마지못해서 다녔습니다.

제가 아는 이원상 전도사님은 평소에 성경책을 보시거나 아니면 영어 관련 책이나 사전을 손에서 놓은 적이 없었습니다. 전도사님 얼굴은 너무 부드럽고 인자했습니다. 저는 전도사님의 말씀에 따라 저녁에 한 시간씩 영어를 배우기 시작했습니다. 전도사님을 가까이 대하면서 그분의 말씀과 행동이 일치함을 보았습니다.

저는 꿈은 있었지만 가난 때문에 공부할 여건이 안 됐습니다. 전도사님은 그런 저를 격려해 주시고, 기도를 가르쳐 주시고, 자신도 경제적 어려움이 있지만 하나님의 도우심으로 지금까지 열심히 공부하고 있다고 말씀하셨습니다.

게다가 어린 제가 말썽부리는 것을 다 알면서도 전혀 내색하지 않고 신앙생활과 영어 공부에 힘쓰도록 지도해 주셨습니다. 오늘의 제가 목사가 되고 황금교회를 개척하며 40년간 목회하고 선교하는 목회자가 된 것은 물론 하나님의 은혜이지만, 저의 롤모델이셨던 이원상 목사님 덕분이라는 생각이 듭니다.

이 목사님이 미국에 공부하러 가신 뒤 많은 세월이 흐른 어느 날,

서울에서 '평신도를 깨운다'라는 주제로 열린 제자훈련에 참석했다가 늘 생각만 하고 그리워하던 이 목사님을 만났습니다. 그 연세에 미국에서 한국까지 훈련받기 위해 오셨다니 그분의 변함없는 모습에 감탄이 절로 나왔습니다.

목사님은 제가 목사가 된 것에 놀라셨습니다. 제 어머니 김정자 집사님의 기도를 하나님이 들으셨다며 좋아하셨습니다. 이 땅에 사는 동안 저 역시 이원상 목사님이 가신 길을 따르는 목회자가 되길 소망합니다.

하나님의 사랑에 사로잡힌 목자
이시곤 목사

제가 이원상 목사님을 처음 만난 것은 거의 60년 전인 1957년 계명대학교에서입니다. 목사님은 만주 길림성에서 출생하여 거기서 자라셨고, 저는 길림성에서 초등학교 1년을 다녔습니다. 뿐만 아니라 목사님이 학창시절 다니셨던 경산읍교회의 이만천 목사님은 저의 초등학교 교감 선생님이었습니다. 이렇게 이 목사님과 저는 여러 가지 공통된 추억들을 가지고 있습니다.

이 목사님은 계명대학교의 구의령(William Albert Grubb) 교수님으로부터 지대한 영향을 받으셨다고 합니다. 구의령 교수님은 한국을 매우 사랑하셔서 생시에 늘 "다시 태어나도 저는 한국에 갑니다"라고 말씀하셨던 우리의 귀한 스승이셨습니다. 이 목사님은 1968년에 델러스신학교에서 공부하기 위해 미국에 오셨고, 저는 1967년에 먼저 미국으로 공부하러 왔습니다.

목사님은 관용의 마음과 타인의 실수를 용서하는 마음, 그리고 사람을 귀히 여기는 마음이 크신 분이셨습니다.

한번은 "목사님이 신임할 만한 사람에게 중책을 믿고 맡겼는데, 그 사람이 나중에 큰 잘못을 저질렀을 경우에 어떻게 처리하십니까?"라고 물으니, "그분이 다만 하나님 앞에 회개하기를 바랄 뿐이지요"라고 대답하셨습니다.

또 이런 일도 있었습니다. 몇 년 전 동료교수 한 분이 병환으로 위중하셔서 그분을 뵈려고 제가 워싱턴에 왔을 때입니다. 아침 7시에 공항에 도착하여 예고도 없이 갑자기 목사님께 전화하여 픽업해 달라고 하니 "미리 알았더라면 더 좋았을 텐데, 거기서 기다리면 내가 곧 나가겠다"고 하시고는 싫은 기색도 없이 저를 데리러 오셨습니다. 게다가 아침식사 대접은 물론, 저를 목적지까지 데리고 가서 그 집에서 같이 예배까지 드렸습니다. 그런 후 11시에 곧바로 한인교회협의회 주최 신년 하례예배 설교를 위해 단상에 올라가셨습니다. 목사님은 그렇게 바쁜 일정 중에도 저를 챙겨 주셨던 것입니다.

게다가 작년 11월 말에는 저를 댁으로 초청해 주셔서 닷새 동안이나 목사님 댁에서 지내며 넘치는 사랑의 대접을 받았습니다. 목사님은 댁에 계실 때에도 식사시간, 수면시간, 대화시간 중간 중간에 틈만 나면 아무리 짧은 시간이라도 그냥 흘려 보내지 않고 성경을 읽곤 하셨습니다. 그 모습을 보고 많은 것을 배울 수 있었습니다.

목사님은 어떤 일을 처리하실 때 철두철미하게 하나님의 방법으로만 하셨습니다. 수단, 방법, 기술, 요령 따위와는 거리가 먼 분이셨습니다. 목사님은 지성과 영성이 조화로웠으며 특히 하나님의 사랑에 사로잡혀 있었습니다.

주님의 모습을 보여주신 이원상 선생님
이상규 교수

제가 이 목사님을 처음 뵙게 된 것은 1965년, 대구 근교의 메노나이트 중학교 2학년 때였습니다. 메노나이트 중고등학교는 한국전쟁 후 고아나 극빈자들에게도 교육의 기회를 제공하기 위해 미국의 메노나이트교회가 설립한 중등학교였습니다. 전교생이 기숙사에서 함께 생활하는 생활공동체이자 함께 예배드리는 신앙공동체였습니다. 1965년에 새로 부임하신 이원상 선생님을 만난 후 50여 년의 세월이 지났지만 선생님에 대한 기억은 잊을 수 없는 추억으로 남아 있습니다. 다른 선생님보다 약간 체격이 크셨고 늘 코르덴 양복을 입고 다니시던 검소한 모습이 인상적이었습니다. 선생님은 사회와 영어를 가르치셨는데, 어린 우리가 볼 때도 매우 인격적이셨고 인자하셨습니다. 큰소리치거나 화내시는 일도 없었습니다. 당시만 하더라도 체벌이 심했지만 이원상 선생님에게는 상상할 수 없는 일이었습니다. 수업 시간에도 교과에 충실하셨고 다른 이야기로 시간을 보내는 일이 없었습니다.

그때 학교에서는 매일 아침 예배를 드리고 수업을 시작했는데, 이 선생님께서 설교하시던 모습이 아직도 기억에 남아 있습니다. 예화를 들거나 일부러 웃기려 하지도 않으셨고, 그저 성경말씀만 진지하게 설교하셨던 것으로 기억합니다.

선생님이 1967년 학교를 떠나신 후 오랫동안 뵙지 못했지만 나중에 미국에서 존경받는 목회자가 되셨다는 소식을 들었습니다. 선생님의 외식 없는 진실하고 성실한 삶의 여정을 생각하면 교회 부흥은 당연한 결과라고 생각했습니다.

제가 이 목사님을 다시 만난 것은 2001년 4월이었습니다. 한국에 오신다는 소식을 듣고 동문인 이석근 목사와 같이 선생님을 만나기 위해 동대구역으로 갔습니다. 25년 만에 다시 뵙게 된 것입니다. 그날 우리는 선생님을 모시고 경산으로 가서 폐허가 된 메노나이트학교 건물을 둘러보았고, 특히 이 목사님이 전도사로 일했던 평산교회를 방문했습니다. 교회당 건물은 그때 그대로였습니다. 선생님도 25년 만에 처음 와 본다며 감격해 하셨습니다.

환자가 좋은 의사를 만나는 것이 축복이듯이 좋은 은사를 만난다는 것 역시 큰 축복입니다. 저는 이원상 선생님에게서 스승의 모범과 목회자의 마음을 배웠습니다. 여전히 부족하지만 고신대에서 교수로 섬기며 오늘에 이른 것도 이원상 선생님 같은 훌륭한 스승을 만난 덕분입니다.

참된 여호와의 종
황삼열 목사

　제가 10학년 때인 1974년에 이원상 전도사님을 처음 뵈었습니다. 제 부친인 황규석 목사께서 필라델피아 인근에 교회를 개척하셨는데 그때 이 전도사님께서 저의 아버지와 동역하셨습니다.

　당시 한 수련회에서 이원상 전도사님과 일대일 대화를 할 기회가 있었습니다. 그때 지금까지도 제 머릿속에 남아 있는 한 가지 말씀을 주셨는데 라틴어로 'ex nihilo'라는 말입니다. 이 말의 의미는 'out of nothing'(무에서부터)이라고 하시며 하나님의 창조에 대해 설명해 주셨는데, 그때 저는 이분이 진정으로 하나님을 향한 깊은 신앙의 소유자라고 느꼈습니다. 이원상 목사님께서 버지니아로 떠나가시게 되었을 때 제 부친께서는 많이 우셨고 "참으로 좋은 사람"이라고 기록해 놓으셨습니다.

　제가 신학교 재학 중에 목사님의 영적 리더십에 대해 인터뷰할 기회가 있었는데 인상 깊었던 것은 당회원들과 오랜 세월 동안 많은 시간을 함께 보내는 것이었고, 예수 그리스도를 닮아 가는 것이 평생의 목적이라는 것이었습니다. 그 속에서 목사님은 예수 그리스도의 제자도를 직접 실천하고 계시는 분이요, 말이 아닌 행동으로 보여주는 진정한 양육자임을 깨달을 수 있었습니다.

　이원상 목사님의 목사 안수를 저희 부친 황규석 목사님이 하셨고, 제 목사 안수를 이원상 목사님이 하셨습니다. 이런 일은 흔치 않을 것 같습니다.

평생 이원상 목사님을 위해 기도해 오신 제 어머님이 돌아가셨을 때 무리인 줄 알면서도 필라델피아에서의 입관예배 집례를 부탁드렸습니다. 목사님은 암 투병 중이심에도 불구하고 감사하게도 제 부탁을 들어 주셨습니다. 얼마 전에 목사님을 뵈었을 때도 몸은 비록 약해지셨지만, 여전히 주의 종으로서의 영성과 겸손한 모습이 드러나 제 마음에 위로가 되었습니다. 이제는 이 땅에서 목사님을 뵐 수 없어 마음이 아프지만, 목사님이 가르쳐 주신 대로 저도 예수님을 닮아 가는 삶을 살겠습니다.

기도로 꿈을 심고 현실에 충실하신 선교의 지도자
정강현 목사

댈러스신학교를 졸업하기 전 이원상 목사님이 와싱톤중앙장로교회로 돌아와 선교사역에 동역하자는 제안을 하셨습니다. 그리고 함께 사역을 시작할 무렵 목사님은 제게 당신의 꿈을 말씀해 주셨습니다. 1991년부터 2000년까지 매해 선교사 한 가정을 파송하고 이들을 도울 선교단체인 중앙선교회를 설립하는 비전이었습니다.

10년간 매해 선교사 한 가정을 파송하려는 비전은 어찌 보면 작은 듯싶지만 지난 시간을 돌이켜 보면 결코 쉬운 일이 아니었습니다. 교회 내에 선교에 대한 인식이 구체적으로 확산되지 않은 상태였기 때문입니다.

그러나 목사님은 계속 기도로 꿈을 심고 현실에 충실하심으로 그 꿈을 한 가지씩 이루어 나가셨습니다. 먼저 단기 비전인 매해 한 가정 파송에 심혈을 기울이셔서 1991년 박신욱 목사님을 선두로 2000년까지 장단기 선교사 14가정을 파송하게 되었습니다. 그리고 이를 토대로 SEED 선교회가 설립되었고 오늘날 수많은 선교사들이 거하는 단체로 성장하게 되었습니다. 이 목사님은 작은 비전을 귀히 여기며 그것에 충실하셔서 큰 비전을 수확하신 선교의 지도자이셨습니다.

목사님은 선교 중심의 목회를 하시면서 어려움을 겪기도 했습니다. 선교에 대한 전반 지식이 부족하여 이해하지 못하는 사람들의 반대도 많았습니다. 그러나 어려운 상황을 맞을 때마다 목사님은 도리어 주위 사람들에게 져주시고 자신을 죽이심으로 지도력을 드러내셨습니다. 예수님의 삶을 우리에게 친히 보여주신 것입니다.

목사님은 "예수님은 이보다 더한 고통을 당하셨는데…"라는 말씀을 자주 하셨습니다. 목사님의 발자취를 따라 우리도 다음세대를 향해 복음의 전달자로, 비전의 전달자로, 사명의 전달자로, 그리고 선교의 전달자로 보람되게 살아가기를 소원합니다.

모든 주의 종들의 모범이신 분
홍원기 목사

저는 1990년 8월부터 와싱톤중앙장로교회에서 7년간 목사님과 함께 사역했는데, 제 생애에 있어서 가장 행복하고 소중한 시간이었습니다. 훌륭한 주의 종 곁에서 목회를 배운다는 것이 얼마나 큰 축복인지요!

이 목사님은 기도하는 종이셨습니다. 말로만 기도를 강조하셨던 것이 아니라 본인이 늘 기도의 본을 보여주셨습니다. 저는 한 번도 목사님께서 새벽예배를 빠지신 것을 보지 못했습니다. 어디 출타하셨다가 늦은 밤에 돌아오셔도 목사님은 꼭 그 다음날 새벽예배에 나오셨으니까요.

또한 목사님은 끊임없이 자신을 치시는 훈련을 게을리하지 않으셨습니다. 그분에게는 오직 전진뿐 후퇴가 없었습니다. 영어도 계속 배우셔서 실력이 날로 향상되었고, 기도하는 시간도 계속 늘었습니다. 새벽예배가 6시에 시작되지만 늘 5시 20분에 오셔서 기도하셨던 목사님은 7년 후 제가 교회를 떠날 즈음에는 새벽 4시에 오셔서 기도하시곤 하셨습니다. 정말 목사님은 대단하셨습니다.

그리고 그분은 참으로 겸손한 분이셨습니다. 저는 한 번도 목사님께서 부교역자들이나 성도들에게 반말을 하신 것을 본 적이 없습니다. 나이 어린 사람들에게도 언제나 존댓말을 쓰신 목사님, 이 한 가지만 보더라도 그분의 인격을 짐작할 수 있습니다.

저는 목사님을 진심으로 존경하고 참으로 감사드립니다. 왜냐하면 오늘의 제가 있는 것은 이원상 목사님의 영향이 가장 컸기 때문입니다. 참으로 목사님은 우리 모든 주의 종들의 모범이요, 성도들에게는 세상에 둘도 없는 귀한 목자이십니다.

기도의 동역자
배현찬 목사

　이원상 목사님은 후배 목회자들에게는 귀감이 되는 희생적인 헌신으로 성실한 목회의 길을 걸어오셨습니다. 이 목사님의 인품은 '온유와 겸손'으로, 이 목사님의 사역은 '기도'로 함축할 수 있습니다. 목자 되신 예수 그리스도의 모습을 닮은 삶이라 생각됩니다.

　저는 24년 전 리치먼드에서 사역을 시작하면서부터 목사님의 사랑과 지도를 받아 왔습니다. 20여 년 전 워싱턴 기독교윤리실천운동을 함께 시작하고 15년 전에는 국제 기아대책기구 미주 한인 본부(KAFHI)를 창립하시면서 당신의 대를 이어 저에게 이사장직을 맡기셨습니다. 그러면서 격려해 주시고 인도해 주셨습니다. 오래전 어느 선교기관 행사에서 당신의 은퇴를 앞두고 후임자를 위해서 기도하실 때 저는 교육관 건축을 앞두고 기도하고 있었습니다. 그때 서로 손을 붙잡고 간절히 기도하던 일이 늘 잊히지 않습니다. 그 후 은퇴하신 후에 후임목사 선정과 저의 교육관 건축 기도는 아름답게 응답되었습니다.

　얼마 전 기아대책 이사회 후 만났을 때 서로를 위하는 기도를 원하셔서 함께 기도했던 기억이 새롭습니다. 투병 중에서도 매우 밝고 환한 모습이어서 감사하면서 기도했었지요. 지난 여름 한 장로님의 장례식 하관 예배에서 저를 발견하고 기도를 부탁하셨던 것을 마지막으로 더이상 함께 기도하는 기쁨을 누리지 못한 게 큰 아쉬움으로 남습니다. 그러나 목사님은 언제나 기도의 교제를 통해 후원해 주시고 은혜를 함께 나누셨습니다.

기도의 사람 이원상 목사님, 예수님의 인격을 닮은 '온유와 겸손'의 그 부드러운 손을 한번 더 잡아 보고 싶습니다. 하늘의 면류관과 빛나는 상급을 받으시며 지금도 저 위에서 그토록 아끼고 사랑하던 와싱톤중앙장로교회와 교우들을 위해서 그리고 이민 교계를 위해서 기도하고 계실 줄 믿습니다.

충격적인 겸손의 모습
박신욱 선교사

1989년 5월, 휴스턴에서 교육 목사로 섬기면서 남미 아르헨티나 선교사로 파송받기 위해 준비하고 있었는데, 갑자기 은퇴를 앞두고 있던 담임목사님의 후임목사가 될 것을 제의 받았습니다. 한 달간 고심하며 기도한 후에 아예 사임을 결심하고, 8월 말까지만 교회를 섬기기로 하였습니다. 제 입장에서는 갑자기 파송교회가 없어진 것이었습니다.

그런데 사임 결정을 교회에 알리고 일주일이 지났을 때였습니다. 와싱톤중앙장로교회 이원상 목사님께서 전화를 주셨습니다. 한 번도 만나 뵌 적이 없었는데, 남미 선교를 준비하고 있다는 이야기를 듣고 전화를 하신 것입니다. 목사님의 첫 번째 질문은 "지금 교회에서 어떻게 섬기고 계십니까?"였습니다. 당황스러웠지만, 사실대로 말씀을 드렸습니다. 그랬더니 목사님이 "저희 교회가 남미 선교를 하려고 하는데, 저희가 파송해 드리면 안 될까요?"라고 말씀하셨습니다. 전화를 끊기 전, 이 목사님의 마지막 말씀은 "기도하겠습니다"였습니다.

그리고 3개월 간, 이원상 목사님은 거의 일주일에 한 번씩 전화를 주셨습니다. "박 목사님, 안녕하세요? 이원상 목사입니다. 가족 모두 평안하시지요? 기도하고 있습니다. 감사합니다. 안녕히 계세요." 매번 채 3분이 되지 않는 조용하고 간결한 말씀이었지만, 목사님의 전화는 제 마음에 잔잔한 물결을 일으켰습니다. "아, 목사님께서 정말 기도하고 계시는구나!"

8월말 휴스턴을 떠나 워싱턴 덜레스국제공항에 도착했는데, 신학교에서 같이 공부했던 정강현 목사님이 마중을 나와서 반갑게 인사를 나누었습니다. 그런데 정 목사님 뒤에 계시던 한 분이 정중하게 목례를 하셨습니다. 그 모습이 얼마나 겸손했던지, 평신도 한 분이 따라오신 줄 알았습니다. 알고 보니 이원상 목사님이셨습니다. 선교사 후보를 마중하러 나오신 것도 그렇지만, 30대 젊은 목사에게 깊이 고개를 숙이시는 것은 제게 충격이었습니다.

여름날 뜨겁게 달구어진 밴 안에서 이원상 목사님의 기도가 시작되었습니다. 셔츠 안으로 땀이 줄줄 흘러 내렸습니다. 그러나 조목조목 선교사 후보를 위해, 또 선교하는 교회로 세우기 위해 간구하는 목사님의 간절한 기도는 계속되었습니다. 기도가 긴 만큼 기도제목도 많았습니다. 그러나 기도를 그렇게 길게 하신 것에 비해 교회 밴이 식당에 도착하는 동안 목사님은 거의 말씀이 없으셨습니다. 눈이 마주치면 미소만 짓곤 하셨습니다. 식당에 도착해서도 식사기도 후에 "많이 드세요" 한 말씀만 하시더니 또 조용히 식사만 하셨습니다. 담임목사님답지 않게 처음 만난 젊은 목사 앞에서 오히려 수줍어하시는 겸손한 모습은 이원상 목사님에 대한 변함없는 이미지로 제 마음에 남아 있습니다.

 이원상 목사님을 생각하면 떠오르는 세 가지 단어가 있습니다. 겸손, 기도, 그리고 하나님의 뜻입니다. 선교사 후보 시절부터 시작해서 선교사로서, 또 SEED 선교회 임원으로서 이원상 목사님을 25년간 모시며 사역하는 가운데 깨닫게 된 사실이 있습니다. 그것은 기도는 겸손한 성품에서 비롯된다는 것입니다. 겸손은 가장할 수 없습니다. 말과 행동에 그대로 나타나기 때문입니다. 한두 번은 겸손하게 보일 수 있을지 몰라도 진정으로 겸손한 사람이 되기는 쉽지 않은 일입니다.

 와싱톤중앙장로교회 첫 번째 목회자 수련회에 참석했을 때입니다. 이원상 목사님과 같은 방을 배정받았습니다. 가방을 옮기고 난 후에 목사님께서 아니나 다를까, "같이 기도하실까요?"라고 하셨습니다. 그러면서 저의 기도제목을 먼저 물어 보셨습니다. 그리고 목사님의 기도제목을 나누셨습니다. 목사님의 첫 번째 기도제목은 다시 한 번 제게 충격을 주었습니다. "박 목사님, 저는 설교를 잘하지 못하는 것 같습니다. 설교를 잘할 수 있도록 저를 위해 기도해 주시면 고맙겠습니다." 큰 교회의 담임목사로서 나이도 훨씬 어린 부목사에게 자기 설교의 부족함에 대해 고백할 수 있는 분은 많지 않을 것입니다. 겸손은 진실된 기도를 낳고 기도는 결과를 가져옵니다. 저는 그때부터 이원상 목사님의 말씀 사역을 위해 기도했습니다.

이원상 목사님이 목회와 선교 사역을 통해 이루어 놓으신 일들은 모두가 기도의 결과입니다. 와싱톤중앙장로교회 모든 성도들이 그 증인입니다. 기도의 결과로 모든 일이 이루어졌다는 것은 참으로 의미심장한 말입니다. 왜냐하면 그것은 하나님이 하셨다는 것을 입증하는 것이고 하나님의 뜻이 이루어졌음을 의미하기 때문입니다.

"성공하는 삶과 사역의 비결은
하나님께 불쌍히 여김을 받는 것입니다"
유익상 선교사

오랜 시간 목사님 곁에서 청년부 회장으로, 주일학교 교사로, 성가대원으로, 부교역자로, 선교사로 섬겼습니다. 목사님께서 가르치고 행동으로 보여주신 성공하는 삶의 비결은 하나님 앞에 기도로 나아가는 것이었습니다. 좋은 일이든, 어려운 결정이든, 원대한 계획이든, 육신의 고통이든, 특별한 일이든, 일상적인 일이든 하나님 앞에 기도로 엎드리면 하나님께서 불쌍히 여기실 것이고, 하나님으로부터 불쌍히 여김을 받는다는 것은 곧 성공하는 것이라고 목사님은 말씀하셨습니다.

미국 교회 건물을 사용하다가 처음으로 우리 성전을 지을 때 계획의 시작부터 완공과 그 이후까지 온 성도가 매일 한 명 이상씩 릴레이 금식기도를 했습니다. 친교실에 붙여 놓은 금식기도 달력에 자원하여 자기 이름을 적고 기도하는 것입니다. 풍성한 식탁이 차려지는 명절이나 식사모임이 있는 날은 예외 없이 이원상 목사님의 이름이 적혀 있었던 것을 기억합니다.

   건축을 위한 기도뿐만 아니라 교회행사, 교회의 각 가정, 임직자, 교직원들을 위해 매일 쉬지 않고 기도하는 것이 저도 모르는 사이 버릇이 되어 버렸습니다. 내년의 계획들을 일일이 하나님 앞에 아뢰고 스페인 동역자들과 기도하는 가운데 하나님이 새로운 지혜와 이해를 주심을 매일 경험하고 있습니다. 쉴 수 없는 기도, 하나님의 능력과 하나님의 자원에 연결되는 유일한 수단인 기도, 하나님의 뜻을 알 수 있는 기도는 이원상 목사님께 배운 가장 소중한 교훈입니다.

   이원상 목사님을 생각하면 떠오르는 또 하나의 단어는 겸손입니다. 하나님이 기뻐하시는 기도는 겸손의 옷을 입어야 합니다. 한번은 이원상 목사님께서 주중에 성도들이 교회 모임이나 회의에 자주 오지 못하는 것을 불평하는 부교역자들에게 이렇게 말씀하셨습니다.

   "성도들의 삶이 얼마나 힘듭니까? 아침 일찍부터 밤 늦게까지 일주일 내내 일하지 않습니까? 본인의 생업을 충실히 하고 또 하나님 앞에도 충성하는 것입니다. 그렇다면 우리 교역자들은 그저 맡겨진 일만 하는 것으로 만족하면 안 되고 두 배로 일을 해야 성도들과 비교할 때 공평한 것이지요. 겸손과 기도는 다른 것이 아닙니다. 겸손은 내가 부족한 척하는 것이 아니라 내가 부족한 것을 인정하는 것입니다. 그리고 하나님 앞에 부족한 자신을 인정하는 것이 바로 기도라고 생각됩니다."

"정확히 그리고 정직하게 말하세요!"
김요한 선교사

이원상 목사님은 제게 부드럽고 온유하신 멘토이셨습니다. 제가 1975년에 미국으로 이민 와서 처음 나간 교회가 와싱톤중앙장로교회였는데, 그때는 윤명호 목사님이 교회를 담임하셨습니다. 1977년부터는 뉴욕과 필라델피아로 돌며 이민 정착을 위해 여러 가지 비즈니스를 했습니다. 세 자녀를 낳고 힘겹게 살며 안정된 교회를 찾지 못한 채 신앙생활의 방황을 하다가 다시 버지니아 와싱톤중앙장로교회로 돌아온 것은 1981년이었습니다. 그때 이원상 목사님을 만난 후 저의 신앙생활은 안정을 찾았습니다.

교회가 한창 부흥되어 비엔나에 교회당 건축을 진행하고 있을 때였습니다. 교회에서 열심히 봉사하며 서리집사로도 섬기게 되었습니다. 1987년 어느 날 이영자 사모님께서 저희 집에 심방을 오셨는데, 그때 저에게 신학 공부를 해볼 것을 권하셨습니다. 제가 미국 이민 올 때부터 마음에 품고 있었던 일이어서 제게는 참 반가운 권면이었습니다. 우선 파트타임으로 한 과목을 수강해 보라고 하셨습니다.

그래서 캐피털 성경신학대학원(Capital Bible Seminary)에서 구약개론을 듣게 되었습니다. 짧은 영어로 힘들게 마지막 시험까지 마쳤을 때 목사님께서 어떻게 아시고 성적을 물어 오셨습니다. 성적을 말씀드렸더니 칭찬해 주시면서 할 수 있다고 격려해 주셨습니다. 그렇게 시작하여 목회학 석사과정(M. Div.)을 마치고 목사 안수도 받고 선교지로 파송될 때까지 이원상 목사님은 언제나 조용한 목소리로 조언과 격려를 아끼지 않고 기도로 밀어 주셨습니다.

제게는 무의식 중에 말을 과장하는 버릇이 있었습니다. 그런데 그것을 목사님께서 아시고 저를 불러 거짓말은 절대 하면 안 되고 정확하고 정직하게 말하도록 힘써야 한다고 부드럽게 타일러 주셨습니다. 그 후로 저는 과장하는 버릇을 없애고 정확히 정직하게 말하려고 늘 노력하게 되었습니다.

1988년 선교사로 헌신한 후 1992년 11월 우즈베키스탄으로 선교사 파송을 받고 나갈 때까지 이원상 목사님은 언제나 긍정적이면서도 조용한 목소리로 저의 진로를 조언해 주신 멘토이셨습니다.

한인 2세대 교회의 선구자
오웬 리 목사

이원상 목사님은 한인 2세대들을 위해 진실한 마음과 비전을 가지고 한인 2세대 목회자들에게 많은 투자를 하신 보기 드문 목사님이셨습니다. 저는 그 한인 2세대 중 한 사람입니다. 그분은 2세대인 우리를 믿어 주셨고, 우리에게 힘을 실어 주셨으며, 우리가 단지 영어권 담당 부교역자가 아니라 담임목사도 될 수 있다는 믿음을 갖게 해주셨습니다.

크라이스트 중앙장로교회(CCPC)가 한인교회의 한 부서로서가 아니라, 자체적으로 장로와 담임목사가 있는 독립된 교회로 세워진 이유는 이 목사님이 품으신 하나님 나라를 향한 비전 때문이었습니다.

25년 전, 대부분의 한인 목회자들이 영어권 사역을 젊은이를 위한 부속사역 정도로만 여기고 있을 때, 이 목사님은 독립된 교회를 가진 2세대 사역에 대한 비전을 가지고 계셨습니다.

저는 목사님이 이루신 사역과 영적 유산에 대해 하나님께 감사드립니다. 이 목사님은 성도들의 '영적 아버지'셨습니다.

이원상 목사님은 겸손과 기도, 정직과 사랑을 가진 놀라운 분이셨습니다. 닮고 싶고 따르고 싶은 분이셨습니다. 그래서 저는 항상 그분의 삶을 생각할 때마다 더욱 신실하고 겸손하게 기도하면서 사역을 해야겠다고 다짐합니다.

저는 많은 목회자들을 알고 있지만, 이원상 목사님을 그 누구보다도 존경합니다. 이 목사님께서 제가 CCPC를 담임하도록 해주신 것은 저에게 큰 영광이며, 저는 그것을 항상 기억할 것입니다.

잊으려 해도 잊지 못할 사람
김원기 목사

나그네와 같은 짧은 인생을 살면서 그 가운데 잊어버리고 싶은 사람이 있는가 하면 잊으려 해도 잊지 못할 사람들이 있습니다. 60여 년 제 삶의 여정에서 두고두고 잊지 못할 분 중에 제일 먼저 떠오르는 분이 이원상 목사님입니다.

처음 이 목사님을 만났을 때가 1982년이었습니다. 그 당시 저는 워싱턴 한인침례교회에서 목회를 하였습니다. 오래전부터 잘 아는 사이는 아니었지만 평소부터 이 목사님을 존경하고 좋아했기 때문에 28세 나이에 담임목사로 취임하면서 이 목사님께 취임예배 설교를 부탁했던 것이 돌아가실 때까지 이어진 35년의 긴 인연이 되었습니다.

목사님은 그동안 저에게는 자상한 형님 같기도 하셨고 조용한 친한 친구 같기도 하셨습니다. 어떤 때는 서로의 목회를 돌아보며 새로운 발전을 위해 늘 서로 격려하고 아끼는 동역자이기도 했습니다. 젊은 나이에 오래된 전통을 가진 교회에서 담임목사로 목회를 시작하는 것이 불쌍하셨는지 늘 옆에서 저를 챙겨 주시곤 했습니다.

그 당시만 하더라도 이민교회 역사가 그리 오래지 않아서 떠나온 고향의 교회를 그리워하듯이 미국에 살면서도 여전히 한국 문화에 젖어 살던 상황이었습니다. 그런 분위기에서 미국에서 자란 제가 목사님과 나이 차이는 많아도 문화의 차이를 못 느끼셨는지 서로 대화가 통해 만나면 늘 신나게 떠들던 기억이 생생합니다. 물론 대부분 떠드는 것은 저였고 말없이 듣고 계신 분은 이 목사님이었지만 지금도 그때가 그립습니다.

그런 우리의 관계는 평생 지속되었습니다. 제가 섬기던 교회가 마침내 예배당을 건축하고 입당예배를 드릴 때도 목사님을 모시게 되었고, 그 후 그 교회를 사임하면서 가진 송별예배에도 설교를 해주셨을 만큼 친한 사이가 되었습니다. 또한 오랫동안 같은 지역에서 목회를 했을 뿐만 아니라 선교에 대한 열정도 공유했기에 많은 일을 함께할 수 있었습니다.

워낙 조용하신 분이기에 평소 많은 말씀을 하시지는 않았지만, 목사님이 저를 지지한다는 것을 한 번도 의심해 본 적이 없습니다. 목사님은 의리를 지키는 좋은 친구였습니다. 나를 믿어 주는 친구가 절실하게 필요할 때 그분은 그런 친구가 되어 주셨습니다.

저는 그런 목사님을 평생 옆에서 보고 배울 수 있는 환경을 주신 하나님을 사랑합니다. 그리고 처음부터 끝까지 제 곁에서 한결같은 모습으로 대해 주신 이원상 목사님을 사랑합니다.

영성과 인격의 삶으로 본을 보이신 목사님
신희령 전도사

1993년 1월부터 와싱톤중앙장로교회 교육부 교역자로 이원상 목사님과 함께 사역을 하며 가까이서 뵙게 되었습니다. 부교역자들에게 '큰 목사님'으로 불리신 이 목사님은 정말 마음이 매우 넓고 너그러운 분이셨습니다. 대부분 자신에게는 관대하고 다른 사람들에게는 그렇지 못한 데 반해, 이 목사님은 오히려 자신에게는 매우 철저하고 남에게는 관대하고 너그러우셨습니다. 부교역자들의 부족함이나 단점을 누구보다 잘 아시면서도 한 번도 꾸짖거나 잔소리하지 않고 오히려 더 많이 중보기도를 해주셨습니다.

그러나 철저하게 지키고 강조하셨던 것들이 있습니다. 기도를 목회자의 생명같이 여기셨기에 목사님은 부교역자들에게 새벽기도를 소홀히 하지 말 것을 당부하셨고, 하나님의 말씀이 조금이라도 타협되는 것을 용납하지 않으셨습니다. 또한 교역자로서 검소하고 모든 면에서 성도들에게 모범이 될 것을 강조하셨습니다. 그런 반면에 다양한 신앙 색채를 가지고 출석하는 성도들을 폭넓게 품으셨습니다.

이 목사님은 자신의 삶을 통해 예수 그리스도의 제자로 사는 것이 무엇인지, 또한 예수님의 겸손과 온유를 본받는 것이 무엇인지 보여주셨습니다. 철저한 자기 훈련을 통해 영성과 인격의 목회를 하셨습니다.

교역자 중 가장 어른이신 담임목사님이 주일 점심식사 때에도 성도들과 같이 줄을 서서 음식을 받고, 커피 한 잔도 본인이 직접 타 드시곤 하셨습니다. 목사님은 부교역자들이나 성도들을 편애하지 않으셨고, 남성 사역자와 여성 사역자를 구분하기보다는 각자 맡은 사역에 최선을 다할 수 있도록 늘 배려해 주셨습니다.

특별히 목사님은 2세대들에 대해 큰 비전과 관심을 갖고 계셨습니다. 지금의 CCPC인 영어 회중이 본당에서 예배를 드리도록 허락해 주시고, 같은 시간에 장년은 교육관 청소년 예배실에서 예배를 드리도록 하셨던 것은 다음세대에 대한 지극한 사랑에서 비롯된 것이었다고 생각합니다. 개인적으로 목사님을 알아 온 지난 24년 동안 한결같은 모습으로 그리스도를 닮아 가는 참 목자의 모습을 보여주신 이원상 목사님을 저의 담임목사님으로 또 후에 원로목사님으로 모실 수 있게 해주신 하나님께 감사드립니다.

낙망하지 않고 끊임없이 기도할 수 있기를
김현일 선교사

제가 이원상 목사님을 처음 뵌 것은 1995년 2월 제 아내와 결혼을 앞두고 인사를 드리러 갔을 때였습니다. 떨리는 마음으로 방문을 열자 겸손과 온화함이 가득한 얼굴로 맞아 주시며 저희의 결혼을 위해 기뻐하며 기도해 주시던 모습을 지금도 잊을 수가 없습니다. 그 후 이 목사님은 부족한 저를 와싱톤중앙장로교회 아가페와 대학부 전도사로 사역할 수 있도록 해주시고, 2000년 목사 안수와 함께 본 교회에서 이스라엘 선교사로 파송해 주셨습니다. 그때부터 지금까지 하나의 민족을 섬길 수 있도록 항상 지켜봐 주고 후원해 주신 목사님께 진심으로 감사드립니다.

목사님은 늘 기도하는 모습을 몸소 보여주시며 영적인 가르침을 주시고 언어와 사역에 필요한 연구 등에 열심을 낼 수 있도록 항상 깨우쳐 주셨기에 지금 제가 이 곳에 있을 수 있었습니다.

지난 21년 동안 목사님의 기도를 통해 많은 일들이 은혜롭게 해결되었는데 그중 한 가지 잊을 수 없는 일이 있습니다. 저희 첫째 딸 주영이가 태어나서 두 번의 큰 수술을 받았는데 그때마다 오셔서 기도해 주시고, 그 이후 오랫동안 둘째가 생기지 않았던 저희를 위해 이미 둘째가 태어나서 자라서 결혼하는 것까지 기도해 주신 일입니다. 주영이가 15세가 되기까지 두 번의 유산도 있었고 아내의 나이도 많아 이제 그만 기도해 주셔도 되겠다는 마음도 들었지만 목사님께서는 쉬지 않고 기도해 주셨고 결국 아내는 44세에 둘째 주은이를 낳게 되었습니다. 그 일을 계기로 낙망하지 않고 쉬지 않고 기도할 때 하나님의 일하심을 기쁨으로 맞이할 수 있게 된다는 가르침을 얻었습니다.

앞으로도 유대인을 향한 복음 전도자로서 목사님을 본받아 낙망하지 않고 쉬지 않고 기도하며 사역할 수 있기를 소망합니다.

아침을 여는 가장 멋진 선물
이현애 사모

아침 6시 45분이면 어김없이 전파를 타고 울려 퍼지는 이원상 목사님의 '오늘의 말씀.' 이것은 AM1310 기쁜소리 방송을 들으며 하루를 시작하는 워싱턴 지역 한인들에게는 한 모금의 생수요, 축복에 찬 하루를 열게 하는 원동력이었음을 부인할 수 없습니다. 특히 바로 곁에서 목사님과 함께할 수 있었던 저에게는 참으로 크나큰 축복이었습니다.

20년이라는 긴 시간 동안 목사님은 방송을 놓치신 적이 한 번도 없었습니다. 새벽기도를 마치시고 6시 30분에 교회를 출발하면 6시 40분에 방송국에 도착해 6시 45분에 생방송을 시작하셨습니다. 미국의 다른 주는 물론 혹시라도 외국에 나가게 되시면, 그곳의 시간대가 어떻게 되든 이곳 시간에 맞춰 전화로 방송을 하셨습니다. 그래서 캘리포니아에 가시든, 한국에 가시든, 심지어 터키에 가셨을 때도 목사님의 '오늘의 말씀'은 한결같이 생방송으로 이어졌습니다.

작년 8월에 치료를 받기 위해 뉴욕에 머무시는 동안에는 당신의 건강이 그렇게 안 좋은 상황에서도 방송은 꼭 챙겨 주셨습니다.

특별히 목사님은 아픔이 있는 사람들에게 따뜻한 위로와 소망 그리고 용기를 주셨을 뿐만 아니라 방송을 듣는 수많은 청취자들을 말씀으로 무장시키고, 말씀에 따라 살게 인도하셨습니다. 이런 목사님에게서 진정한 목자의 모습을 느꼈다고 말하는 사람들이 한둘이 아님은 새삼스러운 일이 아닙니다.

목사님을 가까이에서 지켜본 저희 방송국 직원 한 사람은 대형교회 목사에게는 누구나 권위의식이 있다고 생각했는데 자신의 편견이 깨졌다고 고백했습니다. 또 어떤 청취자는 방송 직후, 방송인과 청취자 사이에 서로를 챙겨 주는 흐뭇한 연결고리를 만들어 내시는 목사님을 직접 뵙고 싶어 방송국까지 달려오기도 했습니다. 목사님과 관련된 여러 일화들은 밤을 새워 이야기해도 모자랄 지경입니다. 목사님과 함께 방송을 했던 순간들이 저에게는 참으로 행복하고 감사한 시간이었습니다.

믿음의 기초를 든든히 세워 주신 목사님
윤삼성 장로

하나님께서는 이원상 목사님을 통해서 저에게 특별한 은혜를 베풀어 주셨습니다. 40세가 넘은 나이에 처음으로 교회에 나간 저에게 목사님은 친히 새신자 교육을 통해 예수님이 누구시며 왜 믿어야 하는지를 깨닫게 해주셨습니다. 셋째 주 교육을 받을 때쯤에 저는 '이제 죽어도 천국을 갈 수 있다'는 매우 귀중한 구원의 확신을 갖게 되었습니다.

이어서 2:7 제자훈련을 통하여 믿음의 기초를 든든히 세워 주셨습니다. 저는 2:7 제자훈련이 너무 좋아서 귀국 후에도 섬기는 교회와 직장 신우회에서 계속하여 2:7 제자훈련을 인도함으로써 제자의 길을 잘 배우고 이를 행하려고 노력했습니다.

부족하지만 장로로 임직을 받게 되었고 은퇴 후에도 일대일 제자훈련 양육자 및 양육자반 인도자로, QT 나눔방 인도자로 계속하여 사역을 하게 되었습니다. 이 모든 것이 목사님의 가르침 덕분으로 알고 깊이 감사하고 있습니다.

또한 목사님은 매년 봄 서울에서 열리는 SEED 선교회 '후원자의 밤'에 오셔서 한 해도 빠뜨리지 않고 저와 제 가족을 위하여 기도해 주셨습니다. 특히 와싱톤중앙장로교회를 떠나온 지 30년이 가까워 오는 지난해에도 제 아이들을 잊지 않으시고 일일이 이름을 부르며 기도해 주셨는데 그 기도가 저희에게 주신 목사님의 마지막 기도가 되었습니다.

와싱톤중앙장로교회에서 목사님을 뵐 당시에는 제가 초신자였던 탓에 모든 교회와 목사님들이 다 그럴 것이라 생각했습니다. 그런데 귀국 후 교회에 대해 조금씩 알아가게 되며 이렇게 좋은 교회와 귀한 목사님이 드물다는 것을 알게 되었습니다. 너무도 귀한 만남을 허락하신 하나님께 감사드릴 뿐입니다.

선교하는 교회를 힘을 다해 도와주신 분
임용우 목사

　이원상 목사님은 워싱턴 이민 사회와 교계에 큰 구심점이 되셨습니다. 그리고 저에게는 스승과도 같은 분이십니다. 사업을 하다가 부름을 받아 목회의 길로 들어섰기에 부족한 점이 많은 저에게 목회에 대해 귀한 가르침을 주셨습니다.

　이 목사님은 선교에 대한 열정이 너무도 크셨습니다. 교회를 담임하고 SEED 선교회를 이끌고 계셨지만 하나님의 꿈과 소원인 선교를 더 많이 하지 못하는 것에 대해 늘 안타까움을 가지고 계셨습니다. 목사님께서 은퇴하신 후 저희 교회(워싱턴성광교회)가 선교한다는 이유만으로 제가 교회를 비울 때마다 항상 오셔서 사례비도 받지 않고 설교를 해주셨습니다. 또한 제가 많이 지쳐 있을 때 목사님께서 6개월 이상 주중 새벽기도를 인도하시며 저에게 영육간에 재충전할 기회를 주신 적도 있습니다.

　이 목사님은 선교에 대한 열정과 온유한 모습의 소유자이지만 양보하지 않는 믿음의 단호함도 지니셨습니다. 목회를 은퇴하시고도 더 큰 열정으로 일하시는 모습이 후배 목회자에게는 참으로 귀감이 되었습니다.

예수님의 성품을 강의하시고 본보이신 목자
최종상 선교사

　2009년 둘로스 배의 단장으로서 세계 순회 사역을 끝내고 미국을 방문할 때 이원상 목사님을 찾아뵈었습니다. SEED 선교회 기도모임 후 영국에 돌아가 영국과 유럽 재복음화를 위해 암노스교회개척학교를 설립하고자 하는 계획을 말씀드렸더니 목사님은 큰 관심을 보여주셨습니다. 그리고 2013년 3월 암노스교회개척학교 제2기생들이 공부할 때 목사님은 강의를 위해 자비로 런던까지 먼 걸음을 해주셨습니다. 과목은 '예수님의 영적 리더십'으로 예수님의 성품에 대해 강의하시면서 주의 종들은 마땅히 예수님의 모습과 성품을 닮아 그 인격으로 목회해야 한다고 역설하셨습니다. 목사님은 조용히 말씀하시는 가운데서도 힘이 있었고, 천천히 하시는 영어 강의에도 진지함과 영감이 넘쳤습니다.

　목사님이 처음 오셨을 때 학생 수는 고작 4명, 그러나 목사님은 400명을 가르치시듯 열강하셨습니다. 이 작은 학교와 학생들을 보시고도 칭찬에 칭찬을 거듭하시면서 필요하면 언제든지 다시 오고 싶다고 하셨습니다. 그 후 목사님은 매년 오셨습니다. 2016년 2월에도 강의 일정이 잡혔으나 병환 때문에 오시지 못했는데, 대신 좀 나아지면 6월에 오시겠다고 하실 만큼 암노스 강의에 열의를 보이셨습니다. 신입생이 들어오면 이름과 사진을 보내 달라고 먼저 부탁하셨고, 영국에 오실 때는 이미 12명 학생들의 이름을 다 외우고 계셨습니다. 늘 가르칠 학생들의 이름을 불러가며 기도하시고, 오셔서 그들에게 강의하시니 하나님께서 어찌 이 강의와 교제를 축복하지 않으시겠습니까?

졸업식 때 한 학생 대표가 1년을 돌아보며 간증하는 시간이 있었습니다. 그 학생이 이원상 목사님의 강의 내용뿐 아니라 경건한 삶과 온유한 인격을 통해 얼마나 많은 것을 배우고 느꼈는지를 구체적으로 간증해서 큰 감동을 받은 기억이 지금도 새롭습니다. 이 귀한 목사님을 만날 수 있게 해주신 주님께 깊이 감사드립니다.

전 생애를 기도로 불태우신 분
이호진 집사

프레션(Prassion)을 생각하면 이원상 목사님께서 평생 성도들에게 모범을 보여주셨던 기도하는 모습이 떠오릅니다. 목사님이 와싱톤중앙장로교회에서 목회하시던 초반에 교회에 몇 가지 문제가 생겼고 이로 인해 많은 성도들이 교회를 떠나는 힘든 시기가 있었습니다. 이 어려움 때문에 목사님과 남은 성도들은 모두가 금식으로 기도하며 하나님께 나아갔습니다. 이때부터 시작된 목사님과 사모님의 금식기도는 이후로도 계속되어 평생 동안 매주 수요일과 매달 첫 사흘간을 금식하며 기도해 오셨습니다.

목사님은 기도가 삶의 전부요 힘이 되셨기에, 은퇴하신 후에는 '예수님의 기도를 본받자'라는 깃발을 앞세우고 프레션 사역을 시작하셨습니다. 프레션은 기도로 선교를 돕는다는 취지로 시작된 기도운동입니다.

이 기도운동의 확산을 위해 프레션 중보기도센터를 세우고 추진하시는 중에 갑자기 암 진단을 받고 투병하시다가 하나님의 품에 안기셨습니다. 그런데 하나님께서는 목사님의 이 고난을 통해 온 교회와 목사님을 아는 세계 곳곳의 성도들이 기도로 하나님께 나아감으로써 기도운동이 크게 확산되도록 사용하셨습니다. 이제 그 기도의 불길은 저희들과 프레션 중보기도센터를 통해 계속하여 쉬지 않고 타오를 것입니다.

어려움을 당할 때 늘 기도해 주신 분
임현찬 집사

저희 가족은 1985년에 와싱톤중앙장로교회에 등록한 후 14년 동안 내외가 함께 재정부에서 봉사하면서 두 아들과 더불어 즐거운 신앙생활을 하였습니다.

1999년 초에 이원상 목사님께 "한국학교를 세워야겠습니다!"라고 말씀드렸습니다. 그동안 두 차례나 한국학교가 세워졌다 폐교한 경험이 있어서 이 일이 쉽지 않음을 알았지만 목사님께서는 기도로 후원해 주셨습니다. 여러 어려움에도 불구하고 드디어 2000년 3월에 중앙한국학교가 개교하였고, 오늘날 이 지역의 모범적인 학교로 성장하게 되었습니다. 목사님께서 저희 가족을 위해 기도해 주실 때 꼭 한국학교를 위하여도 기도해 주셨던 것에 지금도 감사를 드리고 있습니다.

교회 일로 문제가 생겨 떠나려 했을 때 "집사님! 제가 오래전에 이 교회를 떠나려고 짐을 싸 놓았다가 몇 분의 집사님들이 극구 말리셔서 다시 짐을 풀어 놓은 지가 24년이 되었습니다. 집사님의 그 마음을 하나님께서 아시고 저도 잘 알고 있으니 아무 생각 마시고 지금 그 자리에서 봉사하세요"라고 하신 목사님의 말씀을 지금도 잊을 수가 없습니다.

2005년에 갑작스럽게 심장 수술을 받게 되었습니다. 수술 후 16일 동안이나 혼수상태에서 깨어나지 못하자 아내는 이원상 목사님께 전화를 걸어 기도를 부탁드렸습니다. 곧바로 목사님께서 오셔서 저를 위해 기도해 주셨는데 아내는 그때 목사님의 기도가 너무나 간절하였다고 말했습니다. 목사님이 가신 후 2시간 만에 제 의식이 돌아왔습니다. 이는 목사님의 간절한 기도를 하나님께서 들어주신 것이라고 믿습니다.

몸이 회복된 후 목사님을 찾아뵙고 "목사님, 목회하시는 동안 제가 여러 가지 일로 너무 어렵게 해드려서 이렇게 고통을 받은 것 같습니다"라고 말씀드렸더니, 목사님은 "아닙니다. 집사님 같은 분이 계셔서 제가 목회 잘하고 은퇴하지 않았습니까? 집사님, 절대 그렇게 생각하지 마세요"라고 하셨습니다. 그 말씀 속에는 그분의 인격, 성품, 지혜, 사랑 등이 고스란히 담겨 있었습니다. 순간 가슴이 먹먹해지더니 눈에 눈물이 맺혔습니다.

선교를 위해 모든 것을 마련해 주신 목사님
권형인 전도사

　여름 단기 선교를 다녀온 후 타슈켄트에 사는 조선족(고려족)에게 복음을 전하라는 하나님의 부르심을 받고 1991년 교회 파송을 받게 되었습니다. 저는 어느 고려족 할머니 집에 들어가 살면서 화투치는 그곳 할머니들에게 요한복음 3:16을 가르쳤습니다. 잔치 때마다 그곳 사람들과 함께 "예수님이 좋은 걸 어떡합니까"를 부르면서 모두 함께 춤을 추고 예수님을 찬양하도록 이끌었습니다. 그러다 우리 교회 단기 선교팀과 쁠라따델과 레닌스키쁘찌 문화회관에 교회를 개척하게 되었습니다.

　선교 보고를 할 때마다 환한 미소로 기뻐하시던 목사님과 선교 열정으로 가득 찬 성도님들이 떠올랐습니다. 목사님께서는 비엔나 성전에서 제가 기도하던 자리만 보면 권형인 전도사가 생각난다고 하시며 끊임없이 기도해 주셨다고 전해 들었습니다. 이 모든 일들이 우리 교회 성도님들의 뜨거운 후원과 목사님의 기도의 열매라고 생각합니다. 우리가 기도하면 하나님이 일하신다는 것을 실감했습니다.

　교회를 개척한 후 와사풍(안면마비)으로 쓰러져 있을 때 김요한 목사님을 장기 선교사로 급히 파송하시고 여러 성도님들을 중단기 선교사로 파송해 주셨습니다. 목사님의 기도로 선교지에서는 모든 것을 예비하시고, 동원하시고, 아낌없이 주시는 하나님을 체험하였고, 하나님이 하시는 기이한 일에 늘 감탄할 수밖에 없었습니다. 주의 이름이 온 땅에 어찌 그리 아름다운지요.

예수님 닮은 목사님과 두 동역자들
김병춘 장로

이원상 목사님은 저희에게 예수님 같은 분이셨습니다. 당회에서도 목사님은 오직 자신을 낮추시며 당회가 아니라 주님께서 최고의 결정권자가 되시도록 하나님의 절대 주권 앞에 순종하는 본을 보여 주셨습니다. 그리고 겸손과 온유와 기도와 사랑으로 당회원들을 섬기고 인도해 주셨습니다.

세상에서 바쁘게 지내다가 정신없이 뛰어온 당회원들은 새벽을 깨우는 믿음의 기도로 성령 충만하신 목사님의 모습만 보아도 가슴이 뭉클해졌습니다.

은퇴하신 후 목사님 내외분께서 너무나 부족한 저희들을 향해 "훌륭한 장로님들이 계셔서 저희가 편안히 목회를 잘할 수 있었습니다. 감사합니다"라는 말씀을 하실 때는 감당할 수 없는 뜨거운 숯불이 제 머리에 올려진 듯했습니다.

목사님은 우리 모두의 자랑이었고 기쁨이었지만 과연 몇 사람이나 진정으로 목사님을 이해하며 감싸드리고 사랑하며 그의 아픔과 눈물을 함께했을까 하는 생각이 듭니다. 이원상 목사님에게는 모세의 두 팔을 들던 아론이나 훌은 없었지만 대신 비단결보다 부드럽고 강철보다 강했던 두 여인이 계셨습니다. 장모님 되시는 강옥화 권사님과 아내 되시는 이영자 사모님입니다.

두 분은 목사님께서 모든 괴로움과 경계심을 내려놓고 쉼을 얻으시며 새 힘을 공급받아 목회를 지속할 수 있도록 내조해 오신 귀한 동역자들입니다. 이 두 여인들의 고귀한 헌신과 끈질긴 기도로 말미암아 목사님께서 수많은 거센 폭풍을 이기고 든든히 교회를 지켜 내실 수 있었음을 시간이 지날수록 더 분명하게 깨닫게 됩니다.

30여 년의 세월, 목사님의 헌신을 돌아보며
김왕근 장로

목사님을 모시고 함께 주님을 섬겼던 30여 년의 세월을 돌아보니 말로 다할 수 없는 목사님과의 일화가 생각납니다. 교회가 성장하면서 목사님의 사역이 늘어나 심방시간이 부족하던 시절이었습니다. 당회에서 심방은 부목사님들께 맡기면 어떻겠느냐고 건의했더니 목사님은 "교회가 성장할수록 성도를 만나기가 힘들어지는데 첫 심방만은 꼭 제가 해야 합니다" 하시며 목요심방을 철저히 고수하셨습니다.

새벽기도 인도를 위해 매일 새벽 4시 전에 일어나셔서 자고 있는 요셉과 유니스 머리에 안수하며 축복하고 집을 나서면, 하루 종일 사역하시다가 아이들이 잠든 후에나 귀가하곤 하셨습니다. 아빠를 볼 수 없던 아이들이 "대디, 우리도 아버지 교회 교인이에요. 우리도 좀 만나 주세요" 하며, 자기들보다 교인들을 더 사랑하는 것 같은 아버지에게 귀여운 불평을 할 만큼 목사님은 교회 세우는 일, 교인 돌보는 일에 먼저 마음을 쓰셨습니다.

한 교인이 목사님께 "목사님은 휴가도 안 가고 무얼 하세요?" 여쭈었더니 목사님이 "교회에서 교인들이 기도하는 모습 보는 것이 낙입니다"라고 하셨습니다.

  긴 세월 함께 사역하면서 저는 목사님이 분노로 말실수 하시는 것을 본 적이 없습니다. 목사님이라고 어찌 오해 받는 일, 분노하고 좌절할 수밖에 없는 억울한 일이 없으셨겠습니까? 그러나 모든 것을 용서하고, 사랑으로 품으시며 인내로 승리하신 것이 아니겠습니까? 목사님에게는 우리가 본받고 기릴 점이 많이 있지만, 그 중에서도 혀를 제어하신 그 모습은 실로 목사님의 가장 아름다운 성품이라고 생각합니다.

"열정이 없으면 아무것도 안 됩니다"
김향숙 전도사

  한국어권 아가페 사역을 하면서 목사님으로부터 큰 감동을 받았던 일이 있습니다. 여름 수련회를 준비 중이었는데 어느 날 목사님께서 "수련회 강사는 찾았나요?" 하고 물으셨습니다. 아직 찾지 못했다고 말씀드렸더니 목사님은 "수련회는 청소년 사역의 가장 중요한 부분이고 청소년 사역은 수련회에서 결정 나지요. 기록을 보면 예수님을 영접하는 은혜를 수련회에서 가장 많이 경험한다고 합니다. 그러니 수련회 강사는 최고의 강사님을 모셔야 합니다"라고 말씀하셨습니다. "목사님, 그럼 해외에서 모셔 와도 되나요?"라고 물었더니 아가페 사역에서 꼭 필요한 분이면 당연하다고 말씀하셨습니다.

  목사님이 하신 말씀을 아가페 교사들과 나누었더니 모두 무척 기뻐했습니다. 그 당시 아가페 선생님들과 학생들은 자신들을 영어권 학생들과 비교하여 아가페가 홀대를 받는다는 불만이 조금씩 있었는데, 목사님이 하신 말씀으로 인해 그런 생각들이 말끔히 지워졌습니다.

그해 아가페에서는 수련회 강사로 한국에서 청소년과 청년들을 위해 열정적으로 활동하시는 원 베네딕트 선교사님을 모시고 큰 은혜의 시간을 가졌습니다. 전교인 대상의 부흥회 강사라도 한국에서 모셔 오기 쉽지 않던 당시에 단지 중고등부의 한 부분이었던 아가페 학생들을 위해 한국에서 강사를 모실 수 있게 격려해 주신 목사님, 정말 감사했습니다. 그리고 "청소년 사역은 열정(passion)입니다. 열정이 없으면 아무것도 안 됩니다"라는 목사님의 귀중한 가르침을 평생 잊지 않고 따르겠습니다.

목사님과 함께한 잊지 못할 에피소드들
김준희 권사

목사님과의 악수

아들의 권유로 처음 와싱톤중앙장로교회에 나왔을 때였습니다. 저는 예전에 사회사업과 육영사업을 했었기에 인사 때 악수하는 습관이 있어서 예배 마친 후, 목사님 내외분과 인사할 때 손을 내밀어 악수를 했었습니다. 그것을 알게 된 고등학생 아들이 "엄마, 우리 목사님은 여자들과 악수는 물론 눈도 안 마주치는 분이신데 어떻게 엄마가 악수하자고 했어요? 엄마, 절대 그러면 안돼요"라며 펄쩍 뛰었습니다. '무식하면 용감하다'라는 말이 있습니다. 그 후에 저는 용감해서 악수를 하게 되었다는 말을 듣게 되었습니다.

발각된 비공식 심방

임창호 심방전도사님의 2년 공석 기간이었을 때였습니다. 나가서 한 사람 전도하는 것이 얼마나 힘든지 알고 있었기에 교회로 찾아온 분들이 다시 떠나는 문제로 고민하게 되었습니다. 무작정 새가족 등록지에 나와 있는 연락 정보만 가지고 새가족부의 동역자였던 배정자 권사님에게 함께 비공식 심방을 하자고 청했습니다.

그러던 어느 날, 아침묵상을 나누며 심방하고 돌아왔을 때 이원상 목사님이 다녀가셨고 우리가 몰래 심방을 했다는 것을 알게 되셨다는 말을 들었습니다. 목사님의 허락을 받지도 않고 시작했던 비공식 심방이라 큰일났다고 걱정하며 목사님께 모든 것이 저의 잘못이라고 용서를 빌었습니다. 그러나 목사님은 오히려 우리를 위로하시고 칭찬해 주셨습니다. 우리 목사님은 엄한 분이라고 생각했었는데 그 때 자비롭고 인자하신 모습을 보게 되었습니다.

공항에서 생긴 난처함

1994년 서울 SEED 선교회 후원자의 밤에 참석한 후 일행들과 함께 돌아올 때 공항에서 잊을 수 없는 사건이 발생했습니다. 출국하려고 비행기를 타러 들어갔는데, 저는 귀국 때 받은 서류 중 하나를 별 생각 없이 버리는 바람에 출국심사대를 통과하지 못해 애타게 발만 동동 굴러야 했습니다.

그때 바로 건너편에서 떠나지 않고 말없이 기다려 주신 분이 이원상 목사님이었습니다. 인자하고 자비로운 선한 목자의 모습 그대로 끝까지 기다려 주셨던 기억이 지금도 생생합니다. 모두들 탑승구로 떠난 후여서 저는 통과되더라도 어디로 어떻게 가야 할지도 모르는 상황이었는데… 목사님은 저를 두고 떠나지 못하시고 끝까지 기다려 주셨습니다. 성도들을 위해서 기다리며, 인내하며, 늘 기도해 주시는 분인 것을 그때 정말 가슴 깊이 느낄 수 있었습니다. 시간이 많이 지났지만, 지금도 그때를 생각하면 눈물이 흐릅니다.

인내와 겸손의 종으로 삶의 본을 사랑으로 보여주셨어요
권태윤 권사

이원상 목사님은 인내하는 종, 겸손한 종으로서 사랑의 본을 보여주셨습니다. 다른 교회 성도들이나 믿지 않는 사람들도 "이원상 목사님은 작은 예수님"이라고 합니다.

목사님은 컴퓨터라고 불리시기도 했습니다. 그 이유는 온 성도의 가족 이름과 가족 친지의 이름까지 외우시며 세월이 흘러도 이름을 기억하고 기도하셨기 때문입니다. 또 수십 년을 매주 수요일마다 그리고 새해가 시작되는 첫 3일 동안 사모님과 금식하며 기도하는 목사님으로 기억하고 있습니다.

늘 말씀 중심으로 겸손한 사랑의 본질을 가지고 살아가시며, 하나님의 계명에서 벗어나지 않는 삶을 살아야 한다는 것을 기도와 말씀으로 항상 강조하신 목사님, 심방 주일이면 사모님과 함께 주일예배 후에라도 밤늦게까지 성도들의 가정을 심방하셨던 목사님, 어느 곳에서든 믿지 않는 사람들이나 믿는 사람들에게서 늘 겸손하신 모습으로 존경받으시던 목사님이시기에 와싱톤중앙장로교회 성도로서 참 자랑스럽습니다.

세 번이나 더 찾아와 주신 자상한 사랑의 목사님
김동준 집사

이민 와서 3년간 방황과 갈등을 겪은 끝에 작은 치킨집을 열게 되었습니다. 교회를 처음 다니기 시작했기 때문에, 담임목사님이 개업예배를 인도해 주시는 것을 당연한 것으로 생각하였고, 예배 후에는 앞으로 가게에서 팔게 될 음식을 대접해 드렸습니다. 그런데 다음날 목사님이 혼자 저희 음식점에 찾아오셨습니다. "김 집사님, 어제 음식을 먹어 보았는데 이 맛 가지고는 아무래도 안 될 거 같아요. 좀 더 맛을 내야겠어요" 하시며 염려와 위로의 말씀을 주셨습니다.

그 후에도 목사님은 세 번이나 더 저희 가게에 찾아오셨는데 그때마다 유사한 다른 음식점에 가셔서 맛을 보신 후 다시 저희 집 음식을 드시고 조언을 해주시며 관심을 가져 주셨습니다. 그때 보여주신 목사님의 자상한 사랑은 지금도 결코 잊을 수가 없습니다.

그러나 경험이 없이 시작한 가게는 결국 9개월 만에 문을 닫게 되었습니다. 치킨집을 그만둔 후로 고난의 연속이었던 저는 현실적인 문제해결에 도움이 되는 말씀만을 바랐기에 복음 중심의 설교를 하시는 이원상 목사님의 말씀이 와닿지 않아 결국 다른 교회로 떠나게 되었습니다. 얼마 후 한 모임에서 목사님을 뵙게 되었는데 저에게 왜 떠났는지에 대해서는 아무런 말씀도 하지 않고 오히려 웃음 띤 얼굴로 한 마디만 말씀하셨습니다. "김 집사님, 다시 돌아오면 좋겠어요." 그 후에도 여러 번 목사님을 뵐 기회가 있었는데 그때마다 똑같은 말씀만 하셨습니다.

결국 저는 2년 후 다시 와싱톤중앙장로교회로 돌아오게 되었는데 목사님 부부께서 저희를 너무도 반갑게 맞아 주시고 축도 시간에 저희의 이름을 부르면서 축복기도까지 해주셨습니다. 그날 저희는 너무 감격하여 이런 목사님의 사랑을 본받아 우리도 주위의 힘든 분들을 섬기자고 결심하게 되었습니다.

그 후 어느 날 제 마음속에 그동안 목사님께서 베풀어 주셨던 모든 사랑이 떠올랐고 동시에 그런 목사님을 잠시나마 원망했던 일들이 떠오르면서 죄송스런 마음이 밀려와 견딜 수가 없었습니다. 그래서 용기를 내어 목사님께 찾아가 무릎을 꿇고 모든 일들을 고백하며 용서를 구했습니다. 그러나 목사님은 오히려 제가 그토록 힘들었던 것을 모르고 위로하지 못한 자신이 더욱 미안하다고 하시며 안아 주시고 축복기도를 해주셨습니다. 이렇게 자상하고 훌륭한 목사님 아래서 신앙생활을 하게 된 것이 저에게는 너무도 큰 축복이었습니다.

기도의 빚이 너무 큽니다
노세웅 집사

35년 전 루인스빌교회 시절에는 어려움이 참 많았습니다. 아이들은 아직 초등학교에 다니고 우리 부부는 수입이 그리 넉넉하지 않아 힘겨운 삶이었지요. 그런 가운데서도 성도들과 함께 이원상 목사님 내외께서 심방을 오셔서 위로해 주시고 가면 다시 힘을 내서 열심히 살았습니다.

원인 모를 알레르기로 고생할 때는 전문의를 소개해 주시고 열심히 전화로 기도해 주시고 심방도 해주셨습니다. 그때 처음으로 시작한 2:7 제자훈련을 통해 믿음이 성장하게 되었으며, 은퇴할 때까지 가정과 교회에서 제 신앙이 성장해 가는 계기가 되었습니다.

성도수가 늘어나 개인적으로 만날 기회가 많지 않아도 이원상 목사님이 늘 기도해 주시는 것을 느낄 수 있었습니다. 뉴욕에 있는 아이들이 오랜 만에 교회를 방문하여 목사님께 인사를 드려도 일일이 이름을 부르며 안부도 묻고 그곳 교회의 목사님 안부도 물으시던 추억은 잊을 수가 없습니다.

세심한 영적 멘토링
김수원 집사

목회에 합당한 목회자와 종들이 많겠지만, 제 소견으로는 이원상 목사님의 영적인 본보기와 인격의 됨됨이에 견줄 만한 이들은 그리 많지 않다고 생각합니다. 어린 시절부터 저는 목사님의 겸손한 섬김과 목회의 비전과 신실함을 통해 목사님을 존경해 왔습니다.

저는 최근 몇 년 전까지만 해도 제 인생에서 가장 힘들고 고통스런 시기를 겪어야만 했습니다. 그때 하나님은 목사님을 통해 세심하게 멘토링을 해주시고 격려와 자기 성찰을 위한 말씀을 주셨습니다. 제가 삶의 끝자락에서 외롭고 어두운 터널을 걷고 있을 때, 이원상 목사님의 말씀과 기도는 제 시련을 이겨 내는 디딤돌이 되어 다시 일어설 수 있도록 해주었습니다. 또한 제가 기댈 수 있는 버팀목으로 저의 상처를 치유하고 고난 속에서도 기쁨과 평화를 찾도록 도와주었습니다. 저는 그분의 영적 멘토링과 인도를 받게 된 것을 진정으로 가장 큰 축복이자 특권으로 여기고 있습니다.

가정에서도 예수님의 사랑으로
조영애 집사

저는 2007년 10월부터 7년간 이원상 목사님의 장모님이신 강옥화 권사님을 돌봐드렸습니다. 이원상 목사님은 장모님과 함께 사셨기 때문에 저는 7년간 매일 목사님을 뵐 수 있었습니다. 목사님은 저희 가족에게 늘 한결같은 모습으로 친정아버지 같은 사랑을 베풀어 주셨습니다.

존경받는 목사님들 중에는 뒤에서 무릎으로 기도하시는 어머니들이 많이 계십니다. 이원상 목사님께도 기도하시는 장모님 강옥화 권사님이 계셨습니다. 권사님은 102세에 돌아가실 때까지 매일 "우리 목사 세계 복음화하게 해주세요"라고 기도하셨습니다.

　두 분의 모습을 기억하노라면 어쩌면 저렇게도 서로를 아끼며 사랑하실 수 있을까 하는 생각이 듭니다. 권사님께서 넘어져 다치신 후에 2층 방으로 올라가시기가 어려워지자 목사님은 1층에 침대를 두고 장모님을 간호하셨습니다. 야간에 약사로 일하시는 사모님을 대신해서 목사님은 바닥에 이불을 깔고 권사님 옆에서 주무시기 시작했습니다. 10년이라는 세월을 편히 주무시지도 못하면서, 낮이나 밤이나 "목사!" 혹은 "오빠!" 하며 찾으시는 권사님께 늘 기쁘게 손을 내미셨습니다. 그러면 권사님께서는 "아이고 예뻐라!" 하시며 손등에 뽀뽀를 하시곤 했습니다. 사위와 장모의 사랑이 저렇게도 아름다울 수 있을까!

　목사님의 별명이 작은 예수라고 합니다. 일상의 삶 속에서 예수님의 사랑을 몸소 실천하시는 목사님의 모습을 뵈면서 이것이 바로 예수님의 모습이 아닐까 하고 생각했습니다.

약력

목회준비 기간

1937년	중국 만주 산성진에서 부친 이성봉 장로, 모친 윤봉선 성도 사이에서 태어나 유년기를 만주에서 보냄.
1945년	신앙의 자유를 선택한 부모님을 따라 북한 만포진으로 이주하여 약 2년을 북한에서 보냄.
1947년	북한에서도 신앙생활이 어려워지자, 부모님을 따라 서울로 피난하여 청량리에서 2년여 머물며 전농국민학교 4학년까지 다님.
1949년	경북 경산으로 이주하여 1968년 6월 25일 미국 댈러스신학교에 입학할 때까지 경산에서 생활함. 경산중학교, 대구상고, 대구 계명대학교 입학.
1959~1961년	505 병기단에서 군복무.
1962년	대구 계명대학교 졸업(철학과).
1965년	경북대학교 대학원 졸업(철학 석사).
1963~1966년	평산교회에서 전도사 신분으로 목회.
1966년	약사인 김영자와 결혼.
1968년	미국 댈러스신학교 입학.
1972년	댈러스신학교 졸업(목회학 석사).
1973년	펜실베이니아대학교(University of Pennsylvania) 박사과정에 입학, 구약학 전공.
1977년	펜실베이니아대학교에서 박사과정 전 과정을 이수하고 논문을 준비하던 중, 와싱톤중앙장로교회로부터 청빙 받음.

목회 기간

1977년　12월 와싱톤중앙장로교회 전도사로 부임(이후 제2대 담임목사로 취임)

1989년　CMF(Central Missionary Fellowship) 창립 및 대표직 맡음.

2000년　SEED 선교회 창립 및 대표직 맡음(CMF와 뉴욕장로교회에서 세운 ROW(Reach Out to the World) 합병 - 한인 선교기관으로서 미국 내에서 유일하게 선교사 연합회인 Mission NEXUS 기관에 속해 있음.

2002년　1월 5일 버지니아 주 의회 개원 기도.
　　　　10월 10일 미국 하원 107차 개원 기도.
　　　　모교인 대구 계명대학교를 빛낸 졸업생에게 주는 명예 철학 박사학위 취득.

2003년　9월 버지니아 주 하원에서 은퇴 영예식 - 미국 주류사회에서 영적 지도자로 인정받음.
　　　　9월 30일 와싱톤중앙장로교회 담임목사직에서 은퇴 (목회기간: 25년 9개월 28일).
　　　　- 목회기간 동안 14가정 30여 명 성도의 와싱톤중앙장로교회를 2,200가정 4,000여 성도의 큰 교회로 부흥·성장시키는 데 큰 일익을 담당.
　　　　- 1985년 비엔나 성전 건축, 1993년 교육관/선교관 건축, 2002년 270에이커/6000제곱피트 컬페퍼 기도처소 건립, 2002년 워싱턴 DC 봉사센터 건립, 2002년 74에이커 새 성전 대지 구입 등을 이루어 냈으며, 영어목회, CMF와 SEED 선교회 그리고 12 선교사 가정 파송 등 사역을 하였다. 중앙시니어센

터, 중앙한글학교, 워싱턴 청소년재단 등 지역사회 봉사활동도 수행하였음.

목회 후

2005년   12월 15일 모교인 대구 계명대학교에서 종교 분야의 '계명을 빛낸 동문'으로 선정되어 공로패 받음.

2009년   영국 웨일스대학 복음주의 신학교(Wales Evangelical School of Theology, University of Wales, Lampeter, UK)에서 철학 박사학위(Ph. D) 취득, 2010년 학위 수여. 논문제목: "A critical exploration and conversation across the centuries of pastoral leadership principles in John Chrysostom's Antioch and Constantinople and Won Sang Lee's Washington's Korean Central Presbyterian Church" (안디옥, 콘스탄티노플 교회를 이끈 교부 요한 크리소스토무스와 와싱톤중앙장로교회를 이끈 이원상 목사의 목회 리더십 원칙에 관한 수세기를 초월한 비평적 탐구와 대화)

2013년   프레션(PRASSION International) 창립 및 대표직 맡음.

2015년   박사학위 논문을 정리한 《목회적 지도력》(Pastoral Leadership: A Case Study, including Reference to John Chrysostom) 출간.
웨스트민스터 신학대학원(Westminster Theological Seminary)에서 수여하는 명예 신학박사학위 취득.